Governance und Wissensmanagement
als wirtschaftliche Produktivitätsreserven

Alfred Kyrer/Bernhard F. Seyr (Hrsg.)

Governance und Wissensmanagement als wirtschaftliche Produktivitätsreserven

PETER LANG
Frankfurt am Main · Berlin · Bern · Bruxelles · New York · Oxford · Wien

Bibliografische Information der Deutschen Nationalbibliothek
Die Deutsche Nationalbibliothek verzeichnet diese Publikation in der Deutschen Nationalbibliografie; detaillierte bibliografische Daten sind im Internet über <http://www.d-nb.de> abrufbar.

Gedruckt mit Unterstützung
des Bundesministeriums für Wissenschaft
und Forschung.

Gedruckt auf alterungsbeständigem,
säurefreiem Papier.

ISBN 978-3-631-56878-1

Printed in Germany 1 2 4 5 6 7

www.peterlang.de

Inhalt

0 Vorwort der Herausgeber

Die Idee, die dem *Governance-Ansatz* zugrunde liegt, ist die Hypothese, dass koordinierte Systeme eine höhere Performance aufweisen und nachhaltiger sind als Systeme, in denen nur punktuell ein bestimmter Gesichtspunkt zum Tragen kommt. Die Grundsätze, die von der Europäischen Kommission im Kontext mit *European Governance* genannt werden, sind Transparenz, Beteiligung, Verantwortung, Effektivität und Kohärenz. Die konsequente Einhaltung diese Grundsätze soll zu mehr Effektivität, Effizienz und Nachhaltigkeit führen.

Das vorliegende Buch belegt durch konkrete Beispiele, dass Governance ein *praxisnahes Handlungskonzept* darstellt, das durch seinen umfassenden systemischen Ansatz die Schwächen bisheriger Steuerungsmodelle für den öffentlichen Bereich und die engen Grenzen des staatlichen Handelns überwindet und so als Gesamtsystem zu einer höheren Akzeptanz und Leistungsfähigkeit führt.

Zweifellos – in den öffentlichen Verwaltungen finden Veränderungen statt. Bei Kontakten mit den Einrichtungen des Staates merkt man: einiges geht schneller, einiges leichter und vieles zumindest anders. *E-Government* krempelt die Verwaltungen grundsätzlich um und Einsparungen bei Personal und Sachmittel werden umfassend dargestellt.

Und doch sind *Zweifel* angebracht. Die Wahlbeteiligung sinkt ständig, die Imagewerte der Funktionsträger sind alles andere als beeindruckend, das Vertrauen in die Institutionen und Leistungsfähigkeit des Staates und die tägliche Politikerschelte in den Medien signalisieren nicht jene Zufriedenheit, die sich die Verantwortlichen wünschen.

Politik und Verwaltung beklagen, dass der Handlungsrahmen für politische Entscheidungen durch die gestiegene Anspruchshaltung der Akteure, regionale wirtschaftliche Gegebenheiten bis hin zu den Auswirkungen der Globalisierung deutlich eingeschränkt wird und dass durch die Vernetzung eine *Komplexität* entstanden ist, die schwer zu beherrschen ist.

Der viel beschworene mündige *Bürger* sieht sich laufend in seiner kritischen Haltung gegenüber den Institutionen des Staates bestätigt. Problematische Einzelentscheidungen ohne Gesamtkonzept („Masterplan") werden als generelles Sittenbild einer Entscheidungskultur interpretiert und alles, was die eigene Meinung bestätigt, wird aufgenommen und verallgemeinert.

Es ist daher einiges aufzuarbeiten: Es bedarf eines neuen Verständnisses der Erfüllung öffentlicher Aufgaben. Die Konzeption des New Public Management (NPM) der 90er Jahre hat die erforderliche wirtschaftliche Denkweise zwar zweifellos gestärkt, aber sie entsprach letztlich nicht den Anforderungen der Akteure. Der Anspruch lautet daher nun: besseres staatliches Handeln – *Good Governance* bzw. *Better Governance.*

Der Governance-Ansatz betont die Einbindung aller Akteure nach bestimmten Regeln und Kriterien zur *gemeinsamen* Lösung der wirtschaftlichen, gesellschaftlichen und politischen Herausforderungen. Wie hat es ein Repräsentant der Weltbank kürzlich bei einer Tagung prägnant formuliert: *Governance matters!*

Salzburg, im Jänner 2007

Die Herausgeber:

Univ.-Prof. Dkfm. Dr. Alfred Kyrer

Univ.-Lekt. MMag. DDr. Bernhard F. Seyr

1 Alfred Kyrer: Governance als neues Forschungsparadigma für die Sozialwissenschaften[1]

Univ.-Prof. Dkfm. Dr. Alfred Kyrer
Paris-Lodron-Universität Salzburg

1.1 Vorbemerkung

Wenn in der **„scientific community"** neue Begriffe auftauchen, so kann dies zweierlei bedeuten: einerseits, dass *neue Sachverhalte oder Erklärungsmuster* entdeckt wurden, die mit den herkömmlichen Begriffen nicht mehr abgedeckt werden können, oder andererseits, dass eine Gruppe von Personen auf ein *neues Forschungsfeld* („claims"!) hinweisen möchte und diese Aktivitäten mit einem neuen Begriff – quasi als *Markenzeichen* – belegt werden. (Vgl. *Fürst* 2001, S. 371)

Mit dem Begriff der **Governance** bewegen wir uns *in methodischem Neuland*, in dem noch keine große „semantische Hygiene" besteht. *Betriebswirte des Mainstreams* haben es im letzten Jahrzehnt verstanden, mit immer neuen Begriffen und Konzepten in der Öffentlichkeit Aufmerksamkeit zu erregen, indem sie bestimmte singuläre, oft nur für eine Branche typische Problemstellungen besonders stark fokussieren, andere Aspekte jedoch bewusst vernachlässigen. Man spricht in diesem Zusammenhang zu Recht von *Management-fads*. Dies ist auch der Grund, weshalb viele Ökonomen dem Begriff Governance derzeit noch skeptisch und abwartend gegenüberstehen.

1.2 Paradigmenwechsel in den Sozialwissenschaften

Unter einem **Paradigma** verstehen wir das jeweils vorherrschende Denkmuster in einem Fachgebiet. Paradigmen sind ein Hilfsmittel der

---

1 Dieser Beitrag ist *Dr. Klaus Eder*, dem Gründer der PEF-Privatuniversität für Management in Wien, in Anerkennung seiner Verdienste um die Förderung der Sozial- und Wirtschaftswissenschaften in Österreich gewidmet.

Forschung, das die Erklärung und Beeinflussung bestimmter Sachverhalte erleichtern soll. Es ist ein Beziehungssystem für menschliches Handeln in einem bestimmten Wissensgebiet: ein System von Annahmen und Ideen, das die Handlungen der in diesem System tätigen Personen weitgehend steuert, ohne dass dies den betreffenden Personen immer zum Bewusstsein kommt. Es ist quasi der „Filter", durch den wir die Welt betrachten. Noch immer dominiert in den Sozialwissenschaften zu stark das technisch orientierte *mechanistische Paradigma.* Allmählich bahnt sich ein *Paradigmenwechsel* an.

Auf der Suche nach einem neuen Paradigma stoßen wir immer häufiger auf Elemente und Bausteine **systemischen Denkens**, die lange in ihrer Bedeutung unterschätzt wurden und erst im letzten Jahrzehnt verstärkt zum Tragen kommen. Zunächst war systemisches Denken *lineare Steuerung*. Doch die Welt – das erkannte man bald – funktioniert nicht als „Einbahnstraße", sie ist vielmehr ein ungemein komplexer „Kreisverkehr", dessen Komplexität man stark unterschätzt hatte bzw. – vor allem seitens der Politiker – noch immer unterschätzt...

Systemisches Denken in Anlehnung an *Niklas Luhmann* und *Helmut Willke* vermag unsere Wahrnehmung der Wirklichkeit zu verändern:

- Statt Objekten nehmen wir Räume und Interdependenzen wahr.
- Man erkennt die Macht von (guten und bösen) Netzwerken und deren Interventionen.
- Aus Betrachtern werden Teilnehmer und Betroffene.
- Die in den verschiedenen „Welten" auftretenden Probleme können besser gelöst werden, wenn es gelingt, eine einheitliche, aber keineswegs starre, systemische Steuerungstechnik zu entwickeln.

Warum das Governance-Paradigma laufend an Bedeutung gewinnt...

- Es leitet generell eine Neuorientierung im Denken ein, indem handlungsrelevantes Wissen gefordert und gefördert wird.
- Neurorientierung des Staates vom Interventionsstaat klassischer Prägung zum kooperativen „Enabler"
- Es trägt zur Bewusstseinsbildung im Bereich der Zielfindung und Zielüberprüfung staatlicher Gebietskörperschaften bei und legt neue Kompetenzverteilungen nahe.
- Nur bei einer flächendeckenden Anwendung des Governance-Paradigmas wird eine Prioritätensetzung im Zuge von Evaluierungen möglich.
- Governance hilft Fragen zu stellen und erzwingt bisweilen Überlegungen, welche Art von Ökonomie eigentlich relevant ist.
- Es repräsentiert einen neuen Umgang mit Komplexität.[2]
- Governance wirkt in Richtung „semantischer Hygiene", indem es den begrifflichen Wildwuchs und die Management-fads in den Wirtschaftswissenschaften in die Grenzen verweist.

1.3 Governance – Ursprung des Begriffs

Der Begriff Governance gehört – was die Häufigkeit der Verwendung anbelangt – zu den Top 10 von Internet-Suchmaschinen und hat den Begriff der Globalisierung bereits überholt. Nach seinem Ursprung

---

[2] Wichtige Vorarbeiten leistete hier *Fredmund Malik* mit seiner Habilitation über die Strategie des Managements komplexer Systeme. Ein Beitrag zur Management-Kybernetik evolutionärer Systeme, 4. Auflage, Bern 1992, dem Buch *Malik, F.*, Führen, Leisten, Leben. Wirksames Management für eine neue Zeit, Stuttgart, München 2000 sowie seiner Neuinterpretation von Corporate Governance (siehe *Malik* 2002) geliefert, desgleichen *Robert Kremlicka* von *A. T. Kearney* sowie *Roswitha Königswieser* in Wien. – Über den Umgang mit Komplexität in der Politik siehe *Renner* 2002.

kommt der Begriff aus dem Bereich der Überwachung von großen Unternehmen („Corporate Governance"), wird jedoch seit Anfang der 90er-Jahre sehr oft ohne den Zusatz „corporate" verwendet, wenn es darum geht, Probleme der Steuerung komplexer Systeme anzusprechen. *Malik* (2003) hat daher auch vorgeschlagen, überhaupt den Schritt zur Organizational Governance zu wagen. „Die Überlegungen zur Corporate Governance gelten in entsprechend adaptierter Weise prinzipiell für alle Organisationen – jene des Bildungs- und des Gesundheitswesens, des Wohlfahrts-, Kultur- und Mediensektors, für alle privaten Non-Profit-Organisationen und in erheblichem Umfang auch für die öffentliche Verwaltung, zumindest für den nicht-hoheitlichen Bereich. Nicht nur Corporate, sondern Organizational Governance schlechthin wird wichtig sein."

Grundsätzlich beschreibt der Begriff Governance einfach den Umstand, dass eine Stadt, eine Region, ein Land etc. nicht hierarchisch von einer Gruppe von Akteuren gesteuert werden kann, sondern dass eine positive Entwicklung nur möglich ist, wenn es zu einem Zusammenspiel vieler Akteure mit unterschiedlichen Interessen kommt und es gelingt *Netzwerke* zu entwickeln, die auf gegenseitigem *Vertrauen* aufbauen und nach bestimmten Spielregeln ablaufen.

Hinter dem Begriff Governance verbirgt sich letztlich die Suche nach *neuen Formen des politischen Regierens* auf lokaler, regionaler, nationaler, supranationaler und globaler Ebene und den damit verbundenen Koordinationsproblemen („Multilevel Governance"). Zur Verbreitung des Governance-Konzepts hat in Europa vor allem das Weißbuch über „European Governance" aus dem Jahr 2001 und die Debatten über *Neue Corporate Governance Codizes* beigetragen.

Einige Versuche „Governance" zu definieren...

Definition 1:

Organisations- und Steuerungsintelligenz einer Institution. Um die Qualität der Steuerung von komplexen Systemen zu verbessern, müssen Koordinationseinrichtungen und/oder Regelwerke geschaffen werden. (Wissenschafts- und Forschungsleitbild des Landes Salzburg, Salzburg 2001, S. 12)

Definition 2:

„Soziale Koordination kollektiven Handelns über Regel- oder Ordnungssysteme.“ *(Mayntz* 1993, S. 11)

Definition 3:

„Die Gesamtheit aller Wege, auf denen Individuen sowie öffentliche und private Institutionen ihre gemeinsamen Angelegenheiten regeln. Es handelt sich dabei um einen kontinuierlichen Prozess, durch den kontroverse oder unterschiedliche Interessen ausgeglichen werden und kooperatives Handeln initiiert werden kann.“ *(Commission on Global Governance* 1995, S. 4)

Die *Governance-Forschung* beschäftigt sich also mit der Erfassung und dem Umgang mit den Wirkungen, Wechselwirkungen und Nebenwirkungen in komplexen Systemen. Man untersucht, wie groß die Handlungsspielräume in diesen Systemen sind bzw. wie diese Systeme durch den koordinierten Einsatz von bestimmten Instrumenten in ihrer Leistungsfähigkeit (Performance) verbessert, „optimiert“, werden könnten.

Das *Faszinierende am Governance-Konzept* ist, dass zunächst – ohne verbindliche Zentralperspektive – eine offene Plattform geschaffen wird, auf der ein Dialog aller Beteiligten und Betroffenen möglich wird. Governance beinhaltet ein großes *integratives Potential* und kann wichtige Denkwerkzeuge, die über ein weites Feld verstreut sind, zu einem größeren systemischen Ganzen zusammenfassen. Dabei wird vor allem untersucht, ob bei den jeweils geplanten Einzelmaßnahmen *der strategische Systemzusammenhang* (Kontext) gewahrt bleibt.

In der einschlägigen Literatur der letzten Jahre finden sich viele *Erklärungen* dafür, warum sich das *Governance-Konzept* derart entwickeln und ausbreiten konnte:

- Der Staat als „Mitspieler“ in Wirtschaft und Gesellschaft hat an Bedeutung verloren und möchte verlorenes Terrain durch *Kooperation* wieder wettmachen.

- Nunmehr sind *Vernetzungen* statt Insellösungen gefragt, neue „Player" und „Partner" bieten sich an.

- Die Neuorientierung der Gebietskörperschaften zum kooperativen *„Enabler"* gewährleistet eine bessere Zielfindung und Zielüberprüfung.

- Die modulare Organisation vermeidet Überschneidungen und ermöglicht die Berücksichtigung von Schnittstellen sowie die Bildung von Netzwerkinitiativen, Clustern etc.

- Die Koordination der einzelnen Handlungsbeiträge fokussiert gemeinsame Projektziele.

- Durch bessere Verhandlungen und Mediation kann man der Komplexität bestimmter Probleme besser gerecht werden.

- Bei einer konsequenten Anwendung des Governance-Konzepts wird eine Prioritätensetzung im Zuge von Evaluierungen möglich.

- Governance fokussiert integrativen Lösungen[3] (Technik, Ökologie, Finanzierung, etc.).

Der Ruf nach einer besseren **Governance** wird vor allem deshalb immer stärker erhoben, weil die Erfahrung gezeigt hat, dass die Leistungsfähigkeit („Performance") eines Unternehmens, einer Organisation oder einer Region wesentlich besser ist, wenn die Interessen **aller** wesentlichen Stakeholder in entsprechender Weise koordiniert werden.

---

[3] Auch das Konzept der Balanced Scorecard, das in seiner Grundform auf *Kaplan* und *Norton* zurückgeht, ist ein wichtiger Schritt in Richtung Governance-Denken.

1.4 Arten der Governance

Corporate Governance: Qualität der Management- und Koordinationsstrategien in einem Unternehmen bzw. die gesamte Regelung der Zuständigkeits-, Macht-, Anspruchs- und Kontrollverhältnisse an der Spitze von Unternehmen. Dieses Governance-Konzept betrachtet in diesem Zusammenhang das jeweilige Unternehmen unter dem Gesichtspunkt des Zusammenwirkens mehrerer Stakeholder (Eigentümer, Fremdkapitalgeber, Mitarbeiter, Fiskus etc.). Auch die Gestaltung der Zusammensetzung, der Größe sowie der Funktionsweise des Aufsichtsrates (in der Schweiz: des Verwaltungsrates) rückt immer mehr in den Fokus der Analyse. Dabei spielt auch die Art und Weise, wie Aufsichtsratsmitglieder in den Aufsichtsrat berufen werden und die Überprüfung der Qualifikation der Mitglieder eine immer wichtigere Rolle.

Neue Corporate Governance: Hier stehen nicht mehr die Interessen einzelner Gruppen (Shareholder, Stakeholder) im Vordergrund, sondern die Interessen des jeweiligen Unternehmens. Die Schlüsselfrage der Steuerung von Unternehmen ist nach *Malik*, in wessen Interesse ein Unternehmen geführt werden soll. Grundsatz: *„Best interests of the Company"*. Je besser die Corporate Governance in einem Unternehmen, desto nachhaltiger ist die Wettbewerbsfähigkeit des betreffenden Unternehmens auf nationalen und internationalen Märkten sowie die Möglichkeit der Kapitalbeschaffung. *Die Neue Corporate Governance* läuft immer stärker hinaus auf *eine bessere strategische Koordination mehrdimensionaler Ziele* (wie etwa Kundennutzen, Finanzen, der Innovationskraft, etc.). In diesem Kontext wird immer häufiger auf das *Balanced-Scorecard*-Konzept von *Kaplan und Norton* in seinen verschiedenen Spielarten und Varianten zurückgegriffen.

European Governance: Die Europäische Kommission verwendet den Begriff Governance im Augenblick im Zusammenhang mit der Weiterentwicklung und politischen Steuerung der *Europäischen Gemeinschaft.* So hat im Jahr 2001 die Europäische Kommission ein Weißbuch veröffentlicht, das der *European Governance* gewidmet ist. Die Europäische Kommission verwendet den Begriff Governance im Augenblick im Zusammenhang mit der Weiterentwicklung und politischen Steuerung der Europäischen Gemeinschaft.

Das Weißbuch befasst sich mit der Art und Weise, wie die Union die ihr von den Bürgern übertragenen Befugnisse ausübt. Das Weißbuch schlägt vor, die politische Entscheidungsfindung zu öffnen und mehr Menschen und Organisationen in die Gestaltung und Durchführung der EU-Politik einzubinden. Es plädiert für mehr Offenheit sowie für eine größere Verantwortung und Rechenschaftspflicht aller Beteiligten.

Die in diesem Weißbuch vorgeschlagenen Maßnahmen beruhen auf **fünf Grundsätzen**: Offenheit, Partizipation, Verantwortung, Effektivität und Kohärenz. Sie gelten für alle Regierungsebenen – die globale, europäische, nationale, regionale und lokale Ebene.

Offenheit: Die Organe sollten offener arbeiten und gemeinsam mit den Mitgliedstaaten erklären, was die EU tut und wie Entscheidungen zustande kommen. Sie sollten eine Sprache verwenden, die jedermann verstehen kann. Offenheit ist deshalb so wichtig, weil sie helfen kann, das Vertrauen in komplexe Organisationen zu stärken.

Partizipation: Wie gut, sachgemäß und wirksam die Politik der Union ist, hängt davon ab, inwieweit die Akteure in den Politikgestaltungsprozess – von der Konzipierung bis hin zur Durchführung – einbezogen werden. Verstärkte Teilhabe bewirkt größeres Vertrauen in das Endergebnis und die Politik der Institutionen. In welchem Umfang die Einbindung erfolgt, hängt ganz entscheidend davon ab, ob die zentralen Regierungsebenen in den Mitgliedstaaten bei der Entwicklung und Durchführung ihrer Politik nach einem „integrativen“ Konzept vorgehen.

Verantwortung: Die Rollenverteilung bei Gesetzgebung und Durchführung muss klarer sein. Jede Institution der EU muss den Bürgern erklären, was sie in Europa tut, und dafür die Verantwortung übernehmen. Diese größere Klarheit und Zurechenbarkeit gilt auch für die Mitgliedstaaten und all jene, die, auf welcher Ebene auch immer, an der Entwicklung und Durchführung der EU-Politik mitwirken.

Effektivität: Die Wirksamkeit der Politik beruht auf der Grundlage von klaren Zielen, Folgenabschätzungen und Erfahrungswerten. Die Wirksamkeit bestimmt sich auch danach, ob die Politik in einer Weise durchgeführt wird, die im Verhältnis zu ihren Zielen angemessen ist, und ob die Entscheidungen auf der geeigneten Ebene ergriffen werden.

Kohärenz: Politik und konkretes Handeln müssen kohärent und leicht nachvollziehbar sein. Der Bedarf an Kohärenz (siehe *Bruno* et al. 1995) in der Union wächst: Es gilt immer mehr Aufgaben zu bewältigen. Die Ost-Erweiterung wird die Vielfalt noch vergrößern. Herausforderungen wie Klimawandel und Bevölkerungsentwicklung machen nicht an den Grenzen der sektoralen Politiken halt, auf denen die Union beruht, die regionalen und lokalen Körperschaften werden immer stärker in die Politik der EU eingebunden. *Kohärenz* erfordert politische Führung und eine starke Verantwortlichkeit der Organe, damit innerhalb des *komplexen Systems* ein in sich schlüssiger Ansatz zum Tragen kommt.

Jeder Grundsatz ist für sich genommen notwendig aber nicht ausreichend. Eine Politik wird künftig nur dann effektiv sein, wenn in ihre Vorbereitung, Anwendung und Durchsetzung möglichst viele Akteure einbezogen werden. Die Grundsätze der Verhältnismäßigkeit und Subsidiarität werden durch die Beachtung der obigen fünf Grundsätze verstärkt. Von der Konzipierung einer Politik bis zu ihrer Umsetzung müssen die Wahl der Ebene, auf der gehandelt wird (von der EU-Ebene bis hin zur lokalen Ebene) und die Wahl der jeweils geeigneten Instrumente im rechten Verhältnis zu den verfolgten Zielen stehen.

Das alte lineare Modell, bei dem die Politik von oben herab („top down") verkündet wird, muss durch einen Entscheidungsprozess ersetzt werden, der – von der Gestaltung bis zur Durchführung der Politik – auf Rückkoppelung, Netzwerken und Partizipation auf allen Ebenen beruht.

Good Governance: Im Gegensatz zu *Government*, dem in Normensetzung und -implementierung vertikal verlaufenden Regieren mit klarer Trennung von Staatswirtschaft und Privatwirtschaft beschreibt der Begriff *Good Governance* die Koordination neuer partnerschaftlicher Formen der Kooperation, d. h. horizontal ausgelegte Tätigkeiten von Staat, Unternehmen und Non-Profit-Organisationen. Will man beispielsweise eine Kooperation von staatlichen und privaten Organisationen *(„Public-Private-Partnership")* vorantreiben, so ist Governance-Denken gefragt.

Dazu gehören vor allem:

- modulares Denken zur Vermeidung von Überschneidungen und der Organisation von Schnittstellen sowie zur Bildung von Netzwerkinitiativen

- Projektmanagement und Masterpläne zur Koordination der einzelnen Handlungsbeiträge und der Konzentration auf gemeinsame Projektziele

- Bereitschaft zur Kooperation sowie Mediation und die Suche nach Kompromiss und Konsens

Der Schritt von „New Public Management" zu „Good Governance" bedeutet eine Korrektur eher betriebswirtschaftlicher Ansätze und eine Integration rechtlicher sowie politik- und sozialwissenschaftlicher Aspekte hin zu einem ganzheitlichen, systemorientierten Konzept des Staatshandelns. *Good Governance* umfasst den Staat, den Privatsektor und die Gesellschaft, die es in die Gewährleistung von Rahmenbedingungen einzubeziehen gilt. Denn alle drei Systemfelder sind von kritischer Bedeutung für die nachhaltige menschliche Entwicklung: Während der *Privatsektor* Beschäftigung und Einkommen verschafft, die *Zivilgesellschaft* politische und soziale Interaktionen ermöglicht und dadurch Bürgermitverantwortung mobilisiert, stellt der *Staat* die Rahmenbedingungen bereit.

Global Governance: Ist ein Ansatz für die *Bearbeitung globaler Probleme von zunehmender Komplexität und Interdependenz.* Im Spannungsfeld von Staaten und internationalen Organisationen, globalisierter Wirtschaft und Finanzmärkten, Medien und Zivilgesellschaft versucht man eine neue, kooperative Form der Problembearbeitung. Man erkennt allmählich, dass *punktuelle Interventionen reine Insellösungen* bleiben, die keine nachhaltigen Strukturveränderungen bewirken können. *Global Governance* bezieht sich auf den gesamten Tätigkeitsbereich zu globalen Problemstellungen wirtschaftlicher, ökologischer, sicherheitspolitischer, kultureller Art. Neben den *traditionellen Akteuren* (Staaten, Internationale Organisationen, etc.) treten *neue*

Akteure (Nicht-Regierungsorganisationen, Institutionen der Wissensproduktion, insbesondere Think Tanks, Universitäten und global agierende Unternehmen) auf. Es kommt nicht von ungefähr, dass *Internationale Organisationen (GOs und NGOs)* der Governance immer größere Beachtung schenken.

1.5 Governance als neue sozialwissenschaftliche Forschungsstrategie

Governance-Denken wird derzeit noch durch drei Faktoren gehemmt:

- *Wissensprobleme:* Mangelndes Wissen über koordinationsrelevante Entwicklungszusammenhänge, Wissensmanagement ohne klar definierten systemischen Kontext.
- *Mangelnde Motivation:* Adressaten verweigern die Befolgung, da sie der Meinung sind, dass in „wohlerworbene" Rechte eingegriffen wird; sie ziehen „business as usual" vor.
- *Umsetzungsprobleme:* Vollzugsorgane verfügen nicht über das erforderliche Know-how bzw. sind nicht in der Lage, mit den verfügbaren Instrumenten zielsicher in Systemprozesse einzugreifen.

Einen Durchbruch auf breiter Front dürfte es erst geben, sobald es gelingt, die Eckpunkte einer Good Governance (Effektivität, Effizienz und Nachhaltigkeit) an aussagefähigen Kennzahlen festzumachen und die Systeminterventionen zu professionalisieren.

Die **Handlungsfelder**, die bereits mit dem Governance-Konzept bearbeitet werden, nehmen jedoch laufend zu. Hiezu einige *Beispiele:*

Beispiel 1: Studie der Nestlé-Stiftung über Hochschulmanagement: *Hirsch et al.*, **Governance in Higher Education,** London, Paris und Genf 2001 (enthält u. a. auch die vielzitierte *Glion Declaration* 2000)

Beispiel 2: Weltwirtschaft: *Thomas Fues & Brigitte Hamm,* Die Weltkonferenzen der 90er Jahre: **Baustellen für Global Governance,** Bonn 2001.

Beispiel 3: Das internationale **Netzwerk** der Bertelsmann Stiftung **„Cities of Tomorrow"** spielte von Anfang an eine große Rolle. In jüngster Zeit gewinnt dieser Ansatz auch im nationalen Bereich an Bedeutung. Konzepte wie nachhaltige Entwicklung, Balanced Scorecard sowie der aus normativen, strategischen und operativem Management zusammengesetzte umfassende kommunale Managementansatz der KGSt belegen diesen Trend. Im „Kommunalen Projekt zum Aufbau einer strategischen Steuerung (KOMPASS)" der Bertelsmann Stiftung heißt es: „Kommunen, die auf lange Sicht die Lebensqualität ihrer Bürger/innen sichern und erhalten wollen, müssen strategische politische Ziele für ihre Stadt definieren." Das Projekt KOMPASS verfolgt diese Ziele: Stärkung der politisch-strategischen Steuerungsfähigkeit der Kommunalpolitik, Erhöhung der Transparenz darüber, wie kommunalpolitische Ziele und Entscheidungen entwickelt und umgesetzt werden, Verbesserung des Zusammenspiels der lokalen Akteure durch aktive Einbindung in die Prozesse sowie Weiterentwicklung der Kommunalverwaltungen im Sinne einer lernenden Organisation durch Aufbau und Etablierung eines kontinuierlichen Qualitätsmanagements.

Im Mai 2004 wurde von der Bertelsmannstiftung in Berlin der so genannte **Transformationsindex** vorgestellt. Dieser läuft im Kern darauf hinaus, die *Qualität der Governance*, die politische Steuerungsqualität von Transformationsländern, laufend zu überprüfen und damit *auf eine neue Basis zu stellen*. In die gleiche Richtung geht das ebenfalls von der Bertelsmannstiftung betreute *Standortranking der deutschen Bundesländer* (mit Aktivitäts- und Erfolgsindex).

Beispiel 4:

In Zusammenhang mit der Konferenz des **Canadian-Asean Governance Innovation Network** (CAGIN) 1996 wurde darüber hinaus der Begriff der „Applied Governance" verwendet: „The focus was on finding effective solutions to real development problems: managing water systems, delivering local public services, improving the urban environment etc." Dieser Begriff eines „angewandten Staatshandelns" betrifft die Entwicklung und Umsetzung einzelner staatlicher Programme und Projekte. Der Fokus der Konferenz war: *„Improving peoples' life"*. Das zeigt Ansatzpunkte für die Entwicklung von Indikatoren zur Verbesserung der Lebensqualität der Bürger als eigentliches Ziel des staatlichen Handelns.

1.6 Neue Berufsbilder in Sicht ...

Wir sollten endlich daran gehen, uns in der wirtschaftswissenschaftlichen Ausbildung vom **Einheitskorsett des Ökonomen** zu verabschieden und anfangen über *differenziertere Berufsbilder* nachzudenken. Wir klagen über die hohe Arbeitslosigkeit, sind aber *blind für neue Berufsbilder,* die Arbeit schaffen könnten: Prozessmanager, *Ambassadoren, Inkubatoren, Scouts, Integralisten, Masterplaner und Knowledge Officers, Masters of Public Policy, Governors* etc.

Wo kann man Governance studieren und erlernen?

- Kennedy School of Government in Harvard Mass.
- European School of Governance (EUSG) in Berlin
- Public Policy in Erfurt
- Humboldt-Universität zu Berlin gemeinsam mit der
- Europa Universität Viadrina Frankfurt a. d. Oder
- Hertie School of Governance in Berlin
- T.I.G.R.A.© Foundation in Salzburg

Die oben genannten Einrichtungen bieten eine *Aus- und Weiterbildung* für Menschen an, die im staatlichen Bereich, in der Wirtschaft und im „dritten Sektor" an politischen Steuerungsprozessen mitarbeiten möchten. Eigentlich geht es – im Kernbereich – um *neue Formen der Staatlichkeit,* um ein *„Regieren jenseits des Nationalstaats" (Michael Zürn),* um De-Nationalisierung. *Motto: die EU als Laboratorium für das Neue.* Die Ausbildung ist anwendungs- und praxisorientiert (Fallstudien, simulierte Entscheidungsprozesse im europäischen Kontext). Nicht einzelne Disziplinen (wie etwa Rechtswissenschaft, Politikwissenschaft und Soziologie) sind im Fokus, sondern es wird problemorientiert gelehrt und geforscht. Weitere Schwerpunkte*: Mediation, effektives Verhandeln, EKS-Strategie (nach Wolfgang Mewes)* etc.

1.7 In a nutshell...

- Governance ist ein **neues Paradigma der sozialwissenschaftlichen Forschung**, das auf der *Systemanalyse* aufbaut und *handlungsorientiert* konzipiert ist.

- Das Governance-Konzept trägt dazu bei, fehlgeleitete **Ressourcen** wieder freizusetzen und gelangt in verstärktem Masse sowohl in der *Privatwirtschaft* als auch *im öffentlichen Sektor* zur Anwendung und

- Die **7 K der Governance:**

  Kontext (Effektivität, Effizienz und Nachhaltigkeit)

  Koordination (der Ziele, der Instrumente, der Schnittstellen)

  Kohärenz[4] (zur Aufdeckung von Widersprüchen)

  Kooperation z. B. über Netzwerke, Public Private Partnerships, Clusters etc.)

  Kommunikation (mit Beteiligten/Betroffenen)

  Konfliktbewältigung (durch Mediation und strategisches Verhandeln bei Interessenkonflikten)

---

4 *Kohärenz* ist der inhaltliche Zusammenhang von Zielen, Verfahren und Verhaltensweisen in einer Organisation. Interne Kohärenz: gemeinsame Vision, Wissensmanagement und Umsetzung von Projekten und/oder Strategien. Externe Kohärenz: verstärkte Berücksichtigung der Stakeholder, also der Interessen und Ziele der Gesellschaft, der Umwelt, Kunden, Lieferanten, Mitarbeiter. Interne Kohärenz ist die Grundlage für externe Kohärenz, führt aber nicht zwangsläufig zu einer solchen (aktuelles Beispiel: die röm.-kath. Kirche als Organisation). *Hofreither* (2002), S. 12 definiert Kohärenz mit „Abstimmung von Programmaktivitäten mit der Wirtschaftspolitik auf den verschiedenen Hierarchieebenen". Die *European Commission* (2001), S. 6 sieht bereits die Notwendigkeit, entschlossen auf die Kohärenz und Nachhaltigkeit hinzuwirken. „The Commission will reinforce attempts to ensure policy coherence and identify long-term objectives." Siehe dazu auch *OECD* (1999).

Kontrolle (der Umsetzung von Projekten und Programmen anhand eines Sets von Kennzahlen).

- Das Europäische **Weißbuch** über *European Governance* hat dazu beitragen, das Governance-Konzept inhaltlich zu vereinheitlichen und die *Akzeptanz* in der *„scientific community"* zu vergrößern.
- Dazu kommt noch, dass im Zuge der **Globalisierung** *neue Wege im Wissenstransfer* beschritten werden müssen. Governance könnte hier einen wichtigen Beitrag leisten.
- Governance verfügt über ein großes **integratives Potential** und könnte wichtige Denkwerkzeuge, die über ein weites Feld verstreut sind, zu einem größeren *systemischen Ganzen* zusammenfassen.
- Governance kann – gemeinsam mit *innovativem* **Wissensmanagement** – dazu beitragen, vorhandene **Produktivitätsreserven** zu mobilisieren und eine höhere *Performance* des betreffenden Systems zu erreichen.

1.8 Literatur

A ... Allgemeine methodische Anmerkungen zur Governance

B ... Governance im wirtschaftlichen Bereich

C ... Governance im politischen Bereich

D ... Governance im kulturellen Bereich

E ... Governance im Bereich der Bildung

Ahonen, P.: Soft Governance, Agile Union? Analysis of the extensions of Open Coordination, Maastricht 2001, Cat. C.

Benz, A. (Hrsg.): Governance – Regieren in komplexen Regelsystemen. Eine Einführung, Wiesbaden 2004, Cat. C.

Bruno, M. et al.: The Theory of Coherence or What have the Vienna Philharmonics, BMW and Ajax Amsterdam in common? Milan and Vienna 1995, Cat. B.

Commission on Global Governance (Hrsg.): Nachbarn in einer Welt. Der Bericht der Kommission für Weltordnungspolitik, Bonn 1995, Cat. B und C.

European Commission: European Governance. A Whitebook, Luxemburg 2001, Cat. C.

European Commission: Preparatory Work for the White Paper, Luxemburg 2002, Cat. C.

Europäische Kommission: Bericht der Kommission über Europäisches Regieren, Luxemburg 2003, Cat. C.

Fürst, D.: Regional Governance – ein neues Paradigma der Regionalwissenschaften, in: Raumforschung und Raumordnung, Band 59, Heft 5-6, 2001, Cat. B.

Fues, Th. / Hamm, B. (Hrsg.): Die Weltkonferenzen der 90er Jahre: Baustellen für Global Governance, Bonn 2001, Cat. B und C.

Hill, H. / Klages H.: Good Governance und Qualitätsmanagement – Europäische und internationale Entwicklungen, Speyer 2000, Cat. B.

Janes, A. et al.: Transformations-Management – Organisationen von innen verändern, Wien und New York 2001 Cat. A, B und C.

Kaplan, R. S. / Norton D. P.: Balanced Scorecard – Strategien erfolgreich umsetzen, Stuttgart 1997, Cat. C.

Kaufmann, D. et al.: Governance Matters. World Bank Policy Research, Working Paper No. 2196, Washington 1999, Cat. B und C.

Kaufmann, D. et al.: Aggregating Governance Indicators, World Bank Policy Research, Working Paper No. 2195, Washington 1999, Cat. B und C.

Kaufmann, D. et al.: Governance Matters. From Measurement to Action, in: Finance & Development, Washington June 2000, S. 10 ff, Cat. B und C.

Kyrer, A.: Neue Politische Ökonomie 2005, München und Wien 2001, Cat. A, B und C.

Kyrer, A. (Hrsg.): Integratives Management für Universitäten und Fachhochschulen oder: Governance und Synergie im Bildungsbereich in: Österreich, Deutschland und in der Schweiz, Band 1 der Edition TIGRA, Wien 2002, Cat. E.

Löffler, E.: Good Governance als Weiterentwicklung von NPM – neue Ansätze zur Lösung gesellschaftlicher Probleme in der Europäischen Union, Wien 2002, Cat. C.

Lutterbeck, B.: Internet Governance – Regulierungsansätze für eine Weltordnung für globale Kommunikation, Wustrau 2001, Cat. B und C.

Malik, F.: Die Neue Corporate Governance, 3. Aufl., Frankfurt/Main 2002, Cat. B.

Mayntz, R.: Governing failures and the problems of governability, in: Kooiman, J. (Hrsg.), Modern Governance, London 1993, Cat. C.

Mayntz, R.: Governance Theory als fortentwickelte Steuerungstheorie? Vortrag auf der Konferenz „Governance-Forschung: Stand und Entwicklungslinien“, Berlin 2004, Cat. A.

Nagel, R. / Wimmer, R.: Systemische Strategieentwicklung, Stuttgart 2002, Cat. B und C.

OECD, Generalsekretariat: Policy coherence matters, Promoting Development in a Global Economy, Paris 1999 Cat. A und B

Renner, A.: Kooperation, nicht Korporatismus. Liberale Standpunkte zu neuen Formen der Governance, Salzburg 2002, Cat. B und C.

Rhodes, R. A. W.: Understanding Governance, Policy Networks, Governance, Reflexivity and Accountability, Buckingham and Philadelphia 1997, Cat. A.

Richter, R. / Furubotn, E. G.: Neue Institutionenökonomik, 3. Aufl., Tübingen 2003, Cat. A, B und C.

Seyr, B. F.: Governance im Hochschulwesen, Wien und Graz 2002, Cat. E.

The Fraser Institute: Economic Freedom of the World, 2003 Annual Report, Vancouver 2004, Cat. B und C.

Willke, H.: Systemisches Wissensmanagement, 2. Auflage, Stuttgart 2001, Cat. A u. B.

Willke, H.: Systemtheorie, 3 Bände, Stuttgart 1998, Cat. A, B und C.

Zehnder, E.: Cultural Governance, Rolle und Aufgaben von Aufsichtsgremien in der Kultur, Zürich 2002, Cat. E.

2 Bernhard F. Seyr: Governance im tertiären Bildungssektor – Gefahren der quantitativen Orientierung

Univ.-Lekt. MMag. DDr. Bernhard F. Seyr
Paris-Lodron-Universität Salzburg

2.1 Einführung

2.1.1 Ausgangslage

Die derzeitige Hochschul- und Wissenschaftspolitik ist geprägt von Schlagworten wie New Public Management, Qualitätsstandards, Chancengleichheit und Internationalisierung. Doch nicht alle diese – oft unüberlegt verwendeten – Worthülsen lassen sich ohne weiteres umsetzen oder miteinander vereinbaren. Im folgenden Artikel sollen diese Schlagworte in ihrem bildungspolitischen Bedeutungsinhalt hinsichtlich ihrer Effekte und Gefahren kritisch hinterfragt werden.

Zentrale Impulse der aktuellen Hochschulpolitik setzt die Bologna-Deklaration aus 1999, die eine freiwillige Selbstverpflichtungserklärung der Signatarstaaten darstellt. Ziele dieser Deklaration (siehe *Seyr* 2002, S. 42 ff) sind im Wesentlichen:

1. Übernahme eines Systems leicht lesbarer und vergleichbarer akademischer Grade, vor allem durch die Einführung des Diploma Supplements, entsprechend der Beschäftigungsfähigkeit der europäischen Bürger und der internationalen Wettbewerbsfähigkeit des europäischen Systems der höheren Bildung.

2. Übernahme eines Systems, das notwendigerweise auf zwei Haupt-Stufen aufbaut: erstens der Stufe eines Grundstudiums und zweitens der Stufe eines postgradualen Studiums (vgl. die Originalterminologie: „undergraduate cycle", „postgraduate cycle"). Der Zugang zum postgradualen Studium soll durch den erfolgreichen Abschluss der ersten Stufe (d. h. des „undergraduate cycle") gewähr-

leistet sein, die mindestens 3 Jahre dauert. Der nach der ersten Stufe erworbene akademische Grad soll in der Regel für die Ausübung der einschlägigen Berufstätigkeit ausreichen.

3. Einführung eines Credit-Systems – im Sinne des ECTS – als taugliches Mittel zur Förderung einer weitverbreiteten studentischen Mobilität. Credits sollen auch in Einrichtungen, die nicht zum Hochschulbereich gehören, sowie durch Leistungen im Rahmen des lebensbegleitenden Lernens erworben werden können. Voraussetzung ist die Anerkennung durch die betreffenden Universitäten.

4. Förderung der Mobilität durch die Überwindung von Hindernissen für eine effektive Umsetzung der Freizügigkeit im Hinblick auf:

   - Studierende, Zugang zu Studien- und Trainingsmöglichkeiten und einschlägigen Dienstleistungen

   - Forscher, akademisches Lehrpersonal und Verwaltungsbedienstete: Anerkennung und Bewertung von Zeiten, die im Sinne des europäischen Austauschs in Forschung, Lehre und Training zurückgelegt wurden, ohne ihre gesetzlichen Rechte zu präjudizieren.

5. Förderung der europäischen Zusammenarbeit in der Qualitätssicherung aus dem Blickwinkel der Entwicklung vergleichbarer Kriterien und Methoden.

6. Förderung der notwendigen europäischen Dimensionen der postsekundären Bildung mit besonderer Berücksichtigung der Curriculum-Entwicklung, der Zusammenarbeit zwischen den Institutionen sowie integrativen Programmen des Studiums, Trainings und der Forschung.

Die bildungspolitischen Maßnahmen im Hochschulsektor werden momentan an der Kompatibilität mit diesen Bologna-Zielen mit dem Zeithorizont 2010 gemessen. Dies bedeutet zu einem gewissen Grad die freiwillige Aufgabe eigenständiger nationaler Bildungspolitik, überstürztes Vorgehen und Fehlsteuerungen durch falsche Governance-Methoden.[5]

Neben den Bologna-Zielen greift – bedingt durch budgetäre Restriktionen der öffentlichen Hand – auch eine immer stärkere kommerzielle Orientierung durch New Public Management im Hochschulwesen Platz.

2.1.2 Begriffe: Abkürzungen, Abgrenzungen, Interpretationen

Unter New Public Management (NPM) werden hier alle Ansätze zur strategischen, taktischen und operativen Steuerung von öffentlichen Einrichtungen verstanden, die sich managementwissenschaftlicher Postulate aus dem privatwirtschaftlichen Sektor bedienen. Solche Postulate wären vor allem die Orientierung an Outputs und Outcomes, die Wettbewerbsorientierung und damit die Autonomie bzw. Privatisierung von Einrichtungen sowie die Steigerung von Effizienz und Effektivität. Die Anwendung solcher Postulate ist in der allgemeinen öffentlichen Verwaltung schon mit Umsetzungsproblemen behaftet, insbesondere trifft dies auf das Hochschulwesen zu. Das heißt jedoch nicht grundsätzlich, dass NPM an sich abzulehnen ist.

New University Management (NUM) ist die Adaptierung von NPM-Ansätzen für den Hochschulsektor – häufig nach dem Vorbild der Schweizer Universitäten, die eine Vorreiterrolle in diesem Bereich eingenommen haben. Die Kunst der Implementierung von NUM liegt darin, die Unterschiede zwischen einem Hochschulbetrieb und einem Unternehmen zu erkennen und zu berücksichtigen. Leider ist diese Kunst bei der teilweise blind wütenden Übernahme von NUM in Österreich und Deutschland in der Politik auf der Strecke geblieben.

Der Begriff Hochschule(n) umfasst alle postsekundären Bildungseinrichtungen, also Universitäten und Fachhochschulen.

---

[5] Governance wird hier gesehen als die Lehre von der Steuerung komplexer sozialer Systeme. Governance-Methoden sind Werkzeuge, die steuernd in komplexe soziale Systeme eingreifen.

Internationalisierung und Globalisierung sei in diesem Kontext als Tendenz verstanden, einen weltweiten Wirtschafts-, Wissenschafts- und Forschungsraum zu schaffen. Diese Tendenz orientiert sich stark an den Vorstellungen der angloamerikanischen Welt und trägt dazu bei, die wirtschaftliche, kulturelle, wissenschaftliche und politische Selbstbestimmung und Identität europäischer Staaten zu unterlaufen.

Unter Drop-out sei der Anteil der Studierenden verstanden, die ihr Studium abbrechen. Dem Drop-out-Phänomen wurde in den letzten Jahren aufgrund der Output-Orientierung des NPM/NUM erhöhte Aufmerksamkeit geschenkt. Das Wort Drop-out hat in der herrschenden Lehre einen stark negativen Beigeschmack erhalten, oft zu Unrecht. Es sollte nämlich auf die Art des Drop-outs ankommen, ob dieser negativ oder sogar positiv zu sehen ist.

Chancengleichheit soll bedeuten, dass alle Menschen ungeachtet ihres sozialen Hintergrunds dieselben Möglichkeiten beim Zugang zur Bildung erhalten, sofern sie dafür geeignet sind. Die Chancengleichheit ist in einem privatisierten Bildungssystem in Gefahr.

2.2 Kennzahlenorientierung des NUM gefährdet Qualität

Kennzahlen haben vor allem drei Aufgabenbereiche: 1. Kennzahlen zur Ermittlung der Wirtschaftlichkeit, 2. Kennzahlen als Zielvorgaben, 3. Plankennzahlen als Mittel der Kontrolle (vgl. *Siegwart* 1998, S. 16). Für Wirtschaftsunternehmen stehen bereits in der Literatur umfangreiche Kennzahlensysteme zur Verfügung. Im Hochschulbereich sind geeignete Kennzahlen noch nicht weit genug entwickelt. Selbst wenn sie weit genug entwickelt wären, wären sie in vielen Bereichen Trugbilder einer künstlich konstruierten Realität. Einfache Kennzahlen lassen sich aus der Betriebswirtschaft kaum auf öffentliche Hochschulen umlegen: So scheiden bereits alle Kennzahlen aus, die auf Gewinn bezogen sind. Ebenso wenig können die „Produkte" von Hochschulen kosten- oder marktorientierte Preise oder echte „Umsätze" erzielen. Damit lassen sich das bekannte Du-Pont-Kennzahlensystem[6] und vie-

[6] Das Du-Pont-Kennzahlensystem verdichtet alle Kennzahlen/-größen zur Umsatzrentabilität und zum Kapitalumschlag, die – miteinander multipliziert – den Return on Investment ergeben.

le andere klassische Kennzahlensysteme der Privatwirtschaft nicht anwenden. Sinnvolle Adaptionen von Kennzahlensystemen für das Hochschulwesen wären nur mit großem Aufwand realisierbar, um aussagekräftige Daten gewinnen zu können. Je komplexer das Kennzahlen-System, umso ungünstiger ist jedoch das Kosten-Nutzen-Verhältnis und umso größer ist die Gefahr von Fehlerquellen:

„Eine wesentliche Rolle spielt die Kosten-Nutzen-Relation. Häufig steigen die Kosten mit steigender Qualität überproportional, während der Nutzen nicht in gleichem Umfang zunimmt. ... Von dem Bereich und den Problemen der Bildung oder Konstruktion muss die tatsächliche Ermittlung von Kennzahlen und Kennzahlen-Systemen unterschieden werden. Im ersten Fall wird eine zu erreichende Norm mit Soll-Charakter vorgegeben, im zweiten Fall eine effektive Zahl errechnet. Diese kann wegen ungenauer oder falscher Ermittlung von den verlangten Eigenschaften und damit vom objektiven Anspruchsniveau abweichen." (Siehe *Meyer* 1976, S. 32 f)

New Public Management versucht, Leitsätze aus der Privatwirtschaft für öffentliche Einrichtungen zu adaptieren. So geschieht dies auch im Hochschulwesen durch NUM, wobei die Kennzahlenorientierung in der Terminologie des NPM als indikatorengestützte Budgetierung oder Steuerung bzw als Output-Orientierung bezeichnet wird. NUM und NPM sollen hier nicht pauschal verurteilt werden, da eine sog Ex-post-Steuerung Sinn macht, z. B. durch Rahmen- und Zielvorgaben bzw Vereinbarungen für die Zunkunft auf Basis von Daten aus der Vergangenheit (Rechenschaftsberichte, Wissensbilanzen etc). Im Gegensatz dazu steht das klassische Bürokratiemodell mit seiner Ex-ante-Steuerung, die den Input (Personal, Sach- und Finanzmittel) und Rahmenbedingungen durch Vorschriften festlegt und damit den Output indirekt zu determinieren versucht. Dies führte allerdings häufig nicht zum angestrebten Ziel, weshalb nun NPM/NUM seinen Siegeszug antritt.

NUM ist sinnvoll, wenn es z. B. um die Steigerung von Effizienz und Effektivität in Verwaltungs- und Serviceeinrichtungen geht. Die Frage stellt sich nur, wie radikal die Adaptierung der privatwirtschaftlichen Postulate erfolgt. Vielfach ignorieren bildungspolitische Entscheidungsträger, dass eine Hochschule kein Wirtschaftsbetrieb ist und auch keiner werden soll.

Die „Produkte" einer Hochschule, das sind im Wesentlichen Lehre und Forschung, lassen sich nicht aussagekräftig genug durch Kennzahlen (quantitative Indikatoren) erfassen. NPM/NUM wird durch seine starke Output-Orientierung oft dahin gehend falsch verstanden, dass quantitative Indikatoren als Steuerungsparameter für qualitativ erfassbare Prozesse herangezogen werden. Dies führt zu unerwünschten Effekten, was folgende Beispiele schlaglichtartig illustrieren mögen.

Problem 1: Grundlagenforschung liefert regelmäßig keine Ergebnisse, die sofort (wenn überhaupt) ökonomisch bewertbar sind. An diesem Punkt muss die Output-Orientierung des NPM/NUM scheitern, ohne dass dies weiterer Begründungen bedarf. Universitäten haben durch ihren höheren Anteil der Grundlagenforschung einen ungerechtfertigten Nachteil gegenüber den Fachhochschulen.

Problem 2: Geistes- und Kulturwissenschaften entziehen sich per se dem herrschenden Primat der Betriebswirtschaft. Wissenschaftsdisziplinen kann daher niemand miteinander vergleichen. Wer NUM falsch interpretiert, leitet aber derartige Schlüsse ausgehend vom Postulat des Wettbewerbs aus NPM ab.

Problem 3: Publikationen als Output-Größe lassen sich schlecht in Kennzahlen oder Punktesummen abbilden. Parameter, die für die Beurteilung von Publikationen z. B. an der Universität Salzburg diskutiert wurden, waren unter anderem: Umfang in Seiten, Art (Artikel, Monographie, Herausgeberband), Urheberschaft (Alleinautor, erstgenannter Autor, Mitautor), Ort des Erscheinens (Österreich, Europa, anderer Kontinent), das Erscheinen in referierten Journalen.

Ähnlich sind die vom CHE im Jahre 2002 vorgeschlagenen bibliometrischen Verfahren in den Rechts-, Sozial- und Wirtschaftswissenschaften (vgl. *CHE – Centrum für Hochschulentwicklung* 2002, S. 16). Basis für die bibliometrische Analyse bilden hier verschiedene Datenbanken wie z. B. SOLIS. Die ermittelten Publikationen wurden unterschiedlich gewichtet:

- mit der Länge des Beitrags (bis 5 Seiten 1 Punkt; 6 – 10 Seiten 2 Punkte; 11 – 20 Seiten 3 Punkte; 20 – 100 Seiten 4 Punkte; mehr als 100 Seiten 7 Punkte)

- mit der Anzahl der Autoren (1 Autor = 1; 2 Autoren = 0,5; 3 Autoren = 0,33; 4 und mehr Autoren = 0,25)

- Reine Herausgeberschaften wurden mit 3 Punkten bewertet. Graue Literatur[7] erhielt die Hälfte des ermittelten Punktewerts. Die Kennzahl „Publikationen pro Professor" beschreibt die gewichteten Publikationen pro Professor am Fachbereich.

All diese Parameter kann man ad absurdum führen: Geht es bloß um die Produktion von möglichst vielen Seiten? Ist die wissenschaftliche Leistung größer/kleiner, wenn man etwas allein oder mit Kollegen publiziert? Steigt die Qualität des Werkes, wenn der Autor sich einen belanglosen Verlag in Amerika sucht anstatt einen österreichischen? Ist etwas wissenschaftlich minderwertig, wenn es nicht in einem sog referierten Journal veröffentlicht wird?

Zusammenfassend würde nach dem CHE-System ein „Wissenschafter" besser abschneiden, wenn er acht einseitige, oberflächliche Artikel veröffentlicht (8 Punkte), als wenn er ein 400-seitiges bahnbrechendes Werk verfasste (7 Punkte).

Problem 4: Die Akquisition von Drittmitteln aus Forschungsförderungsfonds wird als Gradmesser für Erfolg angesehen. Dies führt dazu, dass Wissenschafter bald mehr Zeit für das Schreiben von Projektanträgen aufwenden müssen als für die Forschung selbst. Je mehr Projektanträge aufgrund des Drucks zur Drittmitteleinwerbung gestellt werden, desto geringer wird andererseits die Erfolgsquote der eingereichten Projekte. Die Produktivität der Forscher wird dadurch in galoppierendem Ausmaß vergeudet.

Problem 5: Hochschulen sind keine Lieferanten und Studierende weder Produkte noch Kunden. Hohe Output-Zahlen an Studierenden

---

[7] beispielsweise Unterlagen für Lehrveranstaltungen oder Skripten zur Prüfungsvorbereitung etc.

haben daher nichts mit hoher Qualität zu tun. Hochschulen müssen eine Qualitätssicherungs- und damit Selektionsfunktion ihrer Studierenden ausüben. Die Hochschulen können nur dann ihre Selektionsfunktion wahrnehmen, wenn sie unabhängig von Drop-out-Quoten oder Absolventenzahlen mit ausreichend Finanzmitteln versorgt werden. Bildungseinrichtungen, die von ihren Studierenden Leistung – das heißt Qualität! – verlangen, dürfen nicht ins Hintertreffen geraten. Keinesfalls soll es so weit kommen, dass Studierende als zahlende „Kunden" mit Studienbeginn quasi eine Erfolgsgarantie erhalten, wie dies an manchen fragwürdigen, aber dennoch akkreditierten Fachhochschulen oder Privatuniversitäten der Fall zu sein scheint. Das Argument, die qualitative Selektion der Studierenden erfolge ja ohnehin zu Beginn des Studiums, ist nicht stichhaltig: Aus Schulzeugnissen und/oder Aufnahmetests kann keine abgesicherte Prognose über den künftigen Studienerfolg abgeleitet werden. Dass dies in angloamerikanischen Ländern trotzdem so praktiziert wird, sollte für uns kein Vorbild sein.

Die betriebswirtschaftliche Denkungsweise, dass Drop-out eine Art von „Ausschussproduktion" darstelle und daher vermindert werden müsse, kann nicht auf das Bildungswesen übertragen werden. Der beste Drop-out im Hochschulwesen ist frühzeitiger Drop-out, da für den betreffenden Menschen weniger kostbare Lebens- und Pensionsjahre verloren und weniger Mittel der Allgemeinheit verschwendet werden. Doch lässt es sich manchmal nicht vermeiden, dass auch später im Laufe des Studiums manche Studierende den Qualitätsstandards nicht genügen. Aus motivationspsychologischer Sicht wäre es falsch den Studierenden zu suggerieren: „Wer es über die Studieneingangsphase hinaus geschafft hat, wird bis zum Abschluss mitgezogen." Drop-out, der aus Gründen entsteht, die nicht mit der Leistung zusammenhängen, sollte hingegen vermieden werden. Ein leistungsorientiertes Stipendienwesen dient als ein möglicher Lösungsansatz, um die Vernachlässigung des Studiums durch Nebenjobs zu verhindern.

2.3 Verletzung der Grundsätze des Change Managements

„Wandel geht mit den Gefahren der Destabilisierung, mit hohen Umstrukturierungskosten, Stress, Belastungen, als bedrohlich empfundenem Chaos, Arbeitsplatzverlusten und anderen negativen Begleiterscheinungen einer schöpferischen Zerstörung einher ..." (Siehe *Reiß* 1997, S. 7). Gutes Change Management kann diese von Reiß angeführten negativen Aspekte des Wandels lindern. Doch was wurde bei den aktuellen Reformen falsch gemacht? Hier einige Beispiele (vgl. die Interventionsregeln von *Senge* 1990):

Herausforderung 1: „Die Therapie kann schlimmer sein als die Krankheit." Als Therapie sehe ich hier die stark quantitative Output-Orientierung des NUM, als Krankheit die (angeblich) verbesserungsbedürftige Performance der heimischen Hochschulen.

Herausforderung 2: „Langsamer ist schneller." Zu rasch hat man eine Hochschulreform nach der anderen politisch befohlen. Kaum war das UOG 93 implementiert, kam das UG 2002 samt weiterer, fast pausenloser Reformschritte in seinem Gefolge. Der zeitliche Horizont der Bologna-Erklärung (2010) ist für derartige, strategische Unterfangen sehr kurzfristig.

Herausforderung 3: „Ursache und Wirkung sind raum-zeitlich nicht eng verknüpft." Was eine Reform leistet oder anrichtet, zeigt sich erst viel später. Dieser Umstand macht es so schwer, Kritikpunkte zu den Reformen empirisch zu belegen. Umgekehrt kann aber auch die Sinnhaftigkeit der Hochschulreformen nicht belegt werden. Vieles entspringt mehr einem politischen Wollen als einem tatsächlichen Können.

Herausforderung 4: „Wer einen Elefanten in zwei Hälften teilt, bekommt nicht zwei kleine Elefanten." Fakultäten und Universitäten wurden zerschlagen. So wurden die medizinischen Fakultäten zu eigenen Universitäten. Durch solche Umstrukturierungen erkauft man sich den Vorteil der Flexibilität kleiner Organisationseinheiten durch den schwer wiegenden Nachteil, dass dafür getrennte Verwaltungsapparate mit zusätzlichen Fixkosten anfallen. Umgekehrt gedacht: Wer ein Zebra mit einem Gnu zusammenbindet, erhält keinen Elefanten. Beispielsweise wurde in Salzburg das Institut für Kultursoziologie mit dem Institut für Erziehungswissenschaften zu einem Fachbereich zusammengeschlossen. Erstens haben beide Institute wissenschaftlich wenig miteinander zu tun, und außerdem sind sie an räumlich entfernt liegenden Standorten angesiedelt. So können sie nicht miteinander verschmelzen, und es entstehen damit auch kaum nennenswerten Synergien.

2.4 Integrative Ansätze schaffen neue Zugänge zur Bildungsqualität

In den obigen Ausführungen habe ich mich gegen die starke Kennzahlenorientierung im Hochschulwesen sowie gegen die gedankenlose Übertragung von NPM auf NUM ausgesprochen. Bildungsqualität erreicht man nicht durch Quantität – auch wenn solches in der politischen Diskussion und in den Medien immer wieder anhand von Input- wie Outputgrößen (Budgetzahlen; Akademikerquoten, Publikationszahlen etc.) suggeriert wird. Viel einfacher und für den Unkundigen glaubwürdiger scheint es, Zahlen als Argumentationsgrundlage für Forderungen und Entscheidungen vorzulegen. Wie diese Zahlen gewonnen, ausgewertet und interpretiert werden, steht öffentlich jedoch selten zur Debatte. Die hermeneutisch-qualitative Sicht sowie die methodische Kritik kommen zu kurz. Gute Hochschul-Governance erfordert einen multidisziplinären, integrativen Zugang (vgl. *Kyrer* 2002, S. 3 f).

Das Konzept des Bildungscontrollings sollte in das NUM-Konzept hinsichtlich der Qualitätssicherung in der akademischen Lehre integriert werden. Bildungscontrolling verfolgt einen ganzheitlichen Zugang und strebt die integrierte und systematische Rückkoppelung zwischen Planung, Analyse und Kontrolle von Bildungsmaßnahmen an. Es ist ein planungsorientiertes Evaluationsinstrument, das den Nutzen von Bildungsprozessen optimiert, indem es sich an Zielen und Ergebnissen der Bildungsarbeit orientiert und daraus Schlussfolgerungen für die Zukunft ableitet (vgl. *Seyr* 2005).

Bildungscontrolling beinhaltet neben dem Effektivitäts- und Effizienz-Controlling sowie Kosten-Controlling auch noch das Erfolgscontrolling. Erfolgscontrolling bedeutet vor allem die Messung des durch die Bildungsmaßnahmen gewonnenen Mehrwerts, der Qualität. Richtig verstandenes Bildungscontrolling stellt die Qualität über die Quantität.

Neben der Orientierung an harten Fakten (quantitative Indikatoren) sollen auch noch systemtheoretische, psychologische sowie soziologische Aspekte und damit zusammenhängende qualitative Indikatoren als relevante Steuerungsparameter für Hochschulen Berücksichtigung finden. Nur dadurch kann ein Bildungs- und Wissenschaftssystem Fehlsteuerungen und einseitige Betrachtungswinkel vermeiden. Beispielsweise Absolventenbefragungen oder Wissensbilanzen stellen Schritte in diese Richtung dar.

Im Bereich der Entwicklung und Erprobung solcher qualitativer Methoden besteht gewiss noch Forschungs- und Entwicklungsbedarf.[8]

2.5 Bildungspolitische Schlussfolgerungen

Hochschulen sollen wieder vermehrt als das gesehen werden, was sie sind: Nämlich als Stätten der Forschung und der akademischen Lehre und nicht als künstlich konstruierte „Wirtschaftsbetriebe". NUM kann Effizienz und Effektivität steigern, wenn die qualitative Komponente gegenüber den quantitativen Indikatoren in den Vordergrund tritt. Die quantitative Betrachtung ist in Service- und Verwaltungseinrichtungen eher realisierbar, im Lehr- und Forschungsbetrieb aber weitgehend unangebracht.

Drop-out kann durchaus ein Zeichen von Qualität und hohen Leistungsansprüchen sein, denn nicht jede/r ist für ein (bestimmtes) Studium geeignet. Will man den freien Hochschulzugang beibehalten, so muss die Selektion im Laufe des Studiums erfolgen. Ich spreche mich daher gegen einen Numerus Clausus, aber für durchgängig hohe, vergleichbare Prüfungsanforderungen an allen Hochschulen aus. Vergleichbarkeit bedeutet nicht automatisch Angleichung – darin besteht ein weiteres Missverständnis in der Hochschulpolitik.

Die Autonomie der Hochschulen wird heute oft in einem mehrfachen Sinn verstanden. Was als Befreiung der Wissenschaft und ihrer Lehre von politischer Bevormundung zu begrüßen ist, birgt nun mehrere

---

[8] In meinem kürzlich erschienenen Buch (*Seyr* 2006) unterbreite ich einige praktische Vorschläge zur Umsetzung einer verstärkt qualitativen und integrativen Sicht der Hochschul-Governance.

Gefahren in sich: Die erste Gefahr besteht darin, dass der Staat sich aus der Verantwortung für die Finanzierung mit dem Argument der Autonomie zurückzieht. Eine weitere Gefahr besteht im unüberschaubaren Wildwuchs der Bildungsangebote. Dieselben Universitäts-Studienrichtungen sind dadurch nicht einmal mehr innerhalb Österreichs vergleichbar, geschweige denn die zahlreichen Angebote verschiedener Fachhochschulen oder Lehrgänge universitären Charakters.

Die Privatisierung der Bildungslandschaft durch die Schaffung von Privatuniversitäten oder privaten Fachhochschulen bringt nicht nur Vorteile. Da private Bildungseinrichtungen sich durch ihre „Kunden" finanzieren müssen, können manche private Hochschulen es sich nicht leisten, ungeeignete Studierende abzuweisen oder durchfallen zu lassen. Wie dann die Qualität aussieht, liegt auf der Hand. Der bloße Hinweis darauf, dass in den angloamerikanischen Staaten viele angesehene Privatuniversitäten bestehen, löst dieses Problem nicht. Außerdem führt die Privatisierung dazu, dass wohlhabende Schichten sich einen renommierten Hochschulabschluss leisten können, ärmere eben nicht. Das hat nichts mehr mit Chancengleichheit zu tun.

Die richtige Bedeutung des Wortes Chancengleichheit sollte eigentlich ausdrücken, dass alle Menschen – ungeachtet ihres sozialen Hintergrunds – dieselben Bildungschancen erhalten sollen, wenn sie die nötige Eignung dafür besitzen. Staaten, die ein hohes akademisches Qualitätsniveau anstreben, würden bei internationalen Vergleichen schlechter abschneiden, weil auch hier die Quantität im Vordergrund steht.

Aus volkswirtschaftlicher Sicht ist ein Bildungsabschluss dann sinnvoll, wenn damit ein Mehrwert für die Gesellschaft geschaffen werden konnte. Dieser Mehrwert (Nutzen) muss im Verhältnis zu den Kosten stehen. Sehr wohl kann der Nutzen auch in der Vermittlung von geistes- und kulturwissenschaftlichen Fähigkeiten liegen. Es kommt allerdings auf das geschaffene Humankapital an, das heißt den Kenntnis- und Fähigkeitsgewinn durch das Studium, nicht auf die Erhöhung statistischer Kennzahlen. Viele internationale Bildungsvergleichs-Studien fördern das permanente Schielen der Medien und der Politik nach Statistiken und erfreuen sich deshalb zu Unrecht großer Beachtung.

Die Schwachpunkte bestehen vor allem darin, unterschiedliche Bildungssysteme über einen Kamm zu scheren und dann noch die Daten zu Rankings oder Meta-Kennzahlen zu verdichten, anstatt nach den Hintergründen zu fragen.

Die heutige Politik ist also zu sehr an der quantitativen Steuerung durch Kennzahlen (Indikatoren) orientiert, qualitative Kriterien bleiben jedoch auf der Strecke. So soll es nicht auf die Steigerung der Zahlen der Studenten, Absolventen, Publikationen oder die Akademikerquote an sich ankommen. Die Fragen müssten stets lauten: Welche Qualität bzw. Wertschöpfung bringt dies für unser Land? Was bedeutet für unser Land Qualität im Bildungswesen? Das Motto „je mehr – desto mehr" ist auch hier ein Irrweg.

Internationalisierung und damit Harmonisierung sind ebenfalls Maximen, denen heutzutage viel zu unkritisch gefolgt wird. Leichtfertig übernimmt man Studienstrukturen und akademische Grade aus den angloamerikanischen Staaten, ohne die Vor- und Nachteile zu hinterfragen. Für die internationale Vergleichbarkeit der Studienabschlüsse hätte es nichts geändert, wenn man in Österreich weiterhin einheitlich die Bezeichnungen Bakkalaureus, Magister und Doktor beibehalten hätte. Die Politik hätte damit genauso den Forderungen der Bologna-Erklärung nach einer dreigliedrigen Studienarchitektur entsprochen. Es würde reichen, die entsprechenden englischen Übersetzungen der Titel in den Diploma Supplements aufscheinen zu lassen. Mit der generellen Ermöglichung der Grade Bachelor, Master und PhD neben den bislang üblichen Graden Magister und Doktor schafft man nur Verwirrung und opfert wieder ein Stück eigener Identität und Tradition. Die zuvor und auch derzeit noch in Österreich angebotenen Master-Lehrgänge (z. B. MAS, MBA) waren/sind nämlich *keine* Vollstudien, sondern vielfach kurze (etwa 2-jährige), berufsbegleitende *Universitätslehrgänge* und sind mit einem 4 – 5-jährigen Magisterium nicht vergleichbar.

Ebenfalls nicht logisch nachvollziehbar ist mir die Abschaffung des Zusatzes FH bei den akademischen Graden für Fachhochschulabsolventen. Fachhochschulen sind aus mehreren Gründen nicht mit Universitäten vergleichbar. Dies ist allein schon deshalb so, da das FH-Lehrpersonal in der Regel eine andere Qualifikation als habilitierte

Universitäts-Dozenten oder -Professoren besitzt. Die Zielsetzung der Fachhochschulen ist ja auch anders: nämlich das Angebot von praxisorientierter Berufsausbildung und nicht wie bei Universitäten die wissenschaftliche Berufsvorbildung. Außerdem erfolgt der Unterricht an Fachhochschulen regelmäßig in einer schulähnlichen Form, während das universitäre Studium durch die Freiheit des Lernens und der Selbstorganisation gekennzeichnet sein sollte. Das Argument, durch den Zusatz FH leide die internationale Vergleichbarkeit des Titels, sticht nicht, da ein Hinweis im Diploma Supplement für die nötige Klarheit sorgt.

Mir ist bewusst, dass dieser kritische Artikel mancherorts als Affront oder als Stich ins Wespennest wirken wird. Gerade dieser Umstand soll zum kritischen Nachdenken über die heutige Hochschulpolitik anregen und den Boden für notwendige Reformen der Reformen aufbereiten.

2.6 Zusammenfassung

New University Management (NUM) ist aus New Public Management (NPM) abgeleitet und dominiert neben den Zielen der Bologna-Deklaration von 1999 die aktuelle hochschulpolitische Diskussion.

Durch die teilweise gedankenlose und teilweise kurzsichtige Orientierung an Postulaten der Betriebswirtschaft kommt es zu Fehlsteuerungen des Hochschulwesens. In diesem Sinne erfolgt ein immer stärkerer Rückzug des Staates aus der Finanzierung der Hochschulen im Konnex mit Autonomie und privaten Bildungseinrichtungen. Hochschuleinrichtungen können keine kostendeckenden Preise für ihre Leistungen verlangen, da damit die Chancengleichheit der Studierenden verloren ginge. Auch deshalb darf das öffentliche Bildungssystem nicht unterlaufen werden.

Die Orientierung an quantitativen Kenngrößen ist im akademischen Bereich weitgehend unangebracht. So ist es beispielsweise falsch, Drop-out-Raten automatisch als negative Indikatoren zu sehen. Selektionsverfahren der Studierenden zu Beginn des Studiums sagen wenig über den künftigen Studienerfolg aus. Deshalb muss die Selektion während des Studiums erfolgen, um die Qualität zu sichern. Ebenso wenig sinnvoll sind die meisten bibliometrischen Verfahren zur Bewertung der Publikations- und Forschungstätigkeit. Quantität sagt noch nichts über Qualität aus.

Die durch die Bologna-Deklaration ausgelösten Reformen wurden unter großen Zeitdruck und unter Verletzung der Regeln des Change Managements politisch durchgesetzt. Da die Folgen derartiger Reformen sich erst später zeigen werden, ist es dann schon zu spät.

Einen Ausweg aus der Dominanz quantitativer Aspekte stellen integrative Managementkonzepte für den Hochschulbereich dar. Die ganzheitlichen Theorien des Bildungscontrollings, der Systemtheorie, der Soziologie und Psychologie sollten den quantitativen Zugang um die qualitative und hermeneutische Ebene ergänzen.

Zu kritisieren ist außerdem an der aktuellen Bildungspolitik, dass sie die Herstellung der Vergleichbarkeit der Bildungssysteme und Bildungsabschlüsse mit einer unterwürfigen Vereinheitlichung des Hochschulwesens nach angloamerikanischem Vorbild verwechselt. Wir opfern damit wieder ein großes Stück unserer mitteleuropäischen Identität auf dem Altar der Globalisierung.

2.7 Literatur

CHE – Centrum für Hochschulentwicklung (2002): Das Hochschulranking. Vorgehensweise und Indikatoren. Gütersloh: Eigenverlag. (Arbeitspapier Nr. 36. Mitarbeiter der Studie: Berghoff, S./Federkeil, G./Giebisch, P./Hachmeister, C.-D./Müller-Böling, D.)

Kyrer, A. (Hrsg.) (2002): Integratives Management für Universitäten und Fachhochschulen. Oder: Governance und Synergie im Bildungsbereich in Österreich, Deutschland und der Schweiz. Wien: NWV 2002.

Meyer, C. (1976): Kennzahlen und Kennzahlen-Systeme. Stuttgart: Poeschel.

Reiß, M. (Hrsg.) (1997): Change Management – Programme, Projekte und Prozesse. Stuttgart: Schäffer-Poeschel.

Senge, P. (1990): The Fifth Discipline. New York: Doubleday.

Seyr, B. F. (2002): Governance im Hochschulwesen. Wien, Graz: Neuer Wissenschaftlicher Verlag.

Seyr, B. F. (2005): Bildungscontrolling in Kürze. Salzburg: Universität Salzburg.

Seyr, B. F. (2006): Integratives Management und Wissensbilanzierung in der Hochschulforschung. Einführung und Umsetzung von Universitätsreformen im deutschsprachigen Raum. Frankfurt/M. u. a.: Peter Lang.

Siegwart, H. (1998): Kennzahlen für die Unternehmensführung. Bern u. a.: Haupt.

3 Rudolf Eder: Elemente einer Theorie der Produktivität

Univ.-Prof. Dr. Rudolf Eder
Wirtschaftsuniversität Wien

3.1 Einleitung

Alle Menschen wollen besser leben. Politiker und Regierungen, die eine Steigerung des Lebensstandards in ihrem Land erreichen wollen, müssen danach trachten, die verfügbaren Produktionsfaktoren voll zu beschäftigen und die Produktivität zu steigern. Schließlich hängt der Lebensstandard eines Volkes von der Fähigkeit ab, Güter herzustellen.

Die Produktivität stellt für Lebensstandard, Lebensqualität und Wohlstand einen Schlüsselbegriff dar, der in diesem Beitrag eingehender behandelt werden soll. Dabei wird nach folgender Gliederung vorgegangen:

1. Der Begriff: Definition, Produktivität und Lebensqualität, Produktivitätsdifferenzen, Deutungsmöglichkeiten, die Bedeutung von Produktivität.

2. Bestimmungsfaktoren der Produktivität: Technisches Wissen und Humankapital, Produktionsumwege, natürliche Ressourcen.

3. Produktivität und Governance: Sparen und Produktionsumwege, abnehmende Skalenerträge und Aufholeffekt, Auslandsinvestitionen, Bildung und Ausbildung, Forschung und Entwicklung, politische Stabilität, Bevölkerungswachstum.

3.2 Zum Begriff

In der Literatur wird zwischen physischer Produktivität *(Jean-Baptiste Say:* naive Produktivitätstheorie und *Johann Heinrich von Thünen:* motivierte Produktivitätstheorie) und Wertproduktivität *(Eugen von*

Böhm-Bawerk) unterschieden.[9] Unter physischer Produktivität wird das Verhältnis von Ausbringungsmengen zu den eingesetzten Produktionsgütermengen (auch Faktoreinsatz genannt) eines Produktionsprozesses verstanden. Besonders in der Wachstumstheorie werden verschiedene Verhältnisgrößen im Zusammenhang mit Produktivität verwendet: Unter Kapitalproduktivität versteht man das Verhältnis von Produktion (Y) zu Realkapitalbestand (K). Das entspricht dem Kehrwert des Kapitalkoeffizienten: K/Y. Analog dazu versteht man unter Arbeitsproduktivität das Verhältnis von Produktion (Y) zu Arbeitseinsatz (A). Diese Verhältnisgröße entspricht dem Kehrwert des Arbeitskoeffizienten A/Y.[10]

In der Produktionstheorie wird die physische Produktivität verwendet. Die Ableitung ist einfach:[11]

Die Bedingungen eines Produktionsprozesses werden in den verschiedenen Typen von Produktionsfunktionen dargestellt. Die Produktionsgüter werden allgemein in den Produktionsfaktoren Arbeit, Kapital und Natur zusammengefasst. Aus den Investitionen in die Arbeitskraft (den Produktionsfaktor Arbeit), die für einen bestimmten Produktionsprozess notwendig ist, kann ein zusätzlicher Produktionsfaktor, das Humankapital, gebildet werden.

Setzen wir für das Produktionsergebnis (die Ausbringungsmenge) Y, die Menge des Faktors Arbeit L, die Menge des Realkapitals K, die Menge des Humankapitals H und die Menge der natürliche Ressourcen N, dann kann der Zusammenhang in folgender Funktion dargestellt werden:

$$Y = VF(L, K, H, N)$$

---

9 *Lutz, Friedrich A. und Jürg Niehans:* Faktorpreisbildung II: Zinstheorie, in: HdWW, Bd. 2, Tübingen 1988, S. 541.

10 *Woll, Artur:* Allgemeine Volkswirtschaftslehre, München 1996, S. 436.

11 Vgl. dazu: *Mankiw, Gregory N.:* Grundzüge der Volkswirtschaftslehre, Stuttgart 1999, S. 565 f.

F bedeutet Funktion und gibt an, wie Faktoreinsätze kombiniert werden, um den jeweiligen Ausstoß Y zu erhalten. V gibt den Verfahrensstand an. Steigt V, steigt das Produktionsergebnis bei gegebenem Faktoreinsatz.

Wenn angenommen wird, dass bei gegebenem Verfahrensstand alle Produktionsfaktoren, die für die Produktion notwendig sind, in gleichem Maße verändert werden, dann scheint es plausibel zu sein, dass auch das Produktionsergebnis in gleichem Maße sich verändert. Danach würde eine Verdoppelung aller Produktionsfaktormengen zu einer Verdoppelung des Produktionsergebnisses führen.

Die Produktionsfunktion könnte danach lautet:

$$xY = VF(xL, xK, xH, xN)$$

x stellt eine beliebige Zahl dar. Setzen wir $x = 1/L$, dann ergibt sich:

$$Y/L = VF(1, K/L, H/L, N/L)$$

Y/L stellt das Produktionsergebnis pro Arbeitseinheit dar und entspricht der Arbeitsproduktivität oder einfach der Produktivität. Die Funktion bringt zum Ausdruck, dass die Produktivität von der Menge des pro Arbeitskraft eingesetzten Realkapitals, Humankapitals und der Natur abhängt. Die so formulierte Produktionsfunktion zeigt den mathematischen Zusammenhang zwischen der Produktivität und ihren Bestimmungsfaktoren Verfahrensstand, Realkapital pro Arbeitskraft, Humankapital pro Arbeitskraft, Natur pro Arbeitskraft.

3.3 Produktivität und Lebensqualität

Der Lebensstandard der Menschen hängt von ihrer Fähigkeit, begehrte Güter in möglichst großer Menge zu erzeugen, ab. Es kann nur konsumiert werden, was vorher erzeugt wurde. Wer mehr konsumieren möchte, muss mehr erzeugen. Der Bevölkerung einer geschlossenen Volkswirtschaft stehen die Güter zur Verfügung, die von ihr erzeugt wurden und werden.

Das reale Bruttoinlandsprodukt stellt ein geeignetes Maß für die Menge und Qualität von Gütern dar, die einer Volkswirtschaft zur Verfügung stehen und somit den wirtschaftlichen Wohlstand einer Volkswirtschaft repräsentieren.

Das reale Bruttoinlandsprodukt pro Kopf bringt zum Ausdruck, welche Menge von Gütern im Durchschnitt auf eine Person kommt. Der wirtschaftliche Wohlstand wird dann als hoch angesehen, wenn den Menschen viel begehrte Güter (Autos, Kühlschränke, Fernsehgeräte, Schuhe, Kleider, Butter) zur Verfügung stehen. Wirtschaftlicher Wohlstand muss nicht mit Lebensqualität gleich gesetzt werden. Lebensqualität setzt aber einen gewissen wirtschaftlichen Wohlstand voraus. Wirtschaftlicher Wohlstand kann durch Mehrarbeit erreicht werden, was aber nicht bedeuten muss, dass dadurch die Lebensqualität erhöht wird. Mehr Arbeit bedeutet weniger Freizeit und weniger Freizeit kann geringere Lebensqualität bedeuten. Diese Zusammenhänge sind bei den folgenden Überlegungen zu berücksichtigen.

3.4 Produktivitätsdifferenzen

Auf dieser Grundlage wird zwischen reichen und armen Volkswirtschaften unterschieden. Unbeachtet bleibt dabei die Tatsache, dass es sowohl in einer reichen wie auch armen Volkswirtschaft reiche und arme Menschen gibt. Außerdem bleibt unbeachtet, dass die Erfassung des Bruttoinlandsproduktes nicht einheitlich und exakt erfolgt.

Vergleiche zwischen Volkswirtschaften zeigen große Unterschiede. So belief sich das Bruttoinlandsprodukt pro Kopf in den USA im Jahre 1990 auf ca. 18.000 US-Dollar und das Bruttoinlandsprodukt pro Kopf von Bangladesh auf cirka 380 US-Dollar.

Das Bruttoinlandsprodukt pro Kopf betrug in Japan im Jahre 1890 cirka 840 US-Dollar und im Jahre 1990 cirka 16.150 US-Dollar.

Diese Unterschiede werden auf Produktivitätsdifferenzen[12] zurückgeführt. Produktivität stellt den wichtigsten Bestimmungsfaktor für den Lebensstandard dar.

---

[12] Vgl. *Hesse, Helmut:* Außenhandel I: Determinanten, in: HdWW, Bd. 1, Tübingen 1988, S. 364 ff.

Das Durchschnittseinkommen beträgt heute in vielen Industriestaaten ein Vielfaches des entsprechenden Wertes vor 100 Jahren. Schon wenn man eine jährliche Produktivitätssteigerung von zwei Prozent annimmt, verdoppelt sich das Prokopfeinkommen innerhalb von 35 Jahren. Kinder können somit ein Realeinkommen erwarten, das doppelt so hoch ist, wie das ihrer Eltern.

Im Jahr 1870 war das Vereinigte Königreich das reichste Land der Welt. Heute liegt es nur mehr im Mittelfeld der reicheren Industriestaaten und einige damals arme Länder liegen heute an der Spitze. Es kann somit die Frage gestellt werden, ob die heute reichen Länder ihren hohen Lebensstandard aufrechterhalten können oder ob sie zurückfallen werden.

Die Versorgung der Menschen mit Gütern hat sich im Laufe der Zeit enorm verbessert. Noch vor 100 Jahren mussten 35 Prozent der Bevölkerung in der Landwirtschaft arbeiten, um die Gesamtbevölkerung zu ernähren. Im Jahr 2000 versorgen weniger als fünf Prozent der Bevölkerung die Gesamtbevölkerung viel reichlicher mit Nahrungsmitteln als je zuvor.

Die Versorgung mit Industriegütern ist teilweise noch stärker gestiegen. Diese Entwicklung hat aber nicht in allen Staaten der Welt in gleichem Maße stattgefunden. Es gibt Entwicklungsländer, in denen sich die Versorgung mit Gütern überhaupt nicht geändert hat.

Der wirtschaftliche Fortschritt wird durch das Wachstum des Bruttoinlandsproduktes pro Kopf gemessen. Auch wenn der wirtschaftliche Fortschritt einer Wohlstandssteigerung nicht direkt gleichgestellt werden kann, stellt er dennoch die Voraussetzung für eine Erhöhung der Lebensqualität und des Wohlstandes dar.

3.5 Deutungsmöglichkeiten

Unter Produktivität versteht man also die Menge der pro Zeiteinheit produzierten Güter. Durch den technischen Fortschritt ist es in einzelnen Staaten jedoch zu einer geradezu enormen Steigerung der Produktivität gekommen, während es in den so genannten Entwicklungsländern diese Entwicklung nicht gab. In den Industriestaaten gibt es ein Überangebot an Nahrungsmitteln, Industriegütern und Dienstleistungen. In den Entwicklungsländern kommt es noch immer zu Hungersnöten und einer spärlichen Versorgung mit Industriegütern. Grundsätzlich kann gesagt werden, dass die Güterversorgung in den einzelnen Volkswirtschaften große Unterschiede aufweist.

Auch innerhalb der Volkswirtschaften gibt es große Produktivitätsunterschiede. Es gibt einzelne Wirtschaftssektoren mit höherer Produktivitätssteigerung und es gibt Produktivitätsunterschiede bei Unternehmungen und einzelnen Arbeitskräften.

Die Bedeutung der Produktivitätssteigerung wird uns klar, wenn wir unseren Wohlstand mit dem Wohlstand unserer Vorfahren oder anderen Volkswirtschaften vergleichen. Die erzielte Produktivitätssteigerung ermöglicht uns, bei gleicher oder sogar geringerer Arbeitszeit ein höheres Wohlstandsniveau zu realisieren.

3.6 Die Bedeutung von Produktivität und Produktivitätssteigerung

Es kann allgemeinen behauptet werden, dass die Menschen nie alle ihre Wünsche und Bedürfnisse mit den verfügbaren Gütern realisieren können, dass also Knappheit besteht.

Zur Überwindung und Verringerung der Knappheit stehen den Menschen folgende **neun wirtschaftliche Handlungsformen** zur Verfügung:

Produktion, Handeln nach dem Wirtschaftlichkeitsprinzip, Arbeitsteilung, Arbeitsteilung verbunden mit Tausch, technischer Fortschritt, Produktionsumstellung, Produktionsumwege, Zusammenarbeit und Versicherung.

Der technische Fortschritt kann in **vier Komponenten** zerlegt werden: Einführung neuer Konsumgüter, Einführung neuer Produktionsgüter, Optimierung von Konsumgütern und Produktivitätssteigerung.

Zur Produktivitätssteigerung kommt es durch die Einführung neuer Produktionsverfahren, die es ermöglichen, bei gleicher Faktoreinsatzmenge eine größere Ausstoßmenge zu erzielen. Produktivität und Produktivitätssteigerung sind somit nicht die einzigen Voraussetzungen für einen hohen Lebensstandard, aber die wichtigsten.

Durch Governance und Wissensmanagement kann auf die wirtschaftlichen Handlungsformen und ihre Anwendung Einfluss genommen werden. Sie stellen somit gewissermaßen Produktivitätsreserven dar.

3.7 Bestimmungsfaktoren der Produktivität und Produktionsfortschritt

Die Produktivität wird hauptsächlich durch drei Faktoren bestimmt:

1. technisches Wissen, welches durch das Humankapital verfügbar gemacht wird,

2. Produktionsumwege und

3. natürliche Ressourcen.

Produktivitätsfortschritte können auch durch Konzentrationsvorgänge erreicht werden, wenn mit der Konzentration Größenvorteile (economies of scale), Vorteile der Zusammenarbeit mehrerer Betriebe und technische Neuerungen verbunden sind.

3.8 Technisches Wissen und Humankapital

Eine Komponente des technischen Fortschritts wird optimierende oder produktivitätssteigernde Komponente genannt. Sie führt dazu, dass durch Anwendung eines neuen Produktionsverfahrens bei gleichem Faktoreinsatz ein höherer Ausstoß erzielt wird.

Neue Produktionsverfahren stellen neues technisches Wissen dar, welches durch Erfindungen oder nach dem Prinzip „Fabricando fit Faber" geschaffen wurde. Einmal geschaffenes technisches Wissen steht den Menschen zur Verfügung; es muss jedoch durch Bildung und Ausbildung propagiert werden, damit es als Humankapital in den Produktionsprozess eingebracht werden kann.

Wenn es Arbeitskräften unter sonst gleichen Bedingungen gelingt, in der Zeiteinheit mehr zu produzieren, dann spricht man von einer

Steigerung der Arbeitsproduktivität. Dazu kann es durch bessere Ausbildung, Motivation, zunehmende Erfahrung, intuitive Verfahrensverbesserungen und erhöhte Anstrengung kommen. Schon dabei können beachtliche Unterschiede zwischen einzelnen Arbeitskräften, aber auch Volkswirtschaften festgestellt werden.

Das Produktionsergebnis einer Volkswirtschaft kann natürlich auch durch vermehrte Arbeitsleistung verbessert werden. Fleißige arbeitsame Menschen und ganze Völker können so einen höheren Lebensstandard erreichen. Das Besondere an der Produktivitätssteigerung besteht jedoch darin, dass die Menschheit durch sie bei gleich bleibender oder geringerer Lebensarbeitszeit den Wohlstand steigern kann.

Die Möglichkeiten, bei sonst gleich bleibenden Bedingungen, die Arbeitsproduktivität zu steigern, sind jedoch begrenzt. So ist es selten, dass bei Akkordarbeit ein besonders gut ausgebildeter und motivierter Facharbeiter die doppelte Stückzahl eines Durchschnittsarbeiters produziert. Leistungsunterschiede betragen vielleicht 20 bis 250 % und nur selten mehr.

Die ganz großen Produktivitätssprünge wurden und werden durch immer längere Produktionsumwege erzielt.

3.9 Produktionsumwege

Menschen wollen konsumieren. Warum noch werden dann Gütern höherer Ordnung, die nicht unmittelbar konsumiert werden können überhaupt produziert? Die Antwort ist einfach: es ist günstiger Konsumgüter auf Umwegen als unmittelbar zu produzieren. Produktionsumwege[13] bestehen darin, dass zuerst Werkzeuge, Geräte, Maschinen, ganze Anlagen, eine sinnvolle Infrastruktur und sonstige Voraussetzungen für die Produktion geschaffen werden, die es dann ermöglichen, das gewünschte Gut schneller und besser zu erzeugen. Der größere Erfolge mit Produktionsumwegen zeigt sich in zweierlei Gestalten: wo man ein Gebrauchsgut sowohl auf direktem als auch auf

---

[13] Die Theorie der Produktionsumwege hat *Böhm-Bawerk* ausführlich dargestellt: *Böhm-Bawerk, Eugen von:* Positive Theorie des Kapitals, 4. Auflage, Jena 1921, Bd. 1, S. 11 ff. und Bd. 2, S. 1 – 121.

indirektem Wege hervorbringen kann, offenbart er sich darin, dass man auf dem indirektem Wege mit gleichviel Arbeit mehr Produkte oder das gleiche Produkt mit weniger Arbeit erlangen kann; außerdem aber offenbart er sich in der Gestalt, dass man gewisse Gebrauchsgüter überhaupt nur auf indirektem Wege herstellen kann. Die erste Gestalt des Erfolges kann als Produktivitätssteigerung bezeichnet werden. Es handelt sich um eine Optimierung der Produktion.[14] Bei den uneigentlichen Produktionsumwegen kann ein Gut überhaupt nur dann erzeugt werden, wenn zuerst entsprechende Voraussetzungen geschaffen werden. Produktionsumwege sind der Inbegriff von Investitionen oder Kapital im Sinne von „Produktivkapital".

3.10 Natürliche Ressourcen

Für verschiedene Autoren stellen natürliche Ressourcen einen weiteren Bestimmungsfaktor der Produktivität dar. Unterschiede im Hinblick auf natürliche Ressourcen sind danach verantwortlich für einige der Unterschiede des Lebensstandards in der Welt. Länder mit großen Erdölvorkommen sind Beispiele dafür. Sie haben einen hohen Lebensstandard weil sie reich sind, aber nicht, weil sie ein hohes Produktivitätsniveau haben. Es ist andererseits aber richtig, dass natürliche Ressourcen für die Produktion notwendig sind und durch Arbeit nicht ersetzt werden können. Es gibt Länder, die über wenig natürliche Ressourcen verfügen, diese einführen und auf einem hohen Produktivitätsniveau verarbeiten, Fertigprodukte ausführen und dadurch einen hohen Lebensstandard realisieren.

Produktivitätssteigerung bedeutet, dass bei gleich bleibendem Einsatz der übrigen Produktionsgüter der gleiche Ausstoß durch einen geringeren Einsatz von Arbeit realisiert werden kann. Eine wertmäßige Produktivitätssteigerung könnte so interpretiert werden, dass eine gleich bleibende Menge natürlicher Ressourcen mit gleichem Arbeitseinsatz zu höherwertigen Produkten verarbeitet wird.

---

[14] *Eder, Rudolf:* Volkswirtschaftliche Theorie des technischen Fortschritts, Berlin 1967, S. 54 ff.

3.11 Produktivität und Governance

Governance kann sich auf allen Ebenen produktivitätssteigernd mit folgenden Zusammenhängen beschäftigen:

Sparen und Produktionsumwege

Durch immer länger werdende Produktionsumwege konnte in der Vergangenheit die Produktivität in vielen Ländern enorm gesteigert werden. Sparen und somit Konsumverzicht sind aber notwendig, damit investiert werden kann. Das investierte Kapital kommt jenen Arbeitskräften zugute, die damit ausgestatteten werden.

In den Industriestaaten haben in der Vergangenheit die fleißigen Sparer dazu beigetragen, dass ihre Produktivität über Produktionsumwege gesteigert wurde und somit ihnen wieder zugute gekommen ist. Das hat sich mit dem freien Kapitalverkehr geändert

Abnehmende Skalenerträge und Aufholeffekt

Grundsätzlich kann davon ausgegangen werden, dass Kapital durch abnehmende Skalenerträge gekennzeichnet ist. Wenn also der Kapitaleinsatz erhöht wird, verringert sich der mit einer zusätzlichen Einheit Kapital hervorgebrachte Ausstoß. Bei abnehmenden Skalenerträgen sinkt der Nutzen einer zusätzlichen Einheit eines Produktionsfaktors.

Da in kapitalarmen Entwicklungsländern bei sonst gleichen Bedingungen die Skalenerträge hoch sind, kommt es zum so genannten Aufholeffekt. Der Aufholeffekt zeigt sich in höheren Wachstumsraten von Entwicklungsländern verglichen mit kapitalreichen Industriestaaten.

Kapitalveranlagung im Ausland

Höhere Kapitalerträge im kapitalarmen Ausland führen zu Auslandsinvestitionen, die in den Zielländern eine Steigerung der Produktivität, des Gewinnes und auch des Bruttoinlandsproduktes bewirken. Der Abfluss von Kapital bedeutet aber gleichzeitig im Geberland eine Verringerung der Kapitalausstattung des Faktors Arbeit und damit zumindest eine relative Verringerung der Produktivität.[15]

Bildung und Ausbildung

Bildung und Ausbildung von Arbeitskräften bedeutet Mehrung des Humankapitals, einer wesentlichen Voraussetzung für Produktivitätssteigerung. Wissen stellt gewissermaßen ein öffentliches Gut dar. Neues Wissen erhöht den Wissensstand, den jeder frei nützen kann. Es kann durchaus als Aufgabe des Staates angesehen werden, die Wissensbildung entsprechend zu kanalisieren.

Forschung und Entwicklung

Originärer technischer Fortschritt kann nur durch Forschung und Entwicklung gefördert werden. Der primäre Grund, weshalb der Lebensstandard heutzutage höher ist als vor 100 Jahren, besteht im inzwischen realisierten technischen Fortschritt. Einerseits sind es neue Güter, die geeignet sind bisher unbefriedigte Bedürfnisse zu befriedigen und andererseits sind es neue Güter und Produktionsverfahren, die ihrerseits geeignet sind, bei gleichem Faktoreinsatz mehr und mehr zu produzieren.

Politische Stabilität

Indirekt wird die Produktivität eines Landes durch ein Effektives Rechtswesen, klare Eigentumsrechte und politische Stabilität beeinflusst.

Bevölkerungswachstum und Migration

Für demokratisch gewählte Politiker sollte das Bruttosozialprodukt pro Kopf wichtiger sein als das Bruttoinlandsprodukt. Da bei Bevöl-

---

[15] *Eder, Rudolf:* Eine neue wirtschaftliche Logik, in: Gewinne ohne Menschen, Frühjahrsplenum der Europäischen Akademie der Wissenschaften und Künste und der Schweizerischen Akademie der Geistes- und Sozialwissenschaften, Bern 2000, S. 99.

kerungswachstum und Zuwanderung[16] von Arbeitskräften die anderen Produktionsfaktoren auf eine größere Zahl von Arbeitskräften aufgeteilt werden müssen, wird sowohl Produktivität als auch das Sozialprodukt pro Kopf sinken. Dieser einfache Zusammenhang wird vielfach verschwiegen. Es kann davon ausgegangen werden, dass die Zuwanderung von Arbeitskräften sich negativ auf das Lohnniveau und positiv auf den Kapitalertrag und die Bodenrente auswirken wird.

3.12 Zusammenfassung

Der Lebensstandard gemessen durch das Bruttosozialprodukt pro Kopf, aber auch die Lebensqualität, weisen rund um die Welt große Unterschiede auf. Die Folgen sind: Unzufriedenheit, Unruhen, kriegerische Auseinandersetzungen – Probleme, deren sich die Governance anzunehmen hat.

Der Lebensstandard der Menschen hängt von ihrer Fähigkeit ab, Güter herzustellen. Zur Erhöhung des Lebensstandards in einer Volkswirtschaft ist es notwendig, die Produktivität zu steigern. Nur durch Produktivitätssteigerung können die Menschen ihre Lebensqualität bei gleichem Arbeitsaufwand steigern und bei kürzerer Arbeitszeit erhalten.

Die Produktivität hängt wiederum von der Kapitalausstattung, dem verfügbaren Humankapital, den verfügbaren natürlichen Ressourcen und dem Stand des technischen Wissens der Arbeitskräfte ab. Die verfügbaren natürlichen Ressourcen einer Volkswirtschaft sind gegeben. Die Verfügbarkeit kann durch Importe erhöht werden. Ihre grundsätzliche Knappheit kann nur durch Sparsamkeit und effiziente Zuteilung verringert werden. Die Bestimmungsfaktoren Kapitalausstattung, Humankapital und Stand des technischen Wissens können durch entsprechende Wirtschaftspolitik vermehrt werden.

Governance kann hier ansetzen und die Produktivität auf vielerlei Weise beeinflussen: durch Spar- und Investitionsanreize, durch Förde-

---

[16] *Eder, Rudolf:* Wirtschafts- und gesellschaftspolitische Aspekte von Migrationen, in: Einwanderungsland Europa? Graz 1993, S. 65 – 81.

rung von Produktionsumwege, durch Förderung und kanalisieren der Ausbildung, durch Sicherung von Eigentumsrechten und politischer Stabilität, Kontrolle der Migration und durch Förderung von Forschung, und Entwicklung zur Sicherung des technischen Fortschritts und durch Wissensmanagement.

Governance und Wissensmanagement können dazu beitragen, vermehrbare Produktionsfaktoren zu vermehren und alle verfügbaren Produktionsfaktoren effektiver einzusetzen.

4 Rudolf Eder: Global Governance

Univ.-Prof. Dr. Rudolf Eder
Wirtschaftsuniversität Wien

Es gibt viele Gründe, die dafür sprechen, sich mit dem Phänomen, das Global Governance, Weltordnungspolitik, oder globale Strukturpolitik genannt wird, zu beschäftigen: Erwartungen, Befürchtungen, Zweifel, Ratlosigkeit, gewisse Ereignisse oder der Wunsch und Wille, der Entwicklung nicht tatenlos zuzuschauen, die Entwicklung nicht als Naturereignis zu akzeptieren, sondern das Menschenwerk zu erkennen und einen Beitrag zur Gestaltung der Zukunft zu leisten.

Global Governance kann von zwei Seiten betrachtet werden:
I. als undurchschaubare, aber bedrohende Machtentfaltung oder
II. als Instrument zur Steuerung weltumspannender Entwicklungen.

Hinter beiden Betrachtungen steht die Globalisierung, ein Phänomen, das viel beachtet, aber sehr unterschiedlich gedeutet wird.

4.1 Globalisierung

Die Globalisierung kann grundsätzlich selbst als Ergebnis oder als Problem der Global Governance angesehen werden. Diese Aussage erfordert eine eingehendere Beschäftigung mit dem Begriff.

4.1.1 Bestimmung des Begriffes

Zuerst ist die Frage zu behandeln, ob es sich wirklich um ein neues Phänomen handelt. Im Laufe der Geschichte hat es abwechselnd immer wieder Liberalisierungsphasen und Phasen der Isolation und Protektion gegeben. Nationalstaaten haben eine Außenwirtschaftspolitik zum Wohle ihrer Herrscher oder Staatsbürger verfolgt. Ähnliches gilt für die allgemeine Außenpolitik.

Nach 1945 hat eine noch nie da gewesene Liberalisierungswelle eingesetzt, die nach und nach alle möglichen Bereiche einbezogen hat: den Güteraustausch, Kapitalbewegungen, Geldströme und schließlich auch noch Arbeitskräftebewegungen. Eine aufgezwungene oder auch zum Wohle des Staates oder Staatsvolkes freiwillig gewählte Autarkie wurde durch Freihandel, Internationalisierung und Globalisierung nach und nach abgelöst. Soweit komparative Kostenvorteile durch den Freihandel umgesetzt wurden, kam es bei allen könnten Volkswirtschaften zu beträchtlichen Wohlstandssteigerungen.

Differenzierter ist die Internationalisierung der Wirtschaft zu betrachten. Durch Verflechtungen über die Staatsgrenzen entzogen sich international tätige Unternehmungen – in erster Linie werden hier transnationale Konzerne gemeint – mehr und mehr der Kontrolle des Staates, insbesondere der Kontrolle der Finanzbehörden. Volkswirtschaftspolitische Maßnahmen konnten mehr und mehr umgangen werden. Vorteile internationaler Wirtschaftsbeziehungen konnten von den Unternehmungen immer besser genutzt und internalisiert werden. Nachteile der Entwicklung wurden zunehmend der Gesamtwirtschaft und der Gemeinschaft aufgebürdet.

Die Ausweitung dieser Entwicklung auf bisher kaum berührte Gebiete hat eine neue Phase der Internationalisierung eingeleitet, die als Globalisierung verstanden werden kann und in diesem Sinne tatsächlich ein neues Phänomen darstellt.

Die Globalisierung ist das Ergebnis oder der Begleitprozess einer noch nie verzeichneten Liberalisierung. Neue Liberalisierungsschritte werden nicht mehr hinterfragt. Sie werden durch Scheintheoretisierung und einen ungerechtfertigten Absolutheitsanspruch begründet.

Die Globalisierung stellt als System oder Bewegung einen politischen und wirtschaftlichen Liberalismus von einer noch nie da gewesenen geographischen und inhaltlichen Ausdehnung dar. Ein wesentlicher Unterschied zum früheren Hochliberalismus besteht darin, dass damals die Liberalisierung Hand in Hand mit dem Nationalismus ging. In unserer Zeit ist die Liberalisierung mit der Schwächung der Nationalstaaten eng gekoppelt. Moderne Kommunikationstechniken haben eine Art globaler Simultanität ermöglicht. Sie sind aber weder Voraussetzung noch Ursache für die Globalisierung.

Globalisierung kann als Intensivierung weltweiter gesellschaftlicher Beziehungen, die dazu führen, dass entfernte Orte so verbunden werden, dass lokale Ereignisse durch Ereignisse gestaltet werden, die sich viele Meilen entfernt abspielen und umgekehrt gesehen werden. Dabei ist jedoch zu bedenken, dass die Menschen nach wie vor in ihren engeren Räumen leben, mit Nachrichten, Werbung und Propaganda aus aller Welt überflutet werden, sich sonst aber kaum näher kommen.

In diesem Sinne ist auch eine andere Definition zu verstehen, die meint, Globalisierung sei ein Prozess gesellschaftlicher Transformation, welcher schrittweise zur Integration „menschlicher" Gesellschaften in ein weltweites Gesellschaftssystem (social system) führt. Diese Definition entspricht eher dem Wunsch einer „Internationalen" als dem Phänomen, mit dem wir es zu tun haben. Man könnte der Definition entgegen halten, dass gerade die Globalisierung zu einer neuen Desintegration der Gesellschaft quer durch Nationalstaaten und noch mehr zwischen armen und reichen Staaten führt. Die Unterschiede zwischen Arm und Reich waren noch nie so groß wie jetzt. Allerdings fehlt die Kluft zwischen den Lagern. Es gibt viele Optimisten, die glauben, sie seien reich, weil sie etwas mehr haben als andere. Es gibt keine Grenze. Es gibt nur einen kontinuierlichen Übergang zwischen den Extremen.

Wenn behauptet wird, Globalisierung bedeute, dass verschiedene Aktivitäten auf den ganzen Globus ausgedehnt werden, dann kann man dem nicht widersprechen. Es soll dadurch die Diskussion aber auf kein Nebengeleis abgelenkt werden. Dem Kern des Phänomens entspricht die Behauptung, dass es Akteure gibt, die mehr und mehr Weltweit agieren. In diesem Sinne ist weltweit aber zu relativieren. Es bedeutet, dass die Akteure überall dort auf der Welt agieren, wo sie Interessen haben. Strategisch und wirtschaftlich unbedeutende Gebiete werden von der Globalisierung kaum berührt.

4.1.2 Globalisierung der Wirtschaft

Die Globalisierung ist mit der Entwicklung der Weltwirtschaft eng verbunden. Hinter dieser Entwicklung stehen Akteure, die so mächtig sind, dass ein Abkoppeln von dieser diktierten Entwicklung für jeden Nationalstaat schwierig ist.

4.2 Allgemeines

Die Nationalökonomie hat erfolgreich den Beweis geführt, dass bestimmte Transaktionen über die Staatsgrenzen unter bestimmten Bedingungen für alle beteiligten Volkswirtschaften Vorteile bringen. Diese Vorteile wurden meist in einer Wohlstandssteigerung gesehen. Dabei wurde die Frage der Verteilung des Außenhandelsgewinnes eher vernachlässigt. Entscheidend waren nationale Interessen, die durch nationale Wirtschaftspolitik verfolgt wurden. Dabei wurden die klassischen Ziele der Volkswirtschaftspolitik vorrangig verfolgt. Mit der Globalisierung hat sich die Lage wesentlich verändert.

4.2.1 Neue Machtverhältnisse: Die zunehmende Macht der Investoren

Ein Wesensmerkmal der Globalisierung ist die Verlagerung der Macht im weiteren Sinne vom Nationalstaat zu globalen Akteuren.

Vor 30 Jahren konnte man beobachten, wie Entwicklungsländer um Investoren geworben haben. Sie überschlugen sich mit Zugeständnissen, Steuerbefreiung, Zollbefreiung und Garantien verschiedenster Arten. Hat ein Entwicklungsland nach Ablauf der Frist, für welche diese Zugeständnisse galten, die Frist für die Vorteile nicht verlängert, dann sind die ausländischen Investoren weiter gezogen und haben in einem Nachbarland ähnliche oder noch günstigere Investitionsbedingungen eingeräumt bekommen.

Spätestens mit dem Niedergang der Sowjetunion hat sich dieser Zustand noch verschärft und auch auf Industriestaaten ausgedehnt. Die Wirtschaftspolitik einzelner Staaten ist den transnationalen Unternehmungen immer mehr entgegengekommen. Das Steuerdumping ist das neue Erfolgsrezept so mancher Finanzminister geworden.

4.2.2 Zunehmende Ungleichheit

Lange vor der Abschaffung von Grenzkontrollen wurde die Kontrolle transnationaler Unternehmungen mehr oder minder abgeschafft.

Nach der Liberalisierung des Güter- und Leistungsverkehrs wurde die Liberalisierung der Produktionsfaktoren betrieben. Wenn die Sinnhaftigkeit des Freihandels – unter bestimmten Voraussetzungen – nachgewiesen werden kann und einleuchtet, wurden die Argumente für die Liberalisierung der Produktionsfaktoren einfach aus der – zumindest teilweise eindeutigen – Richtigkeit der Argumente für den Freihandel und dem Dogma des Liberalismus ohne weitere Erklärung abgeleitet. Kurios ist dabei, dass die so genannten Arbeiterparteien sich nicht gegen diese Entwicklung gestellt haben. *Giddens* spricht in diesem Zusammenhang vom opportunistischen Verhalten der Sozialdemokraten.[17] Hier muss er die Frage gestellt werden, ob diese Parteien diese Entwicklung aus strategischen Überlegungen oder aus Überzeugung mitgetragen haben.

In vielen Industriestaaten nützt die Globalisierung neben den eigentlichen Globalisierungsgewinnern auch den Linksparteien, weil sie die einzigen Parteien sind, die nach geltender öffentlicher Meinung die Interessen der Arbeiter und sonstigen Armen vertreten.

Es ist empirisch nachweisbar, dass die Öffnung der Grenzen für Faktorbewegungen zur Verstärkung der Ungleichheit von Einkommen und Vermögen beigetragen haben. Wenn

Als kurios mag hier wieder empfunden werden,

I. dass beispielsweise in Österreich ein damals noch sozialistischer Finanzminister die Vermögenssteuer praktisch abgeschafft hat;

II. dass das Vermögen der drei reichsten Individuen der Welt höher ist als das gemeinsame Bruttoinlandsprodukt der 48 ärmsten Staaten;

III. dass der Anteil am Welteinkommen der 20 % reichsten Individuen 1960 sich noch auf 70 % belief und 1996 schon 86 % mit steigender Tendenz betrug; dass der Anteil am Welteinkommen der 20 % ärmsten Menschen 1960 2,3 % betrug und innerhalb von 30 Jahren Globalisierung auf 1,3 % zurück ging;

---

[17] Siehe *Giddens, Anthony,* The Third Way, The Renewal of Social Democracy, S. 14.

Als wesentliches Merkmal der Globalisierung kann somit die Vernachlässigung der sozialen Frage angesehen werden.

4.3 Globalisierung der Macht

Von vielen Politikern wird die Globalisierung als unvermeidbar angesehen und den Wählern als unbeeinflussbar hingestellt. Das ist ein Irrtum. Globalisierung ist eng mit Machtkonzentration verbunden und kann auch als Instrument oder als Folge der Machtentfaltung angesehen werden.

4.3.1 Schwächung des Nationalstaates

Die Menschheit hat sich im Laufe der Zeit in Nationalstaaten zusammengeschlossen und ihr Zusammenleben organisiert. Dabei sind recht unterschiedliche Wege gegangen worden. Erst nach langen blutigen Machtkämpfen haben die Völker ihre Unabhängigkeit, Souveränität und eine mehr oder minder funktionierende demokratische Ordnung gefunden. Es kann nicht behauptet werden, dass viele Staaten ein perfektes System haben. Immer noch und immer wieder werden Fehler begangen. Die Folgen hat die Bevölkerung zu tragen. Sie ist in den krieggeplagten europäischen Staaten opferbereit. Besonders die Bevölkerung der Verliererstaaten – im zweiten Weltkrieg – hat erkannt und sich damit abgefunden, dass sie ihre Zukunft selbst gestalten muss und wirkliche Geschenke nicht zu erwarten sind. Die Regierungen werden demokratisch gewählt und können wieder abgewählt werden, wenn sie nicht die Mehrheit der Wähler zufrieden stellen.

Durch die Globalisierung wird dieses hart erkämpfte und noch kaum perfektionierte System von Nationalstaaten gefährdet. Zumindest ihre Macht, die vom Volke ausgehen soll, wird geschwächt. Viele politische Entscheidungen können nicht mehr im Interesse des Staatsvolkes getroffen werden.

Umweltprobleme konnten, soweit es sich um grenzüberschreitenden Schadstoffverkehr handelt, durch Nationalstaaten nie gelöst werden. Diese Probleme werden aber immer drückender.

4.3.2 Stärkung demokratisch nicht legitimierter Akteure

Globalisierung kann machtpolitisch betrachtet als eine Verlagerung der Macht von territorial definierten, politischen Körperschaften, die demokratisch gewählt werden, hin zu territorial weitgehend ungebundenen Körperschaften der Wirtschaft aufgefasst werden. Die transnationalen Konzerne (Private Global Players) sind demokratisch nicht legitimierte Akteure. Und sie gewinnen ständig mehr Macht und Einfluss. Diese Entwicklung kann einer Entdemokratisierung transnationalen Regierens gleichgesetzt werden.

4.4 Global Governance

4.4.1 Begriff und Konzepte

Unter diesem Begriff wird seit einigen Jahren diskutiert, wie mittels grenzüberschreitender Netzwerke von staatlichen und privaten Akteuren

I. der Verlust nationalstaatlicher Steuerung kompensiert und
II. globale Probleme effizient gelöst werden können.

Der Begriff Global Governance findet erst seit kurzem eine weitere Verbreitung, obwohl das so bezeichnete politische Konzept zur Lösung globaler Probleme, das zumeist mit den Berichten der Brandt- und der Brundtland-Kommission in Verbindung gebracht wird, schon eine gewisse Tradition hat.

Es kann zwischen zwei Richtungen der Global Governance unterschieden werden. Eine Richtung beschäftigt sich mit den Möglichkeiten einer netzwerkartigen globalen Steuerung. Die andere Richtung setzt sich mit den möglichen Inhalten des globalen Regierens auseinander.

Hier kann eine gewisse Verbindung zur Interdependenz- bzw. Regimetheorie der siebziger Jahre hergestellt werden, obwohl ein großer Unterschied besteht.

Deutsche Protagonisten verstehen Global Governance als Konzept zur Lösung „sozial-ökologischer" Probleme. Die Regimetheorie wurde in den außenpolitischen Foren international-orientierter Kapitalgruppen der USA entwickelt und soll der Sicherung weltwirtschaftlicher Strukturen dienen.

Diese Wirtschaftsinternationalen haben sich seit den frühen siebziger Jahren angestrengt, Global Governance nach ihren Vorstellungen auch praktisch umzusetzen. In einer ersten Phase konzentrierten sie sich auf die Festigung der Zusammenarbeit zwischen staatlichen und privatwirtschaftlichen Akteuren aus den USA, Japan und Westeuropa (fordistischer Trilateralismus).

In einer zweiten Phase wurde versucht, eine vertragliche internationale Absicherung von Privateigentum auch gegenüber den Staaten zu erreichen. Das trilaterale Projekt sollte in einen globalen Konstitutionalismus – Verfassung der Weltwirtschaft – übergeführt werden.

4.4.2 Notwendigkeit

Es hängt von der Interessenlage des Betrachters ab, welche Gründe für ihn entscheidend sind. Für verantwortliche Politiker, Parteipolitiker, Oppositionspolitiker, Unternehmer, reiche Leute und auch arme Leute können die Beweggründe ganz verschieden sein. Auch für Wissenschaftler, die sich der Gesellschaft verpflichtet fühlen, können ganz unterschiedliche Gründe entscheidend sein. Dem entsprechend werden auch Ziel und Zweck einer Beschäftigung mit dem Phänomen Globalisierung und der Global Governance verschieden sein.

Die Notwendigkeit der Global Governance – unter ständiger Berücksichtigung und Beachtung des Subsidiaritätsprinzips – dürfte weitgehend anerkannt werden.

Leider ist das Phänomen noch nicht umfassend untersucht worden. Interessant wäre beispielsweise eine Analyse des Machtverhältnisses zwischen den USA als Nationalstaat und Hegemon, anderen Nationalstaaten und den transnationalen Konzernen. Eine solche Analyse könnte vielleicht klären, ob die mit dem formalen Konzept der Global Governance angestrebten inhaltlichen Politikziele überhaupt erreichbar sind und welche Alternativen es gibt.

Man kann mit den Global Governance Protagonisten implizit davon ausgehen, dass die identifizierten Probleme

I. globale öffentliche Güter,
II. grenzüberschreitende Probleme,
III. globale Krisenphänomene,
IV. globale Interdependenzprobleme und
V. Systemwettbewerb

auch allgemein als solche angesehen werden und entsprechend Handlungsbedarf besteht.

Wie das CO2-Beispiel und die Auseinandersetzungen um eine Sozialklausel in der WTO zeigen, widerspricht das Verhalten einzelner Akteure in bestimmten Regimes dieser Annahme. Einzelne Akteure oder Gruppen von Akteuren wollen keine solchen Probleme sehen.

Wer für Global Governance eintritt, muss sowohl die angestrebten inhaltlichen Ziele begründen als auch aufzeigen, dass diese Ziele mit Global Governance erreicht werden. Es gibt keine wertneutrale, objektive Global Governance, die bloß technokratisch umgesetzt werden müsste.

Eine wichtige Frage muss in der Machtasymmetrie gesehen werden. Internationale Politik ist zu demokratisieren, um zu einer sozial gerechteren und ökologisch bewussteren Welt beitragen zu können - und dafür spielen Machtverhältnisse eine zentrale Rolle. Auch das alte Anliegen der Selbstbestimmung der Völker scheint in Frage gestellt zu werden.

4.4.3 Zur derzeitigen Praxis der Global Governance

In der Literatur wird hinlänglich dokumentiert, dass zu fast allen erdenklichen Politik- und Problembereichen bereits internationale Verhandlungsforen, so genannte Regime existieren und schon seit langer Zeit global agiert wird. Gerade das den Problemen vorauseilende globale Agieren weckt Misstrauen und erfordert sinnvolle Reaktion aller Nationalstaaten und – fast noch wichtiger – demokratischen Parteien.

4.4.4 Verfechter der Global Governance

Bei der Diskussion der Globalisierung zeigt sich sehr schnell, dass Global Governance notwendig ist, weil sie eine Chance bietet, das wilde egoistische Treiben der Global Players zu zähmen und in vernünftige Bahnen zu bringen. Global Governance – das ist wohl der Wunsch vieler Globetrotter – sollte nicht von einer Interessensgruppe instrumentalisiert werden können. Global Governance sollte auch nicht nur als Gegengewicht zum unbekannten Hegemon dienen. Global Governance – das entspräche der Vorstellung des Autors – sollte als demokratische Einrichtung zur Lösung globaler Probleme nach dem Subsidiaritätsprinzip konzipiert werden. Längst gibt es Verfechter der Globalisierung, die allerdings durchaus unterschiedliche und nicht konsolidierbare Vorstellungen von einer Globalisierung haben. Hier sei nur eine kleine Auswahl angeführt:

- die „Commission on Global Governance" der UNO,
- die „Gruppe von Lissabon",
- das „Institut für Entwicklung und Frieden" und
- verschiedene Außenwirtschaftstheoretiker *(Michael Zürn, Richard Cooper, Dirk Messner, Franz Nuscheler, Christoph Scherrer u. a.)*

4.4.5 Die Global Governance-Architektur

Global Governance – Funktionen üben derzeit folgende Akteure aus:

Nationalstaaten

In jedem Nationalstaat als Rechtstaat verfügt die Bevölkerung über teuer erkämpfte Rechte, die es verdienen verteidigt zu werden:

- die Möglichkeit, die Regierung vom Staatsvolk wählen zu lassen,
- eine gewisse Souveränität,
- Selbstbestimmungsrecht und
- andere allgemein anerkannte und geschätzte Rechte.

Internationale Verhandlungsforen mit Global Governance Aktivitäten (Regime)

Zu diesen Akteuren gehören neben vielen anderen:

- UNO
- GATT
- WTO
- IWF
- Weltbank
- ILO

Nicht-staatliche Akteure oder Private Global Players

Bei dieser Gruppe handelt es sich um Akteure, die ihre Macht ohne besondere Rücksicht auf die Bevölkerung ausüben. Zu ihnen gehören:

- nationale und internationale Vereinigungen der Großkonzerne:
  - Business Investment Network,
  - Transatlantic Business Dialog,
  - European Roundtable und auch die
  - Trilaterale Kommission)
- international orientierte Kapitalfraktionen in den USA:
  - die New Yorker Banken und Anwaltskanzleien sowie
  - die transnationalen Konzerne der jeweiligen Branchen
- internationale Arbeitgeberverbände

Global Players sind demokratisch nicht legitimierte Akteure.

4.4.6 Probleme und Aufgaben der Global Governance

Es gibt keine einheitliche Auffassung darüber, welche Probleme durch Global Governance gelöst werden sollten. Folgende Probleme und Aufgaben werden diskutiert und in Erwägung gezogen:

- globale öffentliche Güter bereitzustellen,

- grenzüberschreitende Probleme zu lösen,
- globale Krisenphänomene zu identifizieren und global zu behandeln,
- globale Interdependenzprobleme im Interesse der internationalen Gemeinschaft zu lösen,
- den Systemwettbewerb zuzulassen und zu überwachen,
- das Subsidiaritätsprinzip zu respektieren und
- Hegemonie zu verhindern.

4.4.7 Ideologie der Global Governance

Ist eine Weltregierung ohne Ideologie denkbar? Diese Frage wird zu klären sein, bevor es zu einer demokratisch legitimierten Weltregierung kommen kann. Hinter der Globalisierung steht eine Ideologie. Die übergreifende Ideologie der Globalisierung ist ein besonderes Konzept des Liberalismus. Das zeigt sich eindeutig in den bisher verfolgten Zielen und den realisierten Veränderungen:

- Zurückdrängung des Nationalstaates auf allen Gebieten (Nur die USA dürften eine Ausnahme bilden. Es darf aber angenommen werden, dass hier die Global Players direkten Einfluss auf die Regierungsarbeit haben.); die politische Gestaltung soll, soweit möglich, auf die klassischen Themen des liberalen „Nachtwächterstaats" zurückgeführt werden: Sicherung von Recht und Ordnung;
- Liberalisierung der Außenwirtschaftspolitik,
- Abbau wirtschaftlicher und wohlfahrtsstaatlicher Regulierungen,
- marktwirtschaftliche Reform,
- Aufnahme der Dienstleistungen in Freihandelsabkommen,
- multilaterales Abkommen über Investitionen (MAI),
- Investitions- und Urheberrechtsschutz,
- Durchsetzung einer Verfassung der Weltwirtschaft (liberaler Konstitutionalismus),

- Ablehnung möglichst jeder Sozialklausel,
- Sicherung von privaten Eigentumsrechten,
- Sicherung von Eigentumsrechten gegenüber den Ansprüchen insbesondere der Lohnabhängigen.

4.5 Zusammenfassung

Zu den Antriebskräften der Globalisierung gehören:

- globale Unternehmensstrategien
- der globale Spekulationskapitalismus, der dazu führt, dass auf den Finanzmärkten täglich mehrere $ 100 Milliarden umgesetzt werden, wobei der für alle Teilnehmer vorteilhafte Güter- und Leistungsaustausch nur einen kleinen Bruchteil ausmacht,
- der globale Wettbewerb im Abbau sozialer Errungenschaften,
- die kontinuierliche Entmachtung der Nationalstaaten, die bisher die Weltkultur und die Staatenwelt geprägt haben,
- die Dominanz der Wirtschaftswelt der transnationalen Unternehmen,
- die Entwicklung der Medienwelt, der Internetwelt und einer globale orientierten internationalen Zivilgesellschaft.

Zu den Begleiterscheinungen der Globalisierung von Wirtschaft, Kommunikationssysteme und Transportsystem gehören:

- die Globalisierung von Arbeitslosigkeit,
- Armut,
- Kriminalität,
- Drogen,
- Umweltzerstörung und
- anderer Fehlentwicklungen.

Da die Nationalstaaten diese globalen Probleme nicht im Alleingang lösen können, verdichtet sich das Interesse an einem Ordnungsmodell, welches die Welt wieder regierbar macht. In der Global Governance wird die Lösung gesehen. Da es konkurrierende Versionen von Global Governance gibt, kann Global Governance aber als solche nicht als Leitbild für die unterschiedlichsten Bemühungen um eine sozial gerechtere und ökologisch verträglichere Welt dienen.

Global Governance könnte jedoch durch

- effektive internationale Zusammenarbeit,
- Akzeptanz geteilter Souveränität durch Übertragung von Handlungskompetenzen auf globale demokratisch legitimierte Entscheidungsträger,
- stringente Beachtung des Subsidiaritätsprinzips und
- dem allgemeinen Bewusstmachen gemeinsamer Überlebensinteressen einen wichtigen Beitrag leisten.

4.6 Literatur

Altvater, Elmar / Mahnkopf, Birgit, 1999: Grenzen der Globalisierung. Ökonomie, Ökologie und Politik in der Weltgesellschaft, 4. Aufl. Münster, Verlag Westfälisches Dampfboot.

Bergsten, C. Fred, 1998: Trade Policy and Trade Legislation in 1998, in: *Jeffrey J. Schott* (ed.) Restarting Fast Track, Special Report 11, Washington: Institute for International Economics.

Brunnengräber, Achim / Stock, Christian, 1999: Global Governance: Ein neues Jahrhundertprojekt? In: PROKLA 116, 29 (3) 445 – 468.

Cafruny, Alan W., 1990: A Gramscian Concept of Declining Hegemony: Stages of U.S. Power and the Evolution of International Economic Relations, in: *David P. Rapkin* (ed.), World Leadership and Hegemony, Boulder, Col., Lynne Rienner Publ., 97 – 118.

CEO: Corporate Europe Observatory, 1997: Europe Inc. – Dangerous Liasions between EU Institutions and Industry, Amsterdam.

Commission on Global Governance, 1995: Nachbarn in Einer Welt. Der Bericht der Kommission für Weltordnungspolitik, hrsg. von der Stiftung Entwicklung und Frieden, Bonn.

Giddens, Anthony, 1998: The Third Way, The Renewal of Social Democracy, Cambridge, Polity Press.

Gill, Stephen, 1990: American Hegemony and the Trilateral Commission, New York, Cambridge University Press.

Gruppe von Lissabon, 1997: Grenzen des Wettbewerbs. Die Globalisierung der Wirtschaft und die Zukunft der Menschheit. München.

Horowitz, David A., 1997: Beyond Left and Right: Insurgency and the Establishment. Urbana: University of Illinois Press.

Junne, Gerd, 1990: Theorien über Konflikte und Kooperation zwischen kapitalistischen Industrieländern, in: *Volker Rittberger* (Hrsg.), Theorien der Internationalen Beziehungen, Wiesbaden, Westdeutscher Verlag, 353 – 374.

Kantzenbach, Erhard / Mayer, Otto G. (Hrsg.), 1996: Von der internationalen Handels- zur Wettbewerbsordnung, Hamburg, HWWA Bd. 24.

Messner, Dirk, 1998: Die Transformation von Staat und Politik im Globalisierungsprozess, in: ders. (Hrsg.), Die Zukunft des Staates und der Politik: Möglichkeiten und Grenzen politischer Steuerung in der Weltgesellschaft, Bonn: Dietz, 14 – 43.

Messner, Dirk, 2000: Netzwerktheorien: Die Suche nach Ursachen und Auswegen aus der Krise staatlicher Steuerungsfähigkeit, in: *Altvater, Elmar / Brunnengräber, Achim / Haake, Markus / Walk, Heike* (Hrsg.), Vernetzt und Verstrickt. Nicht-Regierungs-Organisationen als gesellschaftliche Produktivkraft. 2. Aufl., Münster. Verlag Westfälisches Dampfboot, 28 – 65.

Messner, Dirk / Nuscheler, Franz, 1996a: Global Governance. Organisationselemente und Säulen einer Weltordnungspolitik, in: *Messner / Nuscheler* (Hrsg.) (1996b), 12 – 36.

Messner, Dirk / Nuscheler, Franz, 2004: Global Governance, in: Policy Paper 2, Hrsg.: Stiftung Entwicklung und Frieden (SEF), Bonn

Putnam, Robert D. / Bayne, Nicholas, 1985: Weltwirtschaftsgipfel im Wandel, Bonn: Europa Union-Verlag.

Scherrer, Christoph, 1999: Globalisierung wider Willen? Die Durchsetzung liberaler Außenwirtschaftspolitik in den USA. Berlin, edition Sigma.

Scherrer, Christoph / Greven, Thomas, 1999: Soziale Konditionalisierung des Welthandels. Die Instrumente Sozialklausel, Verhaltenskodex und Gütesiegel in der Diskussion, Gutachten im Auftrag der Friedrich-Ebert-Stiftung, Bonn.

Scherrer, Christoph / Greven, Thomas / Frank, Volker, 1998: Sozialklauseln. Arbeiterrechte im Welthandel, Münster, Verlag Westfälisches Dampfboot.

Schoppa, Leonard J., 1997: Bargaining with Japan: What American Pressure Can and Cannot Do. New York: Columbia University Press.

Sklar, Holly (ed.), 1980: Trilateralism. The Trilateral Commission and Elite Planning for World Management, Boston, South End Press.

Sklar, Holly / Everdell, Ros, 1980: Who's Who on the Trilateral Commission, in: *Sklar, Holly* (ed.), Trilateralism. The Trilateral Commission and Elite Planning for World Management, Boston, South End Press, 90 – 131.

Zürn, Michael, 1998: Regieren jenseits des Nationalstaates: Globalisierung und Denationalisierung als Chance, Frankfurt am Main, Suhrkamp.

5 René L. Frey: Von der Corporate Governance zur Public Governance[18]

Prof. Dr. Dr. h. c. René L. Frey
Universität Basel

5.1 Einleitung

„Corporate Governance" – dieses Schlagwort der letzten Jahre widerspiegelt ein Unbehagen: das zunehmende Auseinanderklaffen von Eigentum und Management (*Fama & Jensen* 1983). In ihrem Überblicksartikel zur Corporate Governance umschreiben *Shleifer* und *Vishny* (1997, 737) das Problem wie folgt:

> „Corporate Governance deals with the ways in which suppliers of finance to corporations assure themselves of getting a return on their investment. How do the suppliers of finance get managers to return some of the profits to them? How do they make sure that managers do not steal the capital they supply or invest it in bad projects? How do suppliers of finance control managers?"

Eine Übersetzung von Corporate Governance ins Deutsche ist bis heute nicht erfolgt, auch nicht in andere Sprachen. Was mit Corporate Governance gemeint ist, darüber herrscht jedoch weitgehend Einigkeit: zweckmäßige Leitungs- und Kontrollstrukturen für private Unternehmungen, genauer für große Publikumsgesellschaften.[19]

[18] Ich danke *Christoph Kilchenmann* und *Peter Jucker* für wertvolle Anregungen.

[19] Nach *Gallarotti* (NZZ 02.10.2001, 77) ist der Begriff „Corporate Governance" in Österreich selbst in der Gilde der Analytiker kaum bekannt. Die Unternehmungen nehmen Kredite bei ihrer Hausbank auf. Sie gehen weniger als in anderen Ländern direkt auf den Kapitalmarkt, sodass sich keine Aktionärskultur herausbilden konnte. Zudem sind in den österreichischen Aufsichtsräten (im Gegensatz etwa zur Schweiz) nicht ausschließlich Shareholder-, sondern auch andere Stakeholderinteressen vertreten.

In ein breiteres Bewusstsein ist Corporate Governance in Kontinentaleuropa erst mit gewissen Fehlentwicklungen und Zusammenbrüchen von Großunternehmungen in den 90er-Jahren gelangt. In der Schweiz dazu beigetragen haben vor allem der Zusammenbruch von Swissair (vgl. *R. L. Frey* 2002), große Verluste bei Zurich Financial Services und Credit Suisse Group, als übermäßig empfundene Managergehälter und Abfindungen bei Grossbanken, ABB und Kuoni. Für die Vereinigten Staaten sind Enron, Cablecom und Worldcom zu nennen. In all diesen Fällen hat die Steuerung und Kontrolle des Topmanagements versagt.

Spätmarxisten machen für diese Fehlentwicklung das kapitalistisch-marktwirtschaftliche System verantwortlich. Ihnen kommt nicht ungelegen, dass nach dem Kollaps des sozialistisch-planwirtschaftlichen Systems Ende der 80er-Jahre nun auch das „Siegermodell" Schwächen zeigt. Der überwiegende Teil der Ökonomen demgegenüber sieht die Ursache für die angeführten Schwierigkeiten nicht im Marktversagen, sondern im *Managementversagen*. Dieses wiederum hat seine Ursachen in der *Prinzipal-Agent-Problematik*. Darunter versteht man, dass in Großunternehmungen die Interessen der Kapitalgeber (Aktionäre als Prinzipale) sich nicht mit jenen der Unternehmensleitung (Verwaltungsrat, Aufsichtsrat, Vorstand, Topkader usw. als Agenten) decken. Vielmehr können die Agenten sich zu Lasten der Prinzipale einen (zu) großen Teil der unternehmerischen Wertschöpfung aneignen.

Dieses Problem dürfte sich im Zuge der Globalisierung noch verschärfen. Es ist auch in anderen Bereichen als der Unternehmenswelt, namentlich in der Politik, sichtbar. Mit dem Wachstum der Märkte, der Größe von Unternehmungen und Institutionen wird die Distanz zwischen den Individuen in ihrer Rolle als Wirtschaftssubjekte oder Bürger und den Unternehmungen beziehungsweise dem Staat größer. Die Einzelnen beauftragen immer häufiger Dritte, Aufgaben, die sie nicht mehr selber bewältigen können, für sie zu lösen. Dadurch werden die Prinzipal-Agenten-Ketten länger und die Spielräume für die Verfolgung von Eigeninteressen der Agenten größer. Wohlfahrtsverluste im ökonomischen Bereich und Demokratieverluste im politischen Bereich stellen echte Gefahren dar (vgl. z. B. *Eichenberger & B. S. Frey* 2002).

Diese Gefahren haben Gegenkräfte ausgelöst. Zum Teil nehmen sie kämpferische Formen an, wie beispielsweise die Proteste von NGOs bei Zusammenkünften der Mächtigen dieser Welt (WTO- und Weltbank-Tagungen, EU- und G7-Ministertreffen, World Economic Forum Davos usw.). Weit subtiler sind die Reaktionen, die sich unter dem Stichwort „Governance" subsumieren lassen.

In diesem Beitrag wird die Governance-Thematik auf die volkswirtschaftliche Ebene übertragen, das heißt, von der Corporate Governance zur Public Governance vorgestoßen. Die eingangs zitierte Umschreibung wird umformuliert in:

> „Public Governance befasst sich mit der Art und Weise, wie die Individuen sicherstellen können, dass private und öffentliche Institutionen ihnen eine adäquate Gegenleistung für die ihnen zur Verfügung gestellten Mittel zukommen lassen. Wie bringen sie die Manager und Politiker dazu, nicht in schlechte Projekte zu investieren oder Gelder zu verschwenden? Wie können sie ihre Beauftragten kontrollieren?"

Es geht in diesem Beitrag also nicht darum, Möglichkeiten zu diskutieren, wie die Corporate Governance verbessert werden könnte, sondern Erkenntnisse aus der Corporate Governance-Debatte auf den öffentlichen Bereich zu übertragen und zu verallgemeinern. Abschnitt 2 zeigt, was unter Corporate Governance verstanden wird, welches ihre wichtigsten Anliegen und ihre Probleme sind. Wie nicht anders zu erwarten, ist in der Volkswirtschaftslehre der Fragenkomplex, der heute mit Governance umschrieben wird, bereits abgehandelt worden, allerdings unter anderen Stichworten. Damit beschäftigt sich Abschnitt 3. Aus der Analyse der Corporate Governance und den bisherigen volkswirtschaftlichen Beiträgen werden in Abschnitt 4 Folgerungen für die Public Governance gezogen. Abschnitt 5 bringt den Versuch einer Verallgemeinerung der Governance-Idee. Abschnitt 6 fasst die Hauptergebnisse in sieben Thesen zusammen.

5.2 Corporate Governance

5.2.1 Definition

Unter Corporate Governance versteht man eine verantwortungsbewusste Unternehmungsführung und -kontrolle (NZZ 2001, 6). Sie umfasst „alle Organisations- und Strukturfragen der Unternehmen, welche die Aktionärsstellung direkt oder indirekt schützen" (*Hofstetter* 2001, 5). Im „Swiss Code of Best Practice" (2002, 5), aufgestellt von economiesuisse und SWX Swiss Exchange, wird sie genauer definiert als „die Gesamtheit der auf das Aktionärsinteresse ausgerichteten Grundsätze, die unter Wahrung von Entscheidungsfähigkeit und Effizienz auf der obersten Unternehmensebene Transparenz und ein ausgewogenes Verhältnis von Führung und Kontrolle anstreben." *Böckli* (2001, 7) unterscheidet dabei zwischen einem inneren Governance-Dreieck (Management, Verwaltungsrat, Revision) und einem äußerem Dreieck (Unternehmen, Shareholder, übrige Stakeholder, vgl. Abbildung 1).

Im Jahre 2001 hat die OECD Grundsätze der Corporate Governance aufgestellt (vgl. auch *Müller* und *Thomson/Guth* 2001). Diese umfassen fünf Empfehlungen.

> Der Corporate Governance-Rahmen sollte
>
> die Rechte der Aktionäre schützen.
>
> die Gleichstellung aller Aktionäre (auch Minderheits- und ausländische Aktionäre) sicherstellen.
>
> ... eine aktive Zusammenarbeit zwischen Unternehmen und Stakeholdern ... fördern.
>
> gewährleisten, dass alle wesentlichen Angelegenheiten, die das Unternehmen betreffen, ... rechtzeitig und präzise offengelegt werden.
>
> die strategische Ausrichtung ..., die effektive Überwachung der Geschäftsleitung durch den Aufsichtsrat und die Rechenschaftspflicht der Verwaltung gegenüber der Gesellschaft und ihren Aktionären festlegen.

Abbildung 1: Innere und äußere Corporate Governance

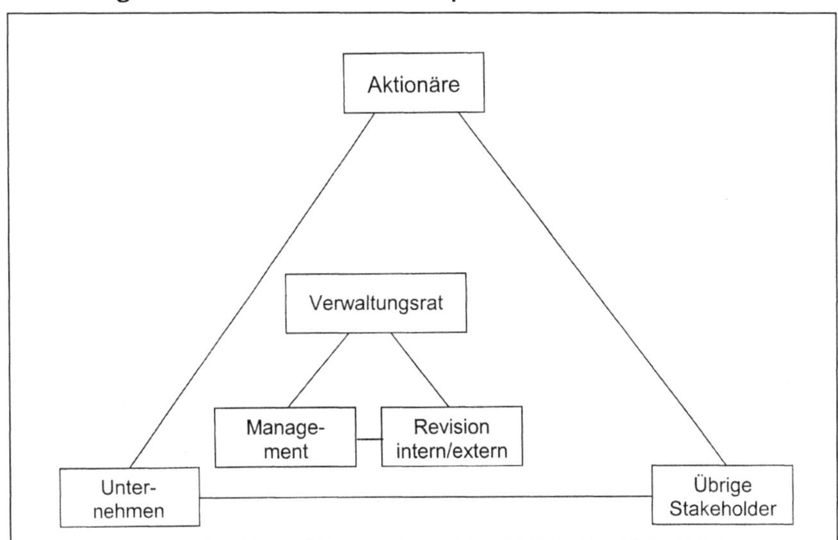

Quelle: Auf Grund von *Böckli* 1999, 7.

Corporate Governance bezeichnet somit die „Spielregeln“, bestehend aus Gesetzen, Verordnungen und freiwilligen Praktiken, die es ermöglichen, ein Unternehmen verantwortungsbewusst und effizient zu führen (vgl. *Zehnder* 1999, 69).

5.2.2 Prinzipal-Agent-Theorie

In Abbildung 2 ist das Corporate Governance-Problem in der Terminologie der Prinzipal-Agent-Theorie in seinen Grundzügen dargestellt. Daraus geht hervor, dass es sich bei Publikumsgesellschaften um eine mehrgliedrige Prinzipal-Agent-Kette handelt. Die Aktionäre als Eigner von Unternehmen (= Prinzipale) beauftragen den Verwaltungsrat[20]

[20] Im Folgenden werden die schweizerischen Begriffe verwendet. Der schweizerische Verwaltungsrat ist verantwortlich für die strategische Führung wie auch die Kontrolle des Managements einer Unternehmung. Seine Aufgaben sind in Deutschland auf zwei Gremien aufgeteilt: den Vorstand und den Aufsichtsrat. In den USA entspricht das „Board of Directors“ im Großen und Ganzen dem schweizerischen Verwaltungsrat.

(= Agent), ihre Interessen wahrzunehmen und für eine erfolgreiche Geschäftstätigkeit besorgt zu sein. Der Verwaltungsrat wird seinerseits zum Prinzipal, wenn er den CEO oder die Direktion (Management = Agent auf der zweiten Stufe) mit der Geschäftsführung beauftragt. Und das Management beauftragt die einzelnen Abteilungen mit der Herstellung von Gütern und Dienstleistungen.

Abbildung 2: Prinzipal-Agent-Modell von Aktiengesellschaften

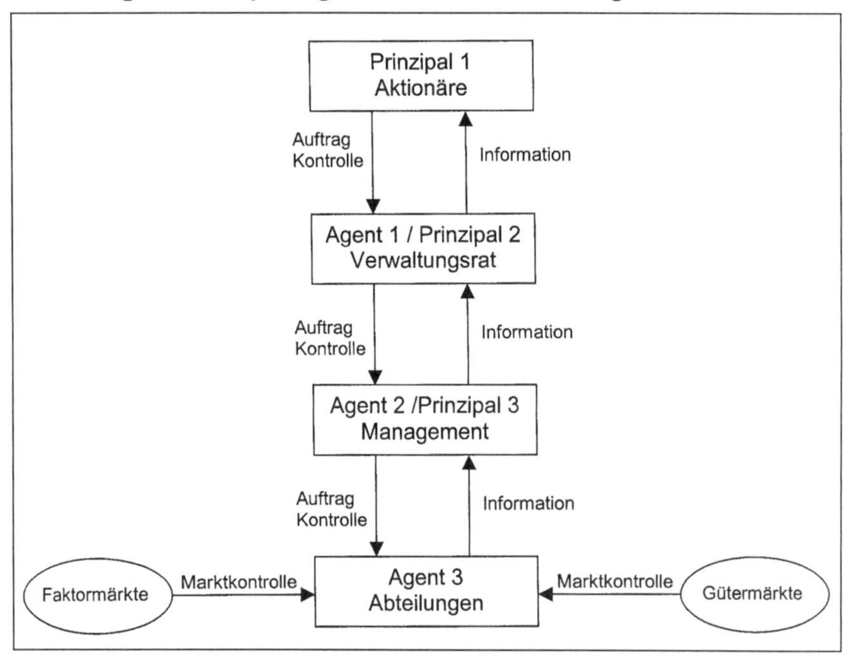

Je genauer die Aufträge spezifiziert sind, desto kleiner ist der Spielraum der Agenten, eigene Interessen zu verfolgen. Damit Aufträge gut spezifiziert werden können, benötigen die Prinzipale Informationen, über welche teilweise nur die Agenten verfügen (sog. asymmetrische Information). Vollständige Verträge zwischen den Geldgebern und ihren Agenten sind in praxi nicht möglich. Selbst wenn vollständige Verträge formuliert werden könnten, wären sie nicht in der Lage, alle künftigen Eventualitäten zu berücksichtigen. Entsprechende Versuche würden den Erfolg der Unternehmung gefährden. Dadurch entsteht ein Spielraum für die Agenten, Eigeninteressen zu verfolgen. Er kann seitens der Agenten noch vergrößert werden, indem Informationen selektiv, im Extremfall sogar verfälscht, an die Prinzipale weitergegeben werden. Euphemistisch spricht man von „kreativer Buchhaltung".

Eingeschränkt wird der diskretionäre Spielraum der Agenten dadurch, dass bei privaten Gütern die Beschaffung der Produktionsfaktoren und der Absatz der produzierten Güter auf Märkten erfolgt. Dadurch entstehen ganz automatisch Informationen über die Geschäftstätigkeit, sofern nicht – wie in den letzten Jahren bei verschiedenen amerikanischen Großfirmen geschehen – die Umsatz- und Gewinnzahlen frisiert werden. Wie stark der Effizienz- und Innovationsdruck ist, der von solchen Geschäftsindikatoren ausgeht, hängt entscheidend davon ab, ob die Märkte kompetitiv und wachsend sind. Ist dies der Fall, so ist die Prinzipal-Agent-Problematik eher klein. Andernfalls ist „Good Governance" in besonderem Masse gefordert.

Bei privaten Kleinunternehmungen, in denen Eigentum und Geschäftsführung personell zusammenfallen, stellt sich das Prinzipal-Agent-Problem nicht.[21] Es ist auch weniger groß bei Kapitalgesellschaften, die über einen dominanten Eigentümer verfügen (concentrated ownership). Diese haben stärkere Anreize und wirksamere Möglichkeiten, ihre Interessen gegenüber den Agenten durchzusetzen, als die Kleinaktionäre von Publikumsgesellschaften.[22] Prinzipal-Agent-Probleme stellen sich auch nicht bei Bankkrediten und Obligationen. Bei diesen Finanzierungsformen können die Verträge so ausgestaltet werden, dass eine Benachteiligung der Kapitalgeber durch die Kapitalnehmer (weitgehend) ausgeschlossen ist. Aktionäre demgegenüber stellen im Rahmen von Aufträgen „residual claims". Sie erhalten kein fixes Entgelt; Dividenden sind erfolgsabhängig. Sie tragen damit einen erheblichen Teil des Geschäftsrisikos. Die Gegenleistung dafür be-

---

[21] Die Trennung von Eigentum und Kontrolle hat bereits *Adam Smith* (1776, 700) beschäftigt. Die Prinzipal-Agent-Theorie wurde 1932 von *Berle* und *Means* begründet und namentlich durch *Arrow* (1985), *Jensen* und *Meckling* (1976) sowie *Williamson* (1984) weiterentwickelt. Vgl. *Richter* und *Furubotn* (1999, 163 ff).

[22] Beachtenswert sind dazu die Ausführungen von *Shleifer* und *Vishny* (1997).

steht in höheren Renditeerwartungen und im Mitbestimmungsrecht (*Fama* und *Jensen* 1983, 302 ff).

Corporate Governance soll durch *checks and balances* ein Kräftegleichgewicht zwischen Unternehmensleitung und Aktionären herstellen, ohne dass die Wettbewerbsfähigkeit der Unternehmen leidet.

5.2.3 Kontroverse Fragen

Berücksichtigung anderer Stakeholder als die Shareholder: Es dürfte unbestritten sein, dass die Mitarbeitenden einer Unternehmung, aber auch weitere Gruppen (Lieferanten, Konsumenten, Anwohner, Staat usw.), Ansprüche an Unternehmen stellen. Bei einem kurzfristigen, auf Quartalsabschlüsse ausgerichteten Verständnis des Shareholdervalue drohen diese Interessen gegenüber jenen der Aktionäre ins Hintertreffen zu geraten. Wird das Konzept des Shareholdervalue jedoch richtig verstanden – als Maximierung des Gegenwartswerts aller zukünftigen Gewinne –, so zeigt sich, dass es im eigenen Interesse einer Unternehmung ist, auch die Anliegen der übrigen Stakeholder zu berücksichtigen. Dies gilt vor allem für die sogenannten kritischen Stakeholder. Als „kritisch" werden diejenigen Anspruchsgruppen bezeichnet, die nicht durch andere ersetzt werden können und daher in der Lage sind, durch Gewährung oder Verweigerung von Ressourcen den Erfolg einer Unternehmung maßgeblich zu beeinflussen (*Freeman* 1984).

Verantwortung von Aufsichtsbehörden und Management: Rechtlich kann in der Schweiz das Management durch die Aktionäre lediglich bei Verletzung der Treue- und Sorgfaltspflicht zur Rechenschaft gezogen, nicht aber für unternehmerischen Misserfolg verantwortlich gemacht werden (*von der Crone* 2001). Wie kann sichergestellt werden, dass Aufsichtsbehörden und Management trotzdem den Erwartungen der Aktionäre (und übrigen Stakeholder) gerecht werden? Sicher nicht durch Appelle an das Gute im Menschen, sondern durch geeignete Strukturen, Regeln und Kontrollen. Auch nicht dadurch, dass Aufsichts- und Leitungsgremien Governance-Regeln wie formalisierte Checklisten abhaken.

Unabhängigkeit der Aufsichtsbehörden: Es besteht in der Literatur weitgehend Einigkeit darüber, dass die Unabhängigkeit – neben der gesetzlich geforderten externen Revisionsstelle (inkl. Trennung von Beratung und Revision) und der Compliance[23] – sich vor allem auf Audit, Remuneration und Nomination Committees des Verwaltungsrats beziehen muss *(Böckli* 2000). Der Verwaltungsrat sollte daher aus mehreren nicht der Unternehmung angehörenden Mitgliedern bestehen. Umstritten ist demgegenüber, ob die Funktionen des CEO und des Verwaltungsratspräsidenten personell getrennt werden sollten. Für eine solche Gewaltenteilung spricht die bessere Kontrolle, dagegen die Gefahr von lähmenden Machtkämpfen, wenn die beiden Exponenten unterschiedliche Vorstellungen haben.

Motivation des Managements: Ein wesentliches Anliegen der Corporate Governance besteht darin, die Interessen des Managements auf jene der Aktionäre auszurichten. Meist stehen dabei Erfolgsbeteiligungen in Form von Bonuszahlungen, Aktien, Optionen und dergleichen im Vordergrund. Was die Motivation betrifft, dürfte jedoch der Reputation ein größeres Gewicht zukommen als solcher rein finanzieller Entlohnungen. Neben extrinsischen spielen für die Managerleistung nämlich auch intrinsische Motive eine Rolle (vgl. *B. S. Frey* 1997, *B. S. Frey* und *Osterloh* 2000). Die Mitglieder des Managements sind in den meisten Fällen auf ihren guten Ruf bedacht – und „investieren" in ihn. Sie erhöhen dadurch die Chance, in der Zukunft selbstständig zu bleiben (Vermeidung feindlicher Übernahmen) und innerhalb oder außerhalb des Unternehmens auf noch attraktivere Positionen zu gelangen (vgl. *Shleifer* und *Vishny* 1997, 748 ff).

5.2.4 Zwischenergebnis

Die Grundidee der Corporate Governance besteht darin, durch Regeln eine effiziente Führung von Großunternehmungen zu erreichen und den Geschäftserfolg fair auf Eigentümer und Management aufzuteilen. Mit anderen Worten: *Corporate Governance will die Selbst-*

---

[23] Unter „Compliance" versteht man die Sorgfaltspflicht, das heißt das ordnungsgemäße Verhalten einer Unternehmung im Einklang mit dem geltenden Recht und gesellschaftlichen Normen (vgl. *Blum* und *Roth* 2002).

steuerung des Subsystems Unternehmung sicherstellen und auf diese Weise die Marktsteuerung der Volkswirtschaft unterstützen. Schwergewichtig geht es dabei um die Lösung der Prinzipal-Agent-Problematik.

Zentrale Ansatzpunkte hierfür sind:

- Information, besonders die Verringerung des asymmetrischen Wissensvorsprungs der Agenten *(integrity, accountability* und *transparency).*
- Anreize, damit die Agenten die Interessen der Prinzipale verfolgen *(incentive contracts).*
- Machtausgleich durch zweckmäßige Kompetenzverteilung im Hinblick auf die Schaffung eines Kräftegleichgewichts *(checks and balances).*
- Kontrolle der Agenten als Mittel zur Durchsetzung der Rechte der Prinzipale *(auditing,* Verhinderung von Kapitalverwässerung und übermäßige Entlohnung des Managements, Sanktion von Insidervergehen, Risikomanagement usw.).
- Gerechte Verteilung der Wertschöpfung zwischen Prinzipal und Agent *(fairness).*

5.3 Governance auf der gesamtwirtschaftlichen Ebene

Wie lassen sich diese Erkenntnisse auf die gesamtwirtschaftliche und politische Ebene übertragen? Bevor diese Frage beantwortet wird, sei ein Blick in die Geschichte der volkswirtschaftlichen Lehrmeinungen geworfen, um zu sehen, wie die Prinzipal-Agent-Problematik (unter verschiedenartigsten Bezeichnungen) bisher angegangen worden ist.

5.3.1 Ordoliberalismus und Ordnungspolitik

Der Konzeption des Wirtschaftsliberalismus der ökonomischen Klassik liegt die Vorstellung zu Grund, dass sich der Staat darauf beschränken soll, allgemeine Grundregeln aufzustellen (Eigentumsrecht, Vertragsrecht, Gesellschaftsrecht, Strafrecht usw.) und die Versorgung mit bestimmten Kollektivgütern vorzunehmen. Die reale Entwicklung im 19. und zu Beginn des 20. Jahrhunderts hat dann allerdings drei Probleme sichtbar werden lassen: 1. die Zerstörung des marktwirtschaftlichen Systems durch Kartelle und Monopole, 2. makroökonomische Ungleichgewichte wie Arbeitslosigkeit und Inflation sowie 3. Einkommens- und Vermögensdisparitäten, welche die politische Akzeptanz der Marktwirtschaft in Frage stellen.

Die Vertreter des Ordoliberalismus haben nach dem Zweiten Weltkrieg als Alternative zum klassischen Liberalismus eine Wirtschaftspolitik entwickelt, welche den Markt als primäres Steuerungselement beibehält, jedoch dem Staat dessen «Hege und Pflege» als Aufgabe überträgt. *Eucken* (1952, 254 ff.), einer der Hauptvertreter des Ordoliberalismus, unterscheidet dabei konstituierende Prinzipien (Schaffung einer Wettbewerbsordnung durch Primat der Währungspolitik, offene Märkte, Privateigentum, Vertragsfreiheit, Haftung sowie Konstanz der Wirtschaftspolitik) und regulierende Prinzipien (Erhaltung der Funktionsfähigkeit der Wettbewerbsordnung durch Monopolverbot oder Monopolaufsicht, Verhinderung unerwünschter Rückwirkungen von individuell rationalen Entscheidungen der Wirtschaftssubjekte auf die Gesamtwirtschaft, Einkommensumverteilung). Wir finden also in der ordoliberalen Doktrin die Governance-Elemente „Anreize“, „Machtausgleich“ und „Fairness“.

5.3.2 Marktvoraussetzungen

Das ordoliberale Konzept ist in der Folge weiterentwickelt worden. Es wurden Bedingungen formuliert, die beachtet werden müssen, wenn das marktwirtschaftliche System befriedigend funktionieren soll. Zu diesen Marktvoraussetzungen gehören vor allem die folgenden vier:

1. Die Wirtschaftssubjekte müssen *Informationen* sowohl über technische Zusammenhänge als auch über den gegenwärtigen und zukünftigen Nutzen ihrer Entscheidungen haben.

2. Der Wettbewerb darf nicht durch *Monopole und Kartelle* beschränkt werden. Der Marktzugang muss offen sein.

3. Es darf *keine externen Effekte* geben. Darunter versteht man positive und negative Auswirkungen von einzelnen Wirtschaftssubjekten auf Dritte, die marktmäßig nicht abgegolten werden und dadurch zu Marktverzerrungen und Wohlfahrtsverlusten führen.

4. Die *Einkommens- und Vermögensverteilung* muss als «gerecht» empfunden werden. Streng genommen handelt es sich bei dieser Marktvoraussetzung nicht um eine Bedingung für das gute Funktionieren des marktwirtschaftlichen Systems, sondern für dessen gesellschaftliche Akzeptanz.

Die Voraussetzungen für Good Governance auf der Ebene der Unternehmen weisen eine große Verwandtschaft mit jenen der Gesamtwirtschaft auf. Es geht in beiden Fällen um Transparenz und Information, Machtkontrolle, Vermeidung von Ausbeutung und faire Verteilung der Einkommen.

5.4 Governance im öffentlichen Sektor

Der im letzten Abschnitt vorgestellte Ansatz der Wirtschaftspolitik vernachlässigt, dass die ordnungspolitischen Regeln nicht durch einen wohlwollenden Diktator geschaffen und dauernd überwacht werden. Wirtschaftliche und gesellschaftliche Regeln kommen vielmehr in einem politischen Prozess zustande. In der Neuen Politischen Ökonomie (Public Choice) werden vier Entscheidungsverfahren unterschieden (vgl. z. B. *Dahl* und *Lindblom* 1953, *B. S. Frey* und *Kirchgässner* 1994, Kap. 4 ff). Am wichtigsten sind neben dem in Abschnitt 3 bereits behandelten Marktsystem das demokratische System, das bürokratische System und das Verbandssystem.

5.4.1 Demokratie

In der Demokratie werden gesellschaftliche Entscheidungen in Wahlen und Sachabstimmungen getroffen. Im Bestreben, zu Einkommen, Macht und Prestige zu gelangen, bieten die Parteien Programme an, welche eine möglichst große Zahl von Wählerstimmen zu erhalten versprechen. Sie betreiben Stimmenmaximierung. Würde eine Partei sich anders verhalten, so wäre sie – ähnlich wie ein Anbieter von privaten Gütern, der das Ziel der Gewinnmaximierung aus den Augen verliert – bald durch eine andere verdrängt. Weil alle Parteien die Wahl gewinnen wollen, sind sie gezwungen, sich an den Wählerwünschen auszurichten.

Die spezifische Governance-Problematik besteht hier vor allem darin, dass der einzelne Bürger als Prinzipal wenig Anreize und Möglichkeiten hat, seine Agenten, die Politiker, zu steuern und zu überwachen. Als weiteres Erschwernis kommt hinzu, dass im öffentlichen Bereich eine große Zahl von Stakeholder glauben, legitime Ansprüche an den Staat richten zu können.

5.4.2 Bürokratie

Der moderne Leistungsstaat ist viel zu groß, als dass alle Entscheidungen in Wahlen oder Sachabstimmungen demokratisch gefällt werden könnten. Der überwiegende Teil wird in der öffentlichen Verwaltung vorbereitet oder gefällt. Sie ist eine hierarchisch aufgebaute bürokratische Organisation, die durch Prinzipal-Agent-Ketten und ausgeprägte Spezialisierung gekennzeichnet ist.

Die Vorstellung, dass öffentliche Betriebe und Verwaltungen gemäß dem Gemeinwohl geführt werden, entspricht nicht der Realität. Vielmehr sind es Politiker und Beamte, welche durch die Bürger vermutlich noch schlechter gesteuert und kontrolliert werden können als im Unternehmensbereichs die Manager durch die Aktionäre.

Charakteristisch für die öffentliche Verwaltung ist, dass sie Leistungen erbringt, die nicht auf Märkten verkauft und folglich auch nicht marktmäßig bewertet werden. Im Gegensatz zu privaten Unternehmungen fehlt die Möglichkeit, anhand von Umsatz und Gewinn zu beurteilen, ob die öffentlichen Leistungen den Bedürfnissen der Konsumenten und Bürger entsprechen. An die Stelle solcher Erfolgsindikatoren treten die Staatsausgaben. Über viel Prestige, Macht und ein hohes Einkommen verfügen Beamte, die ein hohes Budget verwalten, viele Untergebene haben und eine starke Ausweitung ihres Bereichs erwirken können. Dieser Tatbestand ist unter der Bezeichnung „Parkinsonsches Gesetz“ populär geworden. Es besagt, dass der öffentlichen Verwaltung ein ausgesprochen expansives Element innewohnt.

Ihr Verhalten ist auf Maximierung der Staatsausgaben ausgerichtet. Man spricht daher in Analogie zur Gewinnmaximierung des privaten Unternehmers und zur Stimmenmaximierung der Parteien von der Budgetmaximierung der staatlichen Bürokratie.

Welches sind die Auswirkungen der bürokratischen Ausgabenmaximierung? *Gesamtwirtschaftliche Wohlstandsverluste* (Allokationsineffizienz) ergeben sich daraus, dass die öffentlichen Ausgaben tendenziell über dem Optimum liegen und die öffentlichen Leistungen ungenügend auf die Präferenzen der Bevölkerung ausgerichtet sind. Von *betrieblicher Ineffizienz* (X-Ineffizienz) spricht man, wenn sich die Leistungen der öffentlichen Verwaltung mit tieferen Kosten herstellen ließen, jedoch die Anreize hierfür zu schwach sind und die übergeordneten Instanzen wegen Informationsmängeln ihre Kontrollfunktion nur unzureichend ausüben können. Im Unterschied zu privaten Unternehmungen muss der Staat zwar seine Produktionsmittel ebenfalls auf Märkten beschaffen (ausgenommen beim Milizsystem). Seine Güter können oder müssen jedoch nicht verkauft werden. Dadurch fehlen Erfolgskennziffern wie Umsatz und Gewinn, die einen Effizienz- und Innovationsdruck schaffen.

Die jüngsten Bestrebungen zur Verringerung von Ineffizienzen laufen unter den Stichworten „Privatisierung“ und „New Public Management“ (NPM). Bei der *Privatisierung* werden die öffentlichen durch private Prinzipale ersetzt. Wie der Erfolg ausfällt, hängt entscheidend von der Qualität der Corporate Governance ab. Das *New Public Management* will die Versorgung der Bevölkerung mit öffentlichen Leistungen verbessern, indem die Inputsteuerung durch die Outputsteuerung ersetzt wird. Anstatt finanzielle Mittel für bestimmte Inputs zur Verfügung zu stellen, werden Vereinbarungen zwischen Leistungsbestellern (Parlament, Regierung) und Leistungserstellern (Verwaltungsabteilungen, öffentliche Unternehmungen, Private) abgeschlossen. Die für die gewünschten Leistungen erforderlichen Mittel werden über Globalbudgets bereitgestellt. Der Staat wird auf diese Weise zum Dienstleistungsunternehmen der Bürger für die Bürger (Leistungsstaat) oder zu einer Institution, welche den Bürgern bestimmte, von Dritten zu erbringende Dienstleistungen garantiert (Gewährleistungsstaat, vgl. auch die Diskussion zum Thema „Service public“, *R. L. Frey* 2001).

Das NPM versucht überdies, die Effektivität und Effizienz der Staatstätigkeit durch den Einbezug von Marktelementen (z. B. die Ausschreibung von öffentlichen Aufträgen) sowie die Einführung von privatwirtschaftlichen Managementmethoden (z. B. Benchmarking und Controlling) zu erhöhen.

5.4.3 Verbandssystem

Im Gegensatz zur Demokratie, zur Bürokratie und vor allem zum Markt sind die kollektiven Verhandlungen *(collective bargaining)* als gesellschaftliches Entscheidungssystem wenig erforscht. In der Realität spielen sie jedoch eine beträchtliche Rolle. Innerhalb des Verhandlungssystems spielt der Stimmentausch *(logrolling)* eine große Rolle. In pluralistischen Gesellschaften ist in der Regel ein Verband, eine Gewerkschaft oder eine Partei zu schwach, um auf politischer Ebene eine Vorlage aus eigener Kraft durchbringen zu können. Minderheiten suchen daher die gegenseitige Unterstützung: A hilft B deren Vorlage durchzubringen, wenn B im Gegenzug A bei einer Vorlage unterstützt, an der A besonderes Interesse hat. Dadurch werden schwächere Gruppen ausgebeutet.

Die ökonomische Verbandstheorie der Politik untersucht nicht nur Entscheidungssysteme, sondern auch die Entstehung von Verbänden und die Kräfteverhältnisse zwischen verschiedenen Interessengruppen. Der fundamentale Beitrag hierzu stammt von *Olson* (1965). Der Grundgedanke seiner Untersuchung über Gruppen und Verbände beruht darauf, dass sich keine Gruppen bilden können, wenn die Leistungen, für die sie kämpfen, Kollektivgutcharakter haben, also auch Individuen und Unternehmungen außerhalb der Gruppe zugute kommen. Dann besteht für den Einzelnen kein Anlass, der Gruppe beizutreten und Kosten in Form eines Mitgliedschaftsbeitrags auf sich zu nehmen.

5.4.4 Verzahnung von Wirtschaft und Politik

Wie aus Abbildung 3 ersichtlich ist, bestehen im öffentlichen Bereich zahlreiche Prinzipal-Agent-Beziehungen: Die Bürger wählen Politiker in Parlament und Regierung und beauftragen diese, öffentliche Güter (im weitesten Sinn verstanden) zu erbringen. Das Parlament beauftragt die Regierung und diese wiederum die Verwaltung. Außerhalb des demokratisch-bürokratischen Systems beauftragen die Individuen in ihrer Funktion als Konsumenten und Arbeitnehmer Verbände mit der Vertretung ihrer Interessen gegenüber Parlamentariern *(Lobbying),* der Regierung und der staatlichen Verwaltung. Wie die Aktionäre haben im öffentlichen Bereich auch die Prinzipale auf Grund unzureichender Information begrenzte Möglichkeiten, ihre jeweiligen Agenten wunschgemäss zu steuern. Es treten ähnliche Probleme auf, wie sie in Abschnitt 2 im Zusammenhang mit der Corporate Governance dargelegt worden sind.

Verschärft werden die Prinzipal-Agent-Probleme, wenn zwischen privaten Managern und Politikern eine Verfilzung besteht. Beide Agentengruppen verfügen dann über zusätzliche Möglichkeiten, die jeweiligen Prinzipale „auszubeuten". Das Zusammenspannen von Politik und Interessenorganisationen ist auf *Rent-seeking* ausgerichtet, das heißt Einkommen für die eigenen Mitglieder zu erhalten, ohne reale wirtschaftliche Leistungen zu erbringen (vgl. z. B. *Tollison* 1982, *Tullock* u. a. 1988).

5.4.5 Abwanderung und Widerspruch

Das Anliegen der Corporate Governance besteht darin, die Aktionäre als Eigentümer in die Lage zu versetzen, ihre Unternehmungen wirksam zu steuern und, falls die Manager eigene Interessen verfolgen, Korrekturen einzuleiten. Eine zweite Möglichkeit, Unzufriedenheit mit den Beauftragten zu äußern, besteht im Verkauf der Aktien. Wenn eine genügend große Zahl von Aktionären dies tut, sinkt der Aktienkurs. Dadurch steigt die Gefahr einer Übernahme. Um die persönliche Reputation zu erhalten beziehungsweise die Unabhängigkeit zu bewahren, werden Verwaltungsrat und Management Gegenmaßnahmen einleiten, die den inneren Wert der Unternehmung und damit die Aktienkurse wieder steigen lassen. Corporate Governance soll verhindern, dass der unsichere und kostspielige Weg des Verkaufs beschritten werden muss. Vielmehr sollen die Aktionäre in die Lage versetzt werden, die mit der Unternehmensführung Betrauten direkt zu steuern.

Hirschman (1970) bezeichnet diese beiden Möglichkeiten, Organisationen zu steuern, als *exit* (Abwanderung, Austritt, Verkauf) und *voice* (Beeinflussung, Steuerung, Widerstand, Protest). Er zeigt, dass für die Bürger im politischen Bereich ganz ähnliche Reaktionsoptionen wie im Unternehmensbereich bestehen. Es ist daher vertretbar, in Analogie zur Corporate Governance von einer Public Governance zu sprechen und darunter die Gesamtheit von politischen Regeln zu verstehen, die es den Bürgern erlauben, den Staat entsprechend ihren Präferenzen zu steuern.

5.5 Governance zur Verringerung von Markt- und Staatsversagen

Die verschiedenen wirtschaftlich-gesellschaftlichen Entscheidungssysteme funktionieren in der Realität nicht perfekt. Die Tatsache, dass seit langem von Marktversagen, Staatsversagen, Politikversagen, Bürokratieversagen usw. die Rede ist, weist eindeutig darauf hin. Ökonomisch gesprochen geht es um Wohlfahrtsverluste wegen Ineffizienzen. Die einer Gesellschaft zur Verfügung stehenden Produktionsfaktoren und Innovationspotenziale werden nicht optimal genutzt. Es geht aber auch um die nicht gerechte Verteilung von Ressourcen und Gütern.

Was unter Allokations- und Gerechtigkeitsgesichtspunkten erwünscht ist, bedingt selbstverständlich politische Wertungen. In Anlehnung an die Neue Politische Ökonomie lässt sich formulieren: Erwünscht ist, was die Individuen bei gutem Informationsstand und unter dem Schleier der Ungewissheit darüber, welche Position sie in der Gesellschaft später einnehmen, als erwünscht betrachten (vgl. z. B. *Buchanan* und *Tullock* 1962, *B. S. Frey* und *Kirchgässner* 1994, 34 ff.). Die Regeln, welche dies gewährleisten sollen, können als Public Governance bezeichnet werden. Plakativ: Public Governance ist eine Antwort auf Government Failure. Sie ist gewissermassen die Synthese aus der Debatte um Markt- und Staatsversagen. *Cooke* (1995, 11) hat dies wie folgt formuliert: „... governance involves something of a shift from state regulation of economic affairs to a degree of self-regulation by responsible groups in economy and society“.

Abbildung 3: Prinzipal-Agent-Modell des öffentlichen Bereichs

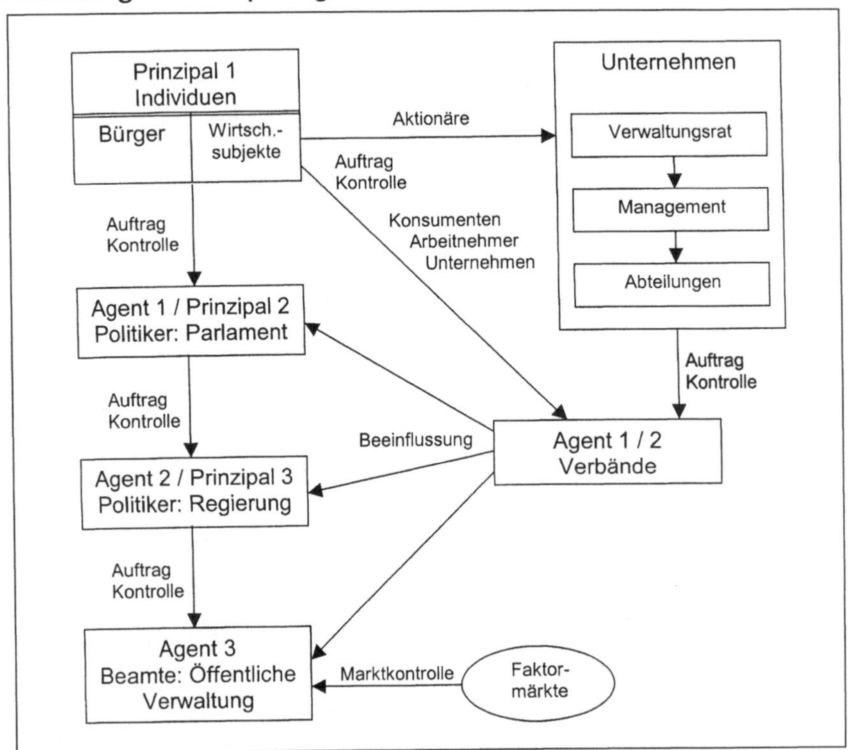

In den verschiedenen Ländern sind unterschiedlichste Regelungen eingeführt worden, um eine gute Public Governance zu erreichen. Am wichtigsten sind die Wahlen von Amtsträgern sowie die Justiz zur Wahrung individueller Freiheitsrechte und Durchsetzung von politischen Rechten und Spielregeln. Spezifisch schweizerische Instrumente der Public Governance stellen das Referendum zur Korrektur parlamentarischer Entscheidungen und die Volksinitiative zur Lancierung neuer Problemlösungen dar. Sie geben den Bürgern zusätzliche Möglichkeiten zur Steuerung der Agenten in die Hand (vgl. z. B. *Kirchgässner, Feld* und *Savioz* 1999). Darüber hinaus gibt es eine große Zahl von Regeln, welche zu einer guten Public Governance beitragen sollen. Exemplarisch seien die folgenden genannt: das Verwaltungsrecht, das Presserecht, Bestimmungen zur Offenlegung der Interessenbindungen von Parlamentariern, die Nichtwählbarkeit von Staatsangestellten in Parlamente, die Gehaltstransparenz im öffentlichen Sektor.

Die Idee der Governance lässt sich noch auf weitere Bereiche übertragen. Beispielsweise beschäftigen sich verschiedene Gremien unter den Bezeichnungen „Territorial Governance" (OECD 2001a und 2001b) und „Regional Governance" (*Fürst* und *Knieling* 2002 im Rahmen der deutschen Akademie für Raumforschung und Landesplanung ARL) mit dem föderativen System. Wenn man unter Governance die Schaffung von *Regeln zur Selbststeuerung von Subsystemen* versteht, so drängt sich die Übertragung der Governance-Idee auch auf die Nachhaltige Entwicklung auf. Dabei geht es ebenfalls darum, verschiedene Subsysteme von Wirtschaft, Gesellschaft und Natur so aufeinander abzustimmen, dass eine dauerhafte Entwicklung möglich wird.

5.6 Zusammenfassung

1. Governance-Probleme treten dort auf, wo Eigentum und Management getrennt sind und dadurch Auftragsbeziehungen entstehen.

2. Eine unbefriedigende Governance beruht auf der Prinzipal-Agent-Problematik. Prinzipale können die Aufträge nicht genügend genau spezifizieren und deren Durchführung nicht genügend genau kontrollieren. Die Agenten erhalten dadurch Spielräume zur Verfolgung von Eigeninteressen – zu Lasten der Prinzipale.

3. Am gründlichsten untersucht worden sind Governance-Fragen für Publikumsgesellschaften (Corporate Governance), doch lassen sich zahlreiche Erkenntnisse auch auf den öffentlichen Sektor übertragen (Public Governance).

4. In der Volkswirtschaftslehre wurde Governance bisher vor allem im Rahmen der Ordnungspolitik und der Neuen Politischen Ökonomie untersucht. Diese legen das Schwergewicht auf zweckmäßige Rahmenbedingungen und Regeln für das Zusammenspiel von wirtschaftlichen beziehungsweise politischen Akteuren.

5. Das Hauptanliegen der Governance besteht in der Selbststeuerung von Subsystemen von Wirtschaft (Unternehmen) und Gesellschaft (Staat). Governance ist daher eine wichtige Voraussetzung für die Dezentralisierung von Entscheidungskompetenzen.

6. Governance ist eine Antwort auf die Herausforderung Globalisierung. Sie ermöglicht Unternehmungen und Gemeinwesen im globalen Standortwettbewerb zu bestehen, ohne dass die Individuen als Wirtschaftsubjekte und Bürger dem Moloch Wirtschaft oder dem Moloch Staat ausgeliefert werden.

7. Wesentliche Elemente für gute Governance sind: Transparenz und Information, effizienz- und innovationsorientierte Anreizstruktur, Kräfteausgleich, Verantwortung und Kontrolle sowie Fairness.

5.7 Literatur

Arrow, Kenneth J. (1985). The Economics of Agency. In: *John W. Pratt* und *Richard J. Zeckhauser* (Eds.). *Principles and Agents.* The Structure of Business. Boston: Harvard Business School Press.

Berle, Adolf & Gardiner Means (1932). *The Modern Corporation and Private Property.* London/New York: Macmillan.

Blair, Margaret M. (1995). *Ownership and Control.* Rethinking corporate governance for the twenty-first century. Washington D.C.: Brookings Institution.

Blum, Werner und *Monika Roth* (2002). Warum Compliance rentiert. Integraler Teil der Wertschöpfungskette. Neue Zürcher Zeitung 18./19.05.2002.

Böckli, Peter (2000). „Corporate Governance auf Holzwegen. Folgerungen für die Schweizer Praxis aus internationalen Vorstössen". In: Neue Zürcher Zeitung (2001).

Buchanan, James M. und *Gordon Tullock* (1962). The Calculus of Consent. Logical Foundations of Constitutional Democracy. Ann Arbor: University of Michigan Press.

Cooke, P. (1998). Introduction. Origins of the Concept. In: H.-J. Bracyk u.a. (Eds.). Regional Innovation Systems. The Role of Government in a Globalized World. London: UCL Press.

Dahl, Robert A. & Charles E. Lindblom (1953). Politics, Economics and Welfare. Planning and Politico-Economic Systems Resolved into Basic Social Processes. New York: Harper.

economiesuisse & SWX Swiss Exchange (2002). Corporate Governance – Swiss Code of Best Practice (28.02.2002).
www.economiesuisse.ch (03.05.2002).

Eichenberger, Reiner & Bruno S. Frey (2002). Democratic Governance for a Globalized World. *Kyklos* Vol. 55.

Eucken, Walter (1952). Grundsätze der Wirtschaftspolitik. Bern: Francke/Tübingen: Mohr.

Fama, Eugene F. & Michael C. Jensen (1983). Separation of Ownership and Control. Journal of Law and Economics, Vol. 26.

Freeman, R. Edward (1984). Strategic Management. A Stakeholder Approach. Marshfield: Pitman.

Frey, Bruno S. (1997). Not Just for the Money. Cheltenham: Edward Elgar.

Frey, Bruno S. & Reiner Eichenberger (1999). The New Democratic Federalism for Europe. Functional, Overlapping and Competing Jurisdictions. Cheltenham: Edward Elgar.

Frey, Bruno S. & Gebhard Kirchgässner (1994). Demokratische Wirtschaftspolitik. Theorie und Anwendung. München: Vahlen 2. Auflage.

Frey, Bruno S. & Margit Osterloh (Hrsg.) (2000). Managing Motivation. Wiesbaden: Gabler.

Frey, René L. (2001). Service public: Garantierte Grundversorgung oder Kampf um Renten? In: *Furrer, Jürg & Gehrig, Bruno* (Hrsg.): Aspekte der schweizerischen Wirtschaftspolitik. Chur/Zürich: Rüegger.

Frey, René L. (2002). Staatliche Finanzhilfen für Airlines und Airports: Wirtschaftswissenschaftliche Betrachtungen zum Fall Swissair. Aussenwirtschaft, 57. Jg.

Frey, René L. (2002). Der neue Schweizer Finanzausgleich: Ziele, Ausgestaltung und Beurteilung. In: Uwe Wagschal (Hrsg.)

Frey, René L. und *Christoph A. Schaltegger* (2001). Ziel- und Wirkungsanalyse des Neuen Finanzausgleichs. Gutachten. www.unibas.ch/wwz/wipo (03.05.2002).

Fürst, Dietrich und *Jörg Knieling* (Eds.). Regional Governance. New Modes of Self-Government in the European Community. Hannover: Akademie für Raumforschung und Landesplanung.

Gallarotti, Ermes (2001): Mangelnde Firmenkontrolle in Österreich. Unterentwickelte Aktionärskultur als Hemmschuh. In: Neue Zürcher Zeitung (2001).

Hirschman, Albert O. (1970). Exit, Voice, and Loyalty. Responses to Decline in Firms, Organizations, and States. Cambridge/Mass. Harvard University Press.

Hofstetter, Karl (2001). Corporate Governance in der Schweiz. Bericht im Zusammenhang mit den Arbeiten der „Expertengruppe Corporate Governance". www.economiesuisse.ch (3.5.02).

Jensen, Michael C. & William H. Meckling (1976). Theory of the Firm: Managerial Behavior, Agency Costs and Ownership Structure. Journal of Financial Economics, Vol. 3.

Kirchgässner, Gebhard, Lars P. Feld & Marcel R. Savioz (1999). Die direkte Demokratie. Modern, erfolgreich, entwicklungs- und exportfähig. Basel: Helbing & Lichtenhahn/München: Vahlen.

Müller, Rudolf A. & Birgit Thomsen Guth (2001). Corporate Governance – wirtschaftspolitische Relevanz in der Welt und in der Schweiz. Die Volkswirtschaft, 74. Jg., Heft 8.

Neue Zürcher Zeitung (2001). Corporate Governance. Kompetenz, Kontrolle und Verantwortung in den Unternehmen. NZZ Fokus Nr. 10, Oktober 2001 (Sammlung von Aufsätzen, die in der NZZ zwischen 1997 und 2001 zur Corporate Governance erschienen sind).

OECD (2001a). Territorial Governance. DT/TDPC(2001)9.

OECD (2001b). Grundsätze der Corporate Governance. www.oecd.org/daf/governance/principles.htm (03.05.2002).

Olson, Mancur (1965). The Logic of Collective Action. Public Goods and the Theory of Groups. Cambridge/Mass.: Harvard University Press.

Richter, Rudolf & Eirik G. Furubotn (1999). Neue Institutionenökonomik. Eine Einführung und kritische Würdigung. Tübingen: Mohr, 2. Auflage.

Schaltegger, Christoph A. und René L. Frey (2002): „Finanzausgleich und Föderalismus: Zur Neugestaltung der föderalen Finanzbeziehungen am Beispiel der Schweiz". In: Perspektiven der Wirtschaftspolitik.

Shleifer, Andrei & Vishny, Robert A. (1997): A Survey on Corporate Governance. Journal of Finance, Vol. 52.

Sinn, Hans-Werner (1997). Das Selektionsprinzip und der Systemwettbewerb. Journal of Public Economics, Vol. 66.

Smith, Adam (1776). The Wealth of Nations. New York: Cannan Edition. Modern Library 1937.

Tollison, Robert D. (1982). Rent Seeking: A Survey. Kyklos, Vol. 35.

Tullock, Gordon, Robert D. Tollison & Charles K. Rowley (Eds.) (1988). The Political Economy of Rent-Seeking. Boston: Kluwer.

Von der Crone, Hans Caspar (2001). Corporate Governance und Reputation. Vom Nutzen eines guten Rufes für Manager und Unternehmen. In: Neue Zürcher Zeitung (2001).

Williamson, Oliver E. (1984). The Economics of Governance: Framework and Implications. Zeitschrift für die gesamte Staatswissenschaft.

6 Clemens Grießenberger: Governance aus systemischer Perspektive

Mag. Dr. Clemens Grießenberger
Wirtschaftsuniversität Wien

The proper governance of companies will become as crucial to the world economy as the proper governing of countries. *(James D. Wolfensohn)*

6.1 Governance – neu gedacht

Viele unterschiedliche Konzepte, Ideen, Meinungen, Vorstellungen finden sich in aktuellen Arbeiten zur Thematik der Corporate Governance – somit ein breites Spektrum an Beiträgen, denen gemeinsam ist, die Corporate Governance zu erklären und ihre Anwendungsmöglichkeiten darzustellen bzw. zu beleuchten. Es geht dabei vereinfacht darum, eine Neuausrichtung im Denken zu induzieren – die Wissenschaft versteht darunter die Etablierung eines neuen Paradigmas[24] –, mit anderen Worten ausgedrückt: handlungsrelevantes Wissen wird gefordert und gefördert, um die Setzung von Prioritäten zu ermöglichen und Überlegungen zu erzwingen, was eine relevante Ökonomie ist.

Der Einsatz neuer Methoden bringt neue Erkenntnisse hervor, womit die Suche nach neuen theoretischen Konzeptionen beginnt – und damit das Wechselspiel der Abhängigkeit zwischen Theorie und Methode begründet ist. Radikal ist der Paradigmenwechsel von Steuerung zu Governance sicher nicht, denn obwohl beide Begriffe das Augenmerk auf verschiedene Aspekte der Wirklichkeit lenken, handeln doch auch bei Governance Akteure im Rahmen der oft restrin-

[24] Unter einem Paradigma verstehen wir die Grundüberzeugung einer Kultur, es ist quasi der Filter, durch den wir die Welt betrachten.

gierenden Regelungsstruktur – so gesehen ist das Konzept der Governance eine Ergänzung zur Steuerungsperspektive.

6.2 Entstehung des Begriffs „Governance"

Völlig neu ist der Begriff Governance somit nicht. Erstmalig wurde er – allerdings ohne Corporate Zusatz – in einer Studie der Weltbank aus dem Jahre 1989 erwähnt. Governance wird dabei als „the exercise of political power to manage a nation's affairs" charakterisiert.[25] Heute steht der Begriff Governance in engem Konnex mit der Steuerung und der Koordination komplexer Systeme.[26] „Im Gegensatz zum enger definierten staatlichen Steuerungsbegriff Government öffnet bzw. eröffnet Governance durch seine bewusste Unschärfe und Offenheit neue Möglichkeiten der Steuerung gesellschaftlicher und insbesondere auch nachhaltiger Entwicklung."[27] Governance als die strategische Gestaltung und Weiterentwicklung gesellschaftlicher Organisationen wird durch operative Maßnahmen des Managements umgesetzt, da besonders in der Praxis tendenziell die Entwicklung und Professionalisierung[28] der Gesamtorganisation in den meisten Unternehmungen vernachlässigt wird.

Ist die Governance-Theorie eine tatsächliche Fortentwicklung der Steuerungstheorie?[29] Sicher ist, dass die Governance keine einfache

---

[25] *World Bank* (1989), 60.

[26] *Willke* (1996), 22. Komplexität als zentraler Begriff der modernen Systemtheorie definiert sich als „Grad der Vielschichtigkeit, Vernetzung und Folgelastigkeit eines Entscheidungsfeldes", – Vielschichtigkeit unter der Bedeutung von Interessen und Rationalitäten, Folgelastigkeit als Zeitdimension und Vernetzung als Anzahl der Beteiligten. Die Varietät dient zur Quantifizierung der Komplexität. *Malik* (2000), 186. „Varietät ist die Anzahl der unterscheidbaren Zustände eines Systems, bzw. die Anzahl der unterscheidbaren Elemente einer Menge" – somit die Zahl der möglichen verschiedenen Systemzustände.

[27] *Nischwitz et al.* (2001), 3.

[28] Professionalisierung eines Systems inkludiert die maßgeschneiderte Gestaltung organisationaler Strukturen wie z. B. in Entscheidungs- oder Verantwortungsbereichen bzw. Leistungsevaluierungen.

[29] *Mayntz* (2004)

Weiterentwicklung des steuerungstheoretischen Paradigmas darstellt, da es ihre Aufgabe ist, andere Aspekte der Wirklichkeit als die der Steuerungstheorie zu hinterfragen und abzubilden.

6.3 Abgrenzung und Definition von Governance

Je nach Fokus (regionales oder kollektives Handeln, (multi)nationale Unternehmen, Managementfragen, NGOs etc.) gibt es eine Vielzahl an Definitionen für Governance.

- „Governance is the art of steering societies and organizations. Governance is about the more strategic aspects of steering, making the larger decisions about both direction and roles."[30]
- „Corporate Governance is the structure that is intended to make sure that the right questions get asked and that checks and balances[31] are in place to make sure that the answers reflect what is best for the creation of long-term, sustainable value."[32]

(System-)Steuern sollte zielgerichtetes Handeln durch Steuerungsakteure (Subjekte, ohne konkrete Erfolgsmessung) bewirken und Subsysteme (Objekte) in eine definierte Richtung lenken. Mit der Weiterentwicklung des steuerungstheoretischen Denkens und Instrumentariums erfolgte der Übergang zu kooperativen Steuerungsformen und der dazugehörigen Frage nach Regelungsformen[33], da das Auseinanderdriften der Problem- und Steuerungsebenen durch Regionalisierung und Globalisierung eine verminderte, eingeschränkte Regelungskapazität der einzelnen Staaten bewirkte. Durch Integration der EU-Ebene (Regional Governance) zeigte sich die Notwendigkeit von Regelungsstrukturen weg vom akteurzentrierten Steuerungsbegriff hin zu Multilevel Governance und Netzwerksystemen.[34] Damit war die Transfor-

---

[30] *Institute on Governance* (2004).

[31] Siehe dazu auch *Deutscher Bundestag* (2001), 115.

[32] *Monks/Minow* (2004), 2.

[33] Governance als Gegenpol bzw. Komplettierung der hierarchischen Steuerung.

[34] Zu Multilevel Governance siehe *Benz* (2003), 317 ff. Regieren im Mehrebenensystem – „gemeint sind damit durch Netzwerke stabilisierte, gleichwohl variable

mation vom Steuerungshandeln zum strukturierten Steuern – die Kreation von nach unterschiedlichen Prinzipien gestalteten Regelungsstrukturen – erfolgreich vollzogen. Dadurch, dass im Wirtschaftsprozess ursprünglich das Hauptaugenmerk auf der Existenz von Regeln und Wirkungen des ökonomischen Handelns bei deren Umsetzung[35] im Vordergrund stand, begründet sich die anfänglich dominante Kapitalmarktorientierung des Governance-Konzepts.

Der Governance-Ansatz als Instrumentarium der Wirtschaftswissenschaft lenkt die Aufmerksamkeit auf die (Wechsel-)Wirkungen der verschiedensten Regelungsstrukturen. Im Zentrum der Governance stehen oft Verhandlungen zwischen unterschiedlichsten partikularen Meinungen und Interessen, die der Regelung kollektiver Sachverhalte grundsätzlich im Wege stehen, aber einer solchen bedürfen. Die Governance im Forschungsfeld handlungsorientierter, strategischer gesellschaftlicher Steuerung[36] kollektiven Handelns verbindet und koordiniert Akteure und Organisationen so miteinander – dh Zusammenführung von selbstorganisatorisch-zivilgesellschaftlichen und repräsentativ-staatlichen Formen der Steuerung –, dass gemeinsam angestrebte Ziele effizient verfolgt werden können. Die Notwendigkeit für Governance (insbesondere Good Governance) innerhalb der wirtschaftswissenschaftlichen Forschung ergibt sich vorrangig aus den ho-

---

Beziehungen zwischen europäischen, nationalen und subnationalen Regierungen, Verwaltungen und anderen Akteuren" (318). Zu Netzwerksystemen siehe *Kohler-Koch* (1998), 13 ff. „...the most obvious feature of a 'network' system is that public-private exchanges are not bargaining processes between government and a 'cartel' of organised groups but include multiple and competitive actors. The rationale of the system is managing differentiations. [...] the result is policy-making without politics." (13)

35 Mehrfachbedeutung des Governance-Begriffs (1. Struktur, die das Handeln regelt – starrer Aspekt; 2. Prozess der Regelung selbst – dynamischer Aspekt). Ähnlich *Porter* (2002), 2. Good governance and sustainability „are both a goal and a process. The aim is to achieve good governance and sustainability and it is necessary to use principles and mechanisms to get there. This requires a system of planning, monitoring, reporting and reviewing to ensure the actions and improvements required to achieve these outcomes continue to be implemented."

36 Im Unterschied zum operativ agierenden Management!

rizontalen, vertikalen und kausalen Integrationsdefiziten in Theorie und Praxis einer ökonomisch nachhaltigen Entwicklung.[37]

Good Governance kann erreicht werden, „wenn eine verantwortungsvolle Regierung für Rechtssicherheit, eine möglichst freie Wirtschaft plus moderne Infrastruktur und verlässliche Sozialsysteme besorgt ist".[38] Besonders wichtig wird daher sein, Governance-Modelle zu entwickeln, die den Erfordernissen des 21. Jahrhunderts entsprechen, die Prinzipien einer Good Governance weiterentwickeln und anwenden und die das Verhältnis zwischen Governance und nachhaltigem Management verstärken. „Good Governance is about both achieving desired results and achieving them in the right way. [...] Each organization must tailor their own definition of Good Governance to suit their needs and values."[39]

Die fundamentalen Kriterien für Good Governance sind:

1. Wirksamkeit (Effektivität)[40]

   „Effektivität ist [...] eine Verfahrensweise; dh ein Komplex praktizierter Verfahrensregeln"[41], aber auch grundsätzlich eine Maßgröße, die sich auf den Output einer Leistungserstellung bezieht. Wird von operationalen Zielvorgaben ausgegangen, kann der

---

[37] *Benz* (2003a), 20; *OECD* (2002), 2. „Good governance and sound public management are preconditions for the implementation of sustainable development policies. These preconditions include efforts to ensure an ethical and more transparent government process, as well as decision-making practices sufficiently open to citizens participation."

[38] *Kölle* (2004), 34. Horst Köhler, deutscher Bundespräsident, zur Frage nach Wirtschaftswachstum.

[39] *Institute on Governance* (2004a)

[40] *European Commission* (2001), 10. „Policies must be effective and timely, delivering what is needed on the basis of clear objectives [...] Effectiveness also depends on implementing EU policies in a proportionate manner and on taking decisions at the most appropriate level."

[41] *Drucker* (1993), 44.

Schwerpunkt der Betrachtung auch auf Soll-Ist-Vergleichen[42] liegen und richtet sich somit auf die Wirksamkeit von Maßnahmen. *Bünting*[43] ordnet die Effektivitätsansätze ein in:

a. zielorientierte Ansätze – diese messen die Effektivität als Zielerreichungsgrund

b. systemorientierte Ansätze – hier wird der zielorientierte Ansatz durch System-Umwelt-Beziehungen sowie eine Integration intern ablaufender Prozesse erweitert

c. Stakeholder Ansatz – konzipiert für Effektivitätsbewertungen von Systemen.

2. Wirtschaftlichkeit (Effizienz)

Effizienz gibt das Verhältnis aus Einsatz und Erfolg im Sinne einer Input-Output-Relation wieder[44] und orientiert sich an dem für die Beurteilung der Wirtschaftlichkeit entscheidenden ökonomischen Prinzip (Resultatebene).[45] Gesamtwirtschaftliche Effizienz liegt dann vor, wenn eine kostenminimale Erstellung der richtigen Produktqualitäten und -mengen sowie ihr Angebot zu den „richtigen" Preisen erfolgt.

---

[42] *Staehle* (1999), 450. In der Managementpraxis „dominiert die Suche nach quantifizierbaren, meist ökonomischen Effizienzkriterien sowie deren Vorgabe und Kontrolle in Form von Soll-Ist Vergleichen". *Böcker* (1988), 34 spricht von der Festlegung des anzustrebenden Ausmaßes jedes Zielkriteriums und der dazu notwendigen Maßnahmen (Plan), Ermittlung des erreichten Ausmaßes jedes Zielkriteriums (Ist) und anschließendem Vergleich des angestrebten und des erreichten Ausmaßes der Zielkriterien (Plan-Ist-Vergleich).

[43] *Bünting* (1995), 77 ff.

[44] *Adam* (1997), 1. „Bei der technischen Effizienz wird auf das Verhältnis von Output zu Faktorinput, also auf die Produktivität abgestellt. Ökonomische Effizienz – Wirtschaftlichkeit – drückt sich in den durch die Produktion einer bestimmten Menge eines Erzeugnisses verursachten Kosten aus."

[45] *Bünting* (1995), 73 ff. Effizienz bezieht sich im Gegensatz zur Effektivität nicht auf absolute Ergebniswerte, sondern analysiert diese relativ zum Input. Effizienz „wird ermittelt als Relation zwischen Input- und Outputgrößen." (74)

3. Zukunftsfähigkeit[46] bzw. Nachhaltigkeit (Viability, Sustainability)

   Zukunftsfähigkeit als Fähigkeit, mit offenen Zeithorizonten die Funktionsfähigkeit zeitlich unbegrenzt aufrecht zu erhalten – somit die Fähigkeit zur Evolution; d. h. wenn einem Unternehmen eine bestimmte Ressource nicht mehr verfügbar ist, muss das Unternehmen in der Lage sein, auf eine andere Ressource umzusteigen.

Jeder dieser Grundsätze ist für sich genommen notwendig, aber nicht ausreichend. Keiner kann getrennt von den anderen umgesetzt werden. So wird eine Politik künftig nur dann effektiv sein, wenn in ihre Vorbereitung, Anwendung und Durchsetzung eine größtmögliche Anzahl von Akteuren einbezogen wird. Entscheidend wird im Sinn einer Good Governance die konstruktive Wechselwirkung der Systemfelder Staat, Gesellschaft und Privatsektor sein, die das Ziel eines wohlfahrtserhöhenden, technischen Fortschritts haben, somit Einkommen steigern und ethisches Verhalten bezahlen.

Exkurs: Nachhaltigkeit

Parallel zur Erreichung der Eigenversorgung begann in den 70er Jahren erstmals eine Diskussion[47], die sich mit dem Thema der Nachhaltigkeit detaillierter auseinander setzte – vorerst in Hinblick auf die Kontinuität von wirtschaftlichen Wachstumsprozessen.[48] Eine Politik,

---

[46] Ähnlich dazu *Kowatsch* (2003), 40 – Nachhaltigkeit unter der Bedeutung einer zukunftsgerichteten Entwicklung.

[47] *Boulding* brachte mit seiner weltberühmt gewordenen Metapher vom „Spaceship Earth" einen wichtigen Umdenkprozess: Wirtschaften mit dem Ansatzpunkt einer Nachhaltigkeit, indem er auf die Interdependenz zwischen Ökonomie und Ökologie hinwies.

[48] *Oppermann* (1995), 921 sieht den Begriff „sustainable" mit „nachhaltig" unglücklich übersetzt und spricht stattdessen von einer „(umwelt-)verträglichen" Entwicklung. Zwar trifft der englische Terminus „sustainable development" mit der Übersetzung „nachhaltige Entwicklung" grundsätzlich den Kern der Sache, ist aber nicht deckungsgleich, denn „sustainable" bedeutet „erträglich". Der Begriff „nachhaltige Entwicklung" ist richtigerweise weiter gefasst, denn er soll die Bedeutung der Kontinuität wirtschaftlicher Wachstumsprozesse zum Ausdruck bringen.

die die nachhaltige Entwicklung fördert mit dem Ziel einer ganzheitlichen Betrachtung im Sinne der Governance, kann das Innovationstempo beschleunigen und damit das Wirtschaftswachstum erhöhen.

Der aktuelle Stand der Erkenntnis gibt die Möglichkeit einer ersten Definition von Nachhaltigkeit: „Nachhaltigkeit ist aus ökonomischer Sicht immer dann gegeben, wenn derzeitiges Wirtschaftswachstum keinen Rückgang des in Pro-Kopf-Einheiten gemessenen künftigen Wohlfahrtsniveaus unter Einbeziehung von Nichtmarkt- bzw. Umweltgütern nach sich zieht."[49] Nachhaltigkeit bzw. „Sustainable Development" (bedeutet wörtlich eher „zukunftsgerichtete Entwicklung") umfasst den ökonomischen, ökologischen und sozialen Bereich.[50] „Unternehmen agieren [somit] nachhaltig, wenn sie ihren Ressourcenverbrauch kennen und zu minimieren trachten, sozial verantwortlich und zukunftsorientiert wirtschaften."[51] *Seeböck* interpretiert dies mit „Sustainable Development – Harmonisierung der ökonomischen, ökologischen und sozialen Interessen in allen Bereichen unserer Gesellschaft und Wirtschaft".[52]

Das Konzept der Nachhaltigkeit existiert somit bereits sehr lange, obwohl es erst in letzter Zeit größere Popularität erlangt hat. In seiner Gesamtheit ist es ein gesamtgesellschaftliches, ganzheitliches Konzept, das neben den ökonomischen auch die sozialen Anliegen und die ökologischen Aspekte beinhalten muss.[53] Es gilt, Strategien für die Zukunft zu entwickeln, die nachhaltiges Wirtschaften in einem sozial hochstehenden Umfeld ermöglichen und kommenden Generationen

---

[49] *Hofreither/Sinabell* (1996), 2.

[50] *Von Weizsäcker* (2003), 27. „Nachhaltige Entwicklung, verstanden als der möglichst schonende Umgang mit den natürlichen Grundlagen unseres Wohlstands, um Entwicklung auf lange Sicht zu gewährleisten, ist per definitionem eine ökonomische Notwendigkeit..."

[51] *Kowatsch* (2003), 40.

[52] *Seeböck* (2003), 5.

[53] *Hofreither/Sinabell* (1994), 27.

einen intakten Lebensraum erhalten.[54] Eine nachhaltige Entwicklung lässt sich besonders dann realisieren, wenn „das Wissen um die relevanten Zusammenhänge für einen ökonomisch, ökologisch und sozial nachhaltigen Entwicklungspfad [...] kommuniziert wird [...] Steht ein nachhaltiger Entwicklungspfad diametral zur Interessenposition einer einflussreichen gesellschaftlichen Gruppe, dann sinken die Realisierungschancen dieses Projektes."[55]

Bezüglich einer möglichen Definition von Nachhaltigkeit ist mittlerweile eine unüberschaubare Vielzahl von Varianten entstanden. Vielfach lassen sie sich in drei Versionen einteilen:[56]

- breite, gesellschaftspolitische Variante, wie sie auch im Brundtland-Bericht[57] verwendet wird
- enge, ökologische Variante, mit dem klaren Fokus auf Umweltbelange
- sonstige, die die Nachhaltigkeit auf die Entwicklungen in der Dritten Welt projizieren.

Unter nachhaltiger Entwicklung versteht der Verfasser das Ergebnis von Prozessen, die auf zwei unterschiedlichen Ebenen stattfinden: Einerseits auf der politischen Ebene, die in gewisser Weise den Masterplan für ökonomisch und ökologisch politisch nachhaltige Maßnahmen konzipiert, und die auch imstande ist, den Level an Marktorientierung zu definieren. Andererseits auf der betrieblichen Ebene, die für die Umsetzung von ökonomischen und ökologischen Vorteilen für eine nachhaltige Wirtschaftsentwicklung verantwortlich zeichnet.

[54] Bereits in der WTO-Präambel findet sich die Verpflichtung zu einer nachhaltigen Entwicklung. Agreement Establishing the World Trade Organization: „...in accordance with the objective of sustainable development..."

[55] *Hofreither* (2002), 15.

[56] *Hofreither/Sinabell* (1994), 28.

[57] *Weltkommission für Umwelt und Entwicklung* (1987).

6.4 Die sieben 'K' der Governance

1. Koordination (z. B. Schnittstellenkoordination)
2. Kohärenz[58]
3. Kooperation (z. B. über Netzwerke[59]) und Konkurrenz (z. B. Benchmarking[60], Ranking etc), Cooptition = Cooperation + Competition
4. Kontrolle (insbesondere Umsetzungskontrolle)

---

[58] Kohärenz ist der inhaltliche Zusammenhang von Zielen, Verfahren und Verhaltensweisen in einer Organisation. Interne Kohärenz: gemeinsame Vision, Wissensmanagement und Umsetzung von Projekten und/oder Strategien. Externe Kohärenz: verstärkte Berücksichtigung der Stakeholder, also der Interessen und Ziele der Gesellschaft, der Umwelt, Kunden, Lieferanten, Mitarbeiter. Interne Kohärenz ist die Grundlage für externe Kohärenz, führt aber nicht zwangsläufig zu einer solchen (aktuelles Beispiel: die röm.-kath. Kirche als Organisation). *Hofreither* (2002), 12 definiert Kohärenz mit „Abstimmung von Programmaktivitäten mit der Wirtschaftspolitik auf den verschiedenen Hierarchieebenen". Die *European Commission* (2001), 6 sieht bereits die Notwendigkeit, entschlossen auf die Kohärenz und Nachhaltigkeit hinzuwirken. „The Commission will reinforce attempts to ensure policy coherence and identify long-term objectives." Siehe dazu auch *OECD* (1999).

[59] Nicht jede Gruppe kann als Netzwerk bezeichnet werden. Netzwerke müssen durch Interaktionsdichte, interne Regelsysteme und Rollenzuweisungen Vertrauen schaffen und ungeschriebene Gesetze zulassen, die die Interaktionskosten und Interaktionsrisiken vermindern. Diese Informalität ist auch der Grund, warum man schwer sagen kann, ab wann ein Netzwerk zu existieren beginnt. *Jansen* (2003), 12 spricht von Netzwerken als spezielle Governanceformen. *Börzel* (1998), 253ff zur Frage nach der Steuerung politischer Prozesse über Netzwerke und zur Unterscheidung zwischen „quantitative versus qualitative network analysis" bzw „policy networks as a typology of interest intermediation versus [...] specific form of governance" (255 ff).

[60] Benchmarking bedeutet mehr als die Erstellung von Vergleichen – es leitet aus Vergleichen Best Practices ab und prüft diese auf ihre Umsetzbarkeit. Benchmarking ist ein Set von Aktivitäten zur Unterstützung und Entwicklung von Strategien, ein Beitrag zum Change Management, jedoch kein Mittel der Kreativität.

Der Markt als Steuerungs-, Kontroll- und Korrekturinstanz allein genügt nicht, da der Markt grundsätzlich seine Wirkung erst verspätet zeigt.[61] Eine organisierte Gesellschaft braucht Management zur Gestaltung, Lenkung und Führung von gesellschaftlichen Organisationen, was die Leistungsfähigkeit und Leistung der einzelnen Organisation, aber auch der Gesellschaft als Ganzes determiniert. Weder wirtschaftliche noch gesellschaftliche Leistung kann alleine durch den Markt herbeigeführt werden.

5. Kommunikation

6. Konfliktbewältigung[62]

7. Kreativität (durch innovatives Wissensmanagement)[63]

   In einer Wissensorganisation wird die effektive Arbeit freiwillig in und durch Teams von Leuten mit verschiedenen Arten des Wissens und der Fertigkeiten geleistet. Das Zusammenspiel erfolgt eher nach der Logik der Situation und den Anforderungen der Aufgabe und weniger nach formalen Organisationsvorschriften.[64]

6.5 Governance – Koordination und Steuerung

Koordination ist nach dem betriebswirtschaftlichen und volkswirtschaftlichen Verständnis ein Optimierungsproblem, wobei es für er-

---

[61] *Malik* (2002), 122

[62] *Wegener* (1982), 205 ff meint, dass Konflikte zwangsläufig bei zwischenmenschlichen Beziehungen innerhalb eines Systems auftreten; dabei genügt es bereits, wenn Individuen Handlungen setzen, die in ihren Wirkungen interdependent sind. Konflikte bestimmen auch wesentlich die Effektivität eines Systems, sein Klima sowie die soziale Wahrnehmung.

[63] *Glaum et al.* (2003), 832. „Kreativität und Innovationsfähigkeit [...] gewinnen in einem dynamischen Umfeld [...] an Bedeutung. Vor allem Unternehmungen, die permanent auf der Suche nach neuen Geschäftsmöglichkeiten sind und [...] alte Erfolgsmuster ständig überprüfen, werden langfristig erfolgreich sein."

[64] *Drucker* (1993), 107

folgreiche Unternehmensführung[65] klare Orientierungspunkte erfordert, um die Richtung nicht zu verlieren. Nach Malik charakterisieren sich erfolgreiche Unternehmen bzw. Unternehmer folgendermaßen: „Sie maximieren ihre Marktstellung und nicht ihr Wachstum; sie maximieren den Kundennutzen und nicht die Eigenkapitalrendite; sie maximieren ihre Innovationskraft und nicht den Gewinn. Sie kennen sehr genau den Unterschied zwischen einem Investor und einem Unternehmer.“[66]

Ein klares Verständnis der treibenden Kräfte der Wirtschaft ist absolut notwendig. Malik geht davon aus, dass – trotz der Bedeutung und Wichtigkeit des Mittelstandes – die Großunternehmen diejenigen sein müssen, von wo zentrale Impulse für gesellschaftliche Anpassung, Erneuerung und wesentliche Innovationen ausgehen.[67] Aus diesem Grund wird auch die Forderung immer dringender, der „Qualität ihrer Führung größte Aufmerksamkeit zu schenken, höchste Maßstäbe anzulegen und auch scheinbar geringfügigen Erosionserscheinungen gegenzusteuern“.[68] Bedeutend sind die Großunternehmen der unterschiedlichen Branchen dabei nicht nur aufgrund ihrer Kapitalstärke und Marktmacht, sondern weil sie im öffentlichen Rampenlicht stehen. Das Vertrauen[69], das man dabei dem Management entgegenbringt, wird jedoch dann in besonderem Maße auf dem Prüfstand stehen, wenn es gilt, dass in Zeiten des Umbruchs und Wandels „jene schwierigen, unpopulären, einschneidenden, harten und menschli-

---

65 *Ulrich/Probst* (1991), 299 verweisen auf die von Führungskräften vertretene Auffassung, dass Unternehmensführung schwieriger geworden ist und „ein Wechselspiel von komplexitätsreduzierenden und -steigernden Maßnahmen notwendig ist, um die Unternehmung im Raum wechselnder Anforderungen und Bedingungen handlungsfähig zu halten“.

66 *Malik* (2002), 146.

67 *Malik* (2002), 123.

68 *Malik* (2002), 124.

69 *Massie* (2003), 109. „In economic terms, trust is the belief among consumers and investors that risks are manageable because markets are open, transparent and fair. The economic benefits of trust are well documented: trust strengthens people's willingness to experiment, lowers the 'policing costs' for transactions and increases the likelihoood of social and economic gains."

ches Leid verursachenden Entscheidungen getroffen und vollzogen werden müssen, die vom Heute in die Zukunft führen"[70] und damit die Nachhaltigkeit sichern. Viele Unternehmen sind aufgrund veralteter Managementmethoden, -strategien und -strukturen einfach nicht imstande, die entstehenden Fehlentwicklungen rechtzeitig zu identifizieren und die notwendigen Veränderungen durchzuführen.[71] Wissenschaftliches Interesse erlangte die Governance nicht nur durch die Globalisierung des Wettbewerbs und der Deregulierung der Finanzmärkte (Einfluss der Börsen und Aktionärsinteressen), sondern zuletzt auch aus gutem Grunde durch spektakuläre Unternehmenskrisen (Unternehmensversagen und „managerial mischief").[72]

Eine Unterscheidung der unterschiedlichen Vorstellungen von Corporate Governance wird nicht zuletzt deshalb notwendig, da mittlerweile eine Vielzahl von verschiedenen Fachdisziplinen und Interessengruppen die Corporate Governance thematisieren. Mit dem Konzept der *Corporate Governance* wurden zunächst bestimmte Bereiche der Unternehmensverfassung erfasst.[73] Die betriebswirtschaftlichen Funktionen der Corporate Governance waren zunächst die Sicherstellung

---

[70] *Malik* (2002), 124.

[71] *Pradel* (2001), 319.

[72] *Witt* (2003), 2 f.

[73] *Weber* (2002), 83 f. „Corporate Governance wird meist verstanden als Konzept zur sachgerechten Aufgabenzuteilung und zur zweckmäßigen Strukturierung des obersten Leitungsorgans eines Unternehmens, und zwar mit dem Ziel eines verbesserten Schutzes der Anteilsinhaber durch Erhöhung der Transparenz der Entscheidfindung sowie durch Verstärkung von Steuerungs-, Anreiz- und Kontrollmechanismen." *Keasey et al.* (1997), 2 präsentieren eine weite Definition des Governance-Begriffs: „...governance [...] [includes] the structures, process, cultures and systems that engender the successful operation of the organisations." *Burns* (2003), R3. „Corporate Governance is a hefty-sounding phrase that really just means oversight of a company's management – making sure that the business is run well [...] it's really about setting and maintaining high standards." *Plumptre* (2004), 4. „At a general level, it may be defined as the porcess whereby organisations or societies take decisions about matters of importance. Governance is sometimes defined as the art of steering an organisation." Für weitere Definitionen von Corporate Governance vgl. dazu auch *Nagy* (2002), 73 bzw. *Van den Berghe/ De Ridder* (1999), 20 ff.

der Effizienz der Unternehmensführung (dh die Erwirtschaftung eines größtmöglichen Überschusses) sowie die Festlegung der Verfügungsrechte auf die unterschiedlichen Interessentengruppen (dh nicht nur die Verteilung des Faktoreinkommens, sondern auch die Vergabe von Einfluss- und Kontrollrechten an die Stakeholder – somit Allokations- und Verteilungswirkung).[74] Je besser die Governance[75] in einem Unternehmen ist, desto niedriger sind folglich die Transaktionskosten[76] sowie die Agency Costs, umso effizienter ist der Faktoreinsatz und höher der produzierte Überschuss. Daraus resultieren eine bessere Wettbewerbsfähigkeit des betreffenden Unternehmens auf nationalen und internationalen Märkten sowie die Möglichkeit der Kapitalbeschaffung.[77] Corporate Governance Strukturen sind besonders in größeren Unternehmen mit einer Vielzahl von Shareholders „komplexe Systeme aus Gesetzen, Verträgen und Institutionen".[78]

In der *neuen Corporate Governance* ist nicht mehr das vom Stakeholder Ansatz in den Mittelpunkt der Betrachtung gerückte Gewinnmaximum entscheidend, sondern die Bedeutung liegt im Gewinnminimum, wobei die entscheidende Frage sein muss: „Welches Minimum an Gewinn benötigt das Unternehmen, um auch morgen noch im Geschäft zu sein?"[79] Die Schlüsselfrage der Steuerung von Unternehmen ist nach *Malik*, in wessen Interesse ein Unternehmen geführt werden soll.[80] Die neue Corporate Governance stellt die realwirtschaftliche

---

[74] *Witt* (2003), 2, 175 und 225.

[75] *World Bank* (2003), 21. „An effective corporate governance regime should provide shareholders and other financial stakeholders with timely access to information and the ability to influence and control company management..."

[76] *Richter/Furubotn* (2003), 53 ff.

[77] *OECD* (2003), 17. „While improved corporate governance can sometimes help drive needed improvement in public governance, the benefits from improvements in corporate and public governance are much greater when they are undertaken in tandem" (pivotal interaction between corporate and public governance).

[78] *Witt* (2003), 175.

[79] *Malik* (2002), 132.

[80] *Malik* (2002), 26.

Seite[81] des wirtschaftlichen Schaffens und nicht die finanzwirtschaftliche, wie es beim Shareholdervalue der Fall ist, in den Blickpunkt der Betrachtung. Es wird nicht in Frage gestellt, dass beide – sowohl der Unternehmer mit seinen unternehmerischen Aufgaben als auch der Finanzinvestor, der Investment-Entscheidungen in puncto Geldanlage trifft – für ein Funktionieren einer modernen, dynamischen Wirtschaft absolut notwendig sind.[82] *Maliks* Schlüsselfrage präzisiert sich somit: „Wann prosperiert ein Unternehmen, und wie ist es zu führen, damit es prosperiert?"[83] Für nachhaltigen Unternehmenserfolg ist es daher notwendig, Leistungen für Kunden herzustellen, die diese als wertvoll empfinden und dafür bereit sind, zu bezahlen.

Gerade auch in einer globalisierten Welt, in der die Nationalstaaten immer weiter zurückgedrängt werden, sind die Fragen zur Führung immer bedeutender – Governance und in späterer Folge Management als „die bewegende Kraft, die richtungs- und impulsgebende Aktivität, die Leistung und Wirksamkeit unserer Institutionen bestimmt".[84] Ergänzend schlägt Malik vor, „Management als die Transformation von Wissen in Leistung und Nutzen zu verstehen".[85] Hochkomplexe Gesellschaften bestehen eigentlich nicht mehr aus Menschen, sondern aus Institutionen, die wiederum von funktionierenden Organisationen geführt werden. Management heißt somit „nicht nur Menschenführung", sondern darüber hinaus auch „Gestaltung[86] und Steuerung von komplexen Institutionen insgesamt".[87]

---

[81] *Grohmann* (2003), 102 f. „80 Prozent eines Unternehmens werden durch immaterielle Vermögensgegenstände bestimmt. Corporate Governance ist ein Mittel, um ein effizientes Reporting zu machen." *Gerhard Hrebicek* auf die Frage nach der Wichtigkeit finanzieller Ergebnisse.

[82] *Malik* (2002), 30.

[83] *Malik* (2002), 35.

[84] *Malik* (1999), 16 f.

[85] *Malik* (2002), 117.

[86] *Ulrich/Probst* (1991), 271. „Gestalten bedeutet, eine Institution überhaupt zu schaffen und als zweckgerichtete handlungsfähige Ganzheit aufrechtzuerhalten. [...] Gestalten als Managementfunktion besteht jedoch nicht im Vollzug von Beschaffungshandlungen [...], [sondern] bedeutet vielmehr das gedankliche Entwer-

6.6 Neue integrative Sichtweise der Governance

Die Corporate Governance[88], die ursprünglich ganz auf die Entwicklung der Kapitalmärkte gerichtet war, findet sich jedoch mittlerweile auch in Bereichen wieder, deren Hauptaugenmerk sich auf Organisations- und Verhaltenstheorien richten.[89]

Abbildung: Integrative Sichtweise der Governance[90]

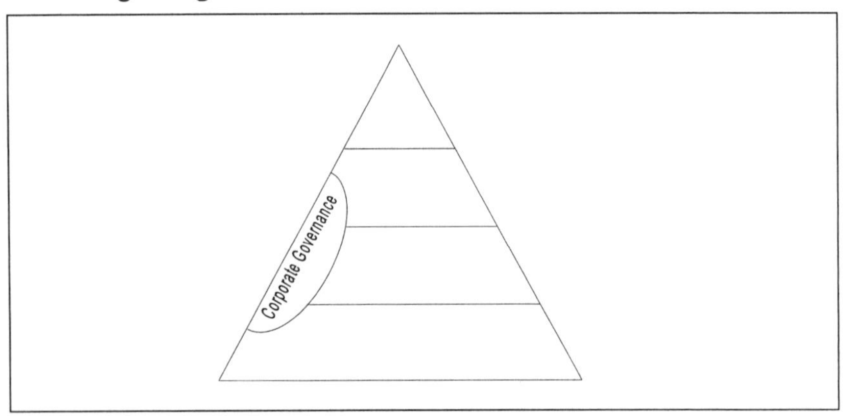

Eine Möglichkeit der integrativen Sichtweise von Governance ist die oben dargestellte. *Hawley* und *Williams* charakterisieren in ihrer umfangreichen Darstellung der Corporate Governance, die im Rahmen der OECD 1996 präsentiert wurde, folgende Entwicklungen und alternative Denkrichtungen innerhalb der Governance:[91]

fen eines Modells der Institution, wozu seinerseits das Bestimmen der angestrebten Eigenschaften der Institution notwendig ist."

87 *Malik* (1999), 19.

88 *Van den Berghe / De Ridder* (1999), 20; zitiert nach *Monks/Minow*. „... the term Corporate Governance has been in use for not much more than ten [years]."

89 *Nippa* (2002), 3.

90 *Kremlicka* (2002)

91 *Hawley/Williams* (1996), 21 ff. *Nippa* (2002), 11 ff folgend wurde auch die Übersetzung der vier alternativen Modelle von Corporate Governance beibehalten.

1. Einfacher finanzwirtschaftlicher Ansatz
2. Stewardship-Ansatz
3. Stakeholder-Ansatz
4. Politischer Ansatz

6.6.1 Einfacher finanzwirtschaftlicher Ansatz

Unter einer rein finanzwirtschaftlichen Betrachtung der Governance-Thematik sind Unternehmen nur dazu da, Aktionären und somit den Eigentümern des Unternehmens zu dienen, um deren Gewinne zu maximieren.[92] Die Grundidee des Shareholdervalue (Anteilseignerorientierung) hat noch immer Gültigkeit. Sie bedeutet, strategische Entscheidungen so zu treffen, dass eine Wertsteigerung des Unternehmens erfolgt.[93] Unternehmensintern kommt dabei das Principal-Agent-Problem[94] zum Tragen. Vorraussetzung dabei ist natürlich immer die personelle Trennung von Eigentümer und Management.[95]

---

92 *Malik* (2002), 129 f. In einer neuen, nachhaltigen Betrachtung sollte Gewinn nicht mehr als Ursache bzw. treibende Kraft von Geschäftstätigkeit gesehen werden, sondern vielmehr als deren Ergebnis. Er ist die Messlatte für Richtigkeit und Effektivität von Unternehmensentscheidungen, wobei Innovation, Marketing und Produktivität als die Ursachen für positive Unternehmensergebnisse hervorgehoben werden können.

93 *Van den Berghe/De Ridder* (1999), 40 bzw. 44. Somit muss eine Orientierung des Managements primär an den Erwartungen der Kapitalgeber erfolgen.

94 *Hawley/Williams* (1996), 49. Agency Probleme können auch dadurch gelöst werden, indem es beispielsweise eine besondere Form der Unternehmensaufsicht gibt. In den USA wird dieser Ansatz gerne mit Relationship Investment bezeichnet, was bedeutet, dass es möglich ist, die reine Form der marktlichen Kontrolle, die die Unternehmensaufsicht absolviert, zu ergänzen oder in einem weit fortgeschrittenen Stadium sogar zu ersetzen. Durch die Principal-Agent-Theorie von *Berle/Means* (1991), die bereits 1932 publiziert wurde, ist die Corporate Governance Diskussion entstanden; siehe dazu auch *Monks/Minow* (2004), 110 ff; *Weber* (2002), 85 f; *Witt* (2003), 226. „Theoretisch lässt sich die Corporate Governance eines Unternehmens als mehrstufige, dynamische Principal-Agent-Situation darstellen."

95 *Plumptre* (2004), 4. „Shareholders (principals) who invest in a company elect a board of directors (agents) to represent their interests. In turn, these directors are expected to ensure that the management of the corporation behaves responsibly, and that executives carry out their duties in a way that will result in appropriate

Dieser Ansatz bildet den Ursprung der Corporate Governance Bestrebungen, die sich zunächst kapitalmarktorientiert präsentierten.[96] Zentrales Problem dieses Ansatzes ist die Annäherung der Interessen von Aktionären und dem für die positive betriebswirtschaftliche Entwicklung bestellten Management.[97] Kernelement stellen dabei die unterschiedlichen Anreizmechanismen dar, die so festzulegen sind, dass die Zielsetzungen der beauftragten Agenten (also des Managements, das Aufgaben delegiert bekommt)[98] jenen der delegierenden Prinzipale (Eigentümer) bestmöglich anzunähern und im Idealfall zur Übereinstimmung zu bringen sind.[99] Das derzeitige Bemühen um eine effi-

---

rewards to shareholders." *Forstmoser* (2002), 21. Liegt eine echt Publikumsgesellschaft vor, dann haben die Aktionäre als Eigentümer (Principals) die Geschäftsführung an die Agents delegiert. Die Corporate Governance versucht nun, durch eine Interessenkongruenz die in dieser Konstellation angelegten Interessenkonflikte zu mindern, um so die Interessen der Eigentümer zu wahren. Auf diese Art hat die Corporate Governance einen engen Bezug zum Shareholdervalue-Denken.

96 *Van den Berghe/De Ridder* (1999), 24; zitiert nach *Weimer/Pape*. Auch unter Zugrundelegung einer Kapitalmarktorientierung können unterschiedliche Levels an Corporate Governance erkannt werden:

- „corporate governance at macro level deals primarily with the various systems of corporate governance, as an umbrella framework primarily for legal factors, as well as institutional and cultural factors;
- corporate governance at the level of the individual enterprises deals primarily with the governance process and the relationships between the management and the various interested parties."

97 *Plumptre* (2004), Executive Summary. „Recent interest in corporate governance has been driven by a growing list of corporate scandals [eg Enron, Woldcom, Parmalat] [...] The scandals have attracted the interest of government ministries, the OECD, regulatory bodies, stock exchanges and other agencies."

98 *Suchanek* (1999), 280 f. Auch der Staat kann als Agent gesehen werden – als einer, den die Bürger selbst einsetzen, damit er bestimmte Aufgaben übernimmt. In dieser Funktion tritt der Staat nicht dem Bürger entgegen, sondern die Bürger haben die Möglichkeit, „durch dieses 'Instrument' ihre eigenen Interessen besser verfolgen zu können".

99 *Witt* (2003), 226 meint, dass die Anreizmechanismen nicht ausreichen, „um einen Interessenausgleich zwischen den Anspruchsgruppen herbeizuführen, weil

zientere Kontrolle der Unternehmensführung sowie das Einbinden des Managements in einen Pflichtenkatalog im Sinne von „checks and balances" zeigt die richtige Entwicklung einer modernen Corporate Governance.

6.6.2 Stewardship-Ansatz

Der Stewardship Ansatz betont insbesondere die intrinsischen Anreize für das Management. Herausforderungen, wie die Erreichung hoher Ziele für das Unternehmen und die Übernahme sozialer Verantwortung sind danach Anreiz genug, um im Sinne der Organisation zu handeln und opportunistisches Verhalten weitestgehend auszuschließen. Die finanziellen Anreize der Tätigkeit stehen nicht im Mittelpunkt, vielmehr sind es die großzügigen Handlungsspielräume, Anerkennung oder Selbstverwirklichung in der jeweiligen Position.[100]

Dieses Managerbild lässt sich oft im Bereich von Non-Profit-Organisationen oder der Ausübung eines ehrenamtlichen Vorstandspostens beobachten.[101] Bei Zugrundelegung des Stewardship-Ansatzes mit den oben gekennzeichneten Werten und Leitbildern wird klar, dass die Ausprägungsform von Governance in diesem Fall unterschiedlich ausfallen kann, da es in solchen Fällen möglich ist, das unternehmerische Kontrollorgan zur Unternehmensaufsicht (z. B. in Form des Aufsichtsrats) personell gering zu besetzen oder überhaupt entfallen zu lassen.[102]

---

die theoretisch erforderlichen Anreizverträge für die Praxis zu kompliziert sind und weil anreizverträgliche Vergütungen zu wenig auf die Nutzenfunktionen der individuellen Personen angepasst werden können". Für die darüber hinaus gehenden Betrachtungen von etwa zu unterstellenden Prämissen etc in der Principal-Agent-Theorie darf auf die spezifische Fachliteratur verwiesen werden. Grundlegend dazu z. B. *Richter/Furubotn* (2003), 173 ff; *Jensen/Meckling* (1976), 305 ff.

[100] *Hawley/Williams* (1996), 28.

[101] *Nippa* (2002), 15.

[102] *Hawley/Williams* (1996), 28.

6.6.3 Stakeholder-Ansatz

Im Gegensatz zu den beiden vorher beschriebenen Modellen, die unter anderem das Ziel der Gewinnoptimierung der Anteilseigentümer verfolgen, widmet sich dieses Modell dem breiten, weiter gefassten Begriff der Stakeholder[103] und der damit verbundenen sozialen Verantwortlichkeit diesen gegenüber.[104] Daraus wird deutlich, dass das Unternehmen (besser, die Führung des Unternehmens) hier für eine Vielzahl an Personen verantwortlich zeichnet, nämlich auch dann, wenn nicht bloß finanzielle Eigentümerinteressen gegenüber dem Betrieb bestehen. Die praktische Notwendigkeit von Corporate Governance Systemen liegt in oft „unvollständigen Verträgen, unterschiedlichen Zielsetzungen und Informationsasymmetrien zwischen den Stakeholdern".[105] Dabei übernimmt das Management die Rolle eines Mediators zwischen den unterschiedlichen Interessen der Stakeholder unter der Prämisse, dass die Schaffung von Wohlstand und Werten letztendlich ein oberstes Ziel jeder unternehmerischen Tätigkeit sein muss.[106] Aber auch der Staat hat eine wichtige Aufgabe bei der Konfliktlösung und beim Ausgleich von unterschiedlichen Interessen.[107]

---

[103] *Eberhardt* (1998), 278 ff. Stakeholder sind demnach Personen, Gruppen und Organisationen, die aufgrund einer vertraglichen Bindung ein Interesse ('Stake') an der Entwicklung des Unternehmens haben. *Bünting* (1995), 86. „Als Stakeholder gelten [...] Personen oder Gruppen aus der sozialen Umwelt der Unternehmung, die Ansprüche auf gesetzliche, vertragliche oder faktischer Basis gegenüber der Unternehmung haben oder über entsprechende Eingriffsmöglichkeiten verfügen." *Witt* (2003), 53. Im Unterschied zum Shareholder-Ansatz „muss eine institutionelle Berücksichtigung aller Anspruchsgruppen im System der Leitung und Kontrolle eines Unternehmens erfolgen".

[104] *Van den Berghe/De Ridder* (1999), 27 ff zu einer historischen Analyse der unterschiedlichen Modelle von Corporate Governance.

[105] *Witt* (2003), 59.

[106] *Hawley/Williams* (1996), 28 f; *Witt* (2003), 53 f. Ziel ist es, „für alle Interessengruppen des Unternehmens Werte zu schaffen".

[107] *OECD* (2002), 5. „Governments have an important role to play in addressing the major conflicts of interest among stakeholders, in particular by involving them in constructive discussions on these issues."

Wesentlichstes Kriterium dieses Ansatzes ist es somit, nicht mehr ausschließlich die Manager-Eigentümer-Beziehung zu analysieren, sondern dieses Modell beinhaltet überdies die wirtschaftliche Bedeutung von Interessengruppen, die im Kernbereich, Nahbereich und Umfeld der Unternehmung tätig sind. Der Stakeholder-Ansatz berücksichtigt somit nicht nur die umfassenden Interessen der internen, sondern auch die der externen Mitglieder eines Unternehmens unter dem Postulat der Effektivität.[108]

6.6.4 Politischer Ansatz

Besonders interessant ist der politische Ansatz insofern, da er erstmals die Zusammenhänge zwischen nicht-ökonomischen und nicht-marktlichen Prozessen aufzeigt und so einen Beitrag zu den unterschiedlichen Entwicklungsformen der Governance und des Zusammenspiels von Interessengruppen leisten kann.[109] Demokratische Systeme haben das Merkmal, dass die Auswahl von Repräsentanten aus Parteien mit teils konträren Programmen und Weltanschauungen eine unverzichtbare Form der Mitbestimmung der Staatsbürger darstellt. Die Einflussnahme des Volkes bzw. des einzelnen mittels Abstimmung zu Sachfragen, wie z. B. zur Außenhandelspolitik, ist grundsätzlich nicht gegeben, sodass die Repräsentanten bei der Festlegung der Politik sich stark an ihre eigenen Zielvorstellungen sowie an die spezifischen Interessen einzelner Gruppen von Wählern orientieren. Der Einfluss von Interessengruppen ist stark und unübersehbar.

Der politische Ansatz berücksichtigt Einflüsse politischer Natur und geht dabei auf die Regulative ein, die durch politische Prozesse und Entscheidungen ausgehen. Im Mittelpunkt dieses Ansatzes steht das Wechselspiel zwischen Mikro- und Makroebene; d. h. Ebene der Unternehmung, wo diverse Interessengruppen für die Durchsetzung ihrer spezifischen Ziele agieren, versus makropolitischer Rahmen und Struktur, in denen sich das Unternehmen befindet. Wichtig ist dabei, dass sich das Unternehmen und seine Akteure in einem sehr engen mikroökonomischen Spielraum befinden – besonders auch in puncto

---

[108] *Bünting* (1995), 86.

[109] *Nippa* (2002), 18.

Allokation von Investitionen und Rückflüssen, was durch die makropolitischen Strukturen streng definiert wird.[110]

Festzustellen ist dabei, dass diese Diskussion von Governance sich in einem weiten politischen Kontext bewegt, d. h. dass „politisch" nicht unbedingt eine staatliche, politische Institution voraussetzt oder beschreibt, gemeint ist vielmehr das Vorhandensein von nicht-marktlichen Prozessen und Vorgängen.[111] Auf jeden Fall ist im politischen Ansatz zu beobachten, dass es nicht nur die reine Form der Unternehmenskontrolle und -aufsicht gibt, sondern ein multiples Monitoring, wozu auch Lobbying zählt.[112]

Als weitere Kontrollform ist das in den USA (im Vergleich hierzulande) bereits weiter verbreitete Relationship Investment, eine Art Longterm Commitment[113], das ein hohes Maß an Reziprozität in unternehmerischen Entscheidungsfragen zwischen Eigentümer(n) und Management widerspiegelt, zu sehen. Mitunter wird es in der Literatur auch unter dem Begriff der Contractual Governance erwähnt. Relationship Investing bedeutet somit, dass große Firmen Unternehmensanteile an (auch kleineren) Zulieferfirmen übernehmen mit dem Ziel, dort nicht so sehr die Finanzkontrolle auszuüben, sondern die strategische Positionierung zu festigen durch Koordination der Firmenstrategien, Produktentwicklung und Distribution, Forschung und Entwick-

---

110 *Turnbull* (1997), 191 ff.

111 *Hawle/ Williams* (1996), 29 ff.

112 *Hawley/Williams* (1996), 53 ff.

113 *Dittrich* (2000), 87. Commitment ist dabei durch eine hohe gegenseitige Zufriedenheit sowie eine Institutionalisierung von Prozessen gekennzeichnet, somit „eine psychologische Wechselbarriere, die aufgrund der Wahrnehmung von Attraktivität oder innerer Verpflichtung entsteht; gegebenenfalls verbunden mit Abhängigkeit". Commitment, das auf aktives Handeln der Beteiligten abzielt, inkludiert auch die „Bereitschaft, kurzfristig Opfer dafür zu bringen, um die Beziehung langfristig aufrecht zu erhalten". Entsprechendes Vertrauen, trotz Opportunismusrisiko, ist aber – wenn auch nur passiv ausgedrückt – Grundlage für das Entstehen von Commitment. *Winters* (1993), 224 zeigt auf, dass im Bereich der regionalen Integration „...the deeper the integration, the greater the required commitment" gilt. Für *Sprenger* (2000), 218 ff ist nur innerhalb einer aufrechten Beziehung ein stabiles, langfristiges und selbstbewusstes Commitment möglich.

lungszusammenarbeit und Sicherung eines hohen Qualitätsniveaus.[114]

6.7 Conclusio

Was Governance wirklich ausmacht und auf den Punkt bringt, sind nachstehende Merkmale:[115]

- Governance ist eine Form der Selbstorganisation,
- basierend auf Interdependenzen und Ressourcenabhängigkeit der Akteure, die in politischen Handlungssystemen Deckung finden und
- begleitet und gestaltet von einem System formeller oder informeller Regeln, Normen oder Konventionen.

6.8 Literatur

Adam, D. (1997): Produktions-Management. 8. Auflage, Gabler, Wiesbaden.

Benz, A. (2003): Mehrebenenverflechtung in der Europäischen Union. In: Jachtenfuchs, M. / Kohler-Koch, B. (Hrsg.): Europäische Integration. 2. Auflage, Leske + Budrich, Opladen, 317 – 351.

Benz, A. (2003a): Governance – Modebegriff oder nützliches sozialwissenschaftliches Konzept? In: Benz, A. et al. (Hrsg.): Governance. Eine Einführung. Dreifachkurseinheit der FernUniversität Hagen, 13 – 31.

Berle, A. A. / Means, G. C. (1991): The Modern Corporation and Private Property. Transaction Publishers, New Brunswick.

Böcker, F. (1988): Marketing-Kontrolle. Kohlhammer, Stuttgart.

---

[114] *Hawley/Williams* (1996), 59 ff; *Monks/Minow* (2004), 178.

[115] *Rhodes* (1997), 15.

Börzel, T. A. (1998): Organizing Babylon – On the different Conceptions of Policy Networks. In: Public Administration, 76, 253 – 273.

Bünting, H. F. (1995): Organisatorische Effektivität von Unternehmungen. Ein zielorientierter Ansatz. Deutscher Universitäts-Verlag, Wiesbaden.

Burns, J. (2003): Everything You Wanted to Know About Corporate Governance. In: The Wall Street Journal Europe, October 31 – November 2, 2003, R3.

Deutscher Bundestag (2001): Zwischenbericht der Enquete-Kommission. Globalisierung der Weltwirtschaft – Herausforderungen und Antworten. Drucksache 14/6910.

Dittrich, S. (2000): Kundenbindung als Kernaufgabe im Marketing. Rosch-Buch, Scheßlitz.

Drucker, P. F. (1993): Die ideale Führungskraft. Econ, Düsseldorf.

Eberhardt, S. (1998): Wertorientierte Unternehmensführung. Der modifizierte Stakeholder-Value-Ansatz. Deutscher Universitäts-Verlag, Wiesbaden.

European Commission (2001): European Governance. A White Paper. Brussels.

Forstmoser, P. (2002): Corporate Governance in der Schweiz – besser als ihr Ruf. In: *Forstmoser, P. et al.* (Hrsg.): Corporate Governance. Symposium zum 80. Geburtstag von *Arthur Meier-Hayoz.* Schulthess Juristische Medien AG, Zürich, 15 – 68.

Glaum, M. et al. (2003): Wachstumsstrategien internationaler Unternehmungen: 10 Thesen. In: Schmalenbachs Zeitschrift für betriebswirtschaftliche Forschung (zfbf), 55, 823 – 846.

Grohmann, J. (2003): Was heißt „Corporate Governance“ in der Praxis? In: Top Gewinn, Oktober 2003, 102 – 105.

Hawley, J. P. / Williams, A. T. (1996): Corporate Governance in the United States. The Rise of Fiduciary Capitalism. Working Paper, Saint Mary's College of California.

Hofreither, M. F. (2002): Strukturwandel oder Konservierung? Nachhaltige Regionalpolitik in der EU. Diskussionspapier, Institut für Wirtschaft, Politik und Recht, Wien.

Hofreither, M.F. / Sinabell, F. (1994): Zielsetzungen für eine nachhaltige Landwirtschaft. Umweltbundesamt, Wien.

Hofreither, M. F. / Sinabell, F. (1996): Konsequenzen und Chancen einer nachhaltigen Wassernutzung durch die Landwirtschaft. Diskussionspapier, Institut für Wirtschaft, Politik und Recht, Wien.

Institute on Governance (2004): What is Governance? Getting to a definition. http://www.iog.ca/boardgovernance/html/gov_wha.html. 12. August 2004.

Institute on Governance (2004a): What is good governance? http://www.iog.ca/boardgovernance/html/gov_whagoo.html. 12. August 2004.

Jansen, D. (2003): Einführung in die Netzwerkanalyse. Grundlagen, Methoden, Forschungsbeispiele. 2. Auflage, Leske + Budrich, Opladen.

Jensen, M. C. / Meckling, W. H. (1976): Theory of the Firm. Managerial Behavior, Agency Costs and Ownership Structure. In: Journal of Financial Economics, 3, 305 – 360.

Keasey, K. et al. (1997): Introduction. The Corporate Governance Problem – Competing Diagnoses and Solutions. In: Keasey, K. et al. (Hrsg.): Corporate Governance. Economic and Financial Issues. Oxford University Press, Oxford, 1 – 17.

Kohler-Koch, B. (1998): The Evolution and Transformation of European Governance. Institut für Höhere Studien, Wien.

Kölle, H. M. (2004): Hilft die Globalisierung im Kampf gegen die weltweite Armut? In: Finanz und Wirtschaft, 17. März 2004, 34.

Kowatsch, S. (2003): Nachhaltige Veranlagung ist kein Rendite-Nachteil. In: Top Gewinn, Oktober 2003, 38 – 41.

Kremlicka, R. (2002): Unternehmensbewertung zwischen Cyberkapitalismus und wirtschaftlicher Realität. Alpbacher Technologie Gespräche, Eröffnungsreferat Arbeitskreis 7.

Kyrer, A. (2002): Neue Politische Ökonomie 2005, Wien 2002.

Malik, F. (1999): Management-Perspektiven. Wirtschaft und Gesellschaft, Strategie, Management und Ausbildung. 2. Auflage, Haupt, Bern.

Malik, F. (2000): Strategie des Managements komplexer Systeme. Ein Beitrag zur Management-Kybernetik evolutionärer Systeme. 6. Auflage, Haupt, Bern.

Malik, F. (2002): Die neue Corporate Governance. Richtiges Top-Management – Wirksame Unternehmensaufsicht. 3. Auflage, Frankfurter Allgemeine Buch, Frankfurt am Main.

Massie, R. K. (2003): The irresistible rise of sustainable governance. In: Global Agenda. Building trust. World Economic Forum, Annual Meeting 2003, No 1, 109 – 111.

Mayntz, R. (2004): Governance Theory als fortentwickelte Steuerungstheorie? Working Paper (Konferenzvortrag: „Governance-Forschung: Stand und Entwicklungslinien“), Max-Planck-Institut für Gesellschaftsforschung.

Monks, R. A. G. / Minow, N. (2004): Corporate Governance. 3. Auflage, Blackwell, Oxford.

Nagy, R. (2002): Corporate Governance in der Unternehmenspraxis. Akteure, Instrumente und Organisation des Aufsichtsrates. Deutscher Universitäts-Verlag, Wiesbaden.

Nippa, M. (2002): Alternative Konzepte für eine effiziente Corporate Governance. In: Nippa, M. et al. (Hrsg.): Corporate Governance. Herausforderungen und Lösungsansätze. Physica, Heidelberg, 3 – 40.

Nischwitz, G. et al. (2001): Local und Regional Governance für eine nachhaltige Entwicklung. Sondierungsstudie im Auftrag des Bundesministeriums für Bildung und Forschung. Institut für ökologische Wirtschaftsforschung, Wuppertal.

OECD (1999): Policy Coherence Matters. Promoting Development in a Global Economy. Paris.

OECD (2002): Improving Policy Coherence and Integration for Sustainable Development. A Checklist. Paris.

OECD (2003): Globalisation and Governance. Main Results of the OECD Development Centre's 2001 – 2002 Programme of Work. Paris.

Oppermann, T. (1995): Die Europäische Gemeinschaft und Union in der Welthandelsorganisation (WTO). In: Recht der Internationalen Wirtschaft (RIW), 11, 919 – 928.

Plumptre, T. (2004): The New Rules of the Board Game: The Changing World of Corporate Governance and Ist Implications for Multilateral Development Institutions. Institute on Governance, Ottawa.

Porter, J. (2002): Sustainability and good governance: Monitoring particitation and process as well as outcomes. Modified version of a paper presented to the 'Sustaining our Communities' conference held in Adelaide, Australia in 2002.

Pradel, M. (2001): Dynamisches Kommunikationsmanagement. Optimierung der Marketingkommunikation als Lernprozess. Gabler, Wiesbaden.

Rhodes, R. A. W. (1997): Understanding Governance. Policy Networks, Governance, Reflexitivity and Accountability. Open University Press, Buckingham.

Richter, R. / Furubotn, E. G. (2003): Neue Institutionenökonomik. Eine Einführung und kritische Würdigung. 3. Auflage, Mohr Siebeck, Tübingen.

Seeböck, W. (2003): Unternehmensziel Nachhaltigkeit. Macht „Sustainable Management" Sinn? In: WDF-Magazin, 5/2003, 4 – 6.

Sprenger, R. K. (2000): Das Prinzip Selbstverantwortung. Campus, Frankfurt.

Staehle, W. H. (1999): Management. Eine verhaltenswissenschaftliche Perspektive. 8. Auflage, Vahlen, München.

Suchanek, A. (1999): Institutionenökonomik und Verantwortungsteilung. In: *Schuppert, G. F.* (Hrsg.): Jenseits von Privatisierung und 'schlankem' Staat. Verantwortungsteilung als Schlüsselbegriff eines sich verändernden Verhältnisses von öffentlichem und privatem Sektor. Nomos, Baden-Baden, 273 – 298.

Turnbull, S. (1997): Corporate Governance: Its Scope, Concerns and Theories. In: Corporate Governance. An International Review. 5, 180 – 205.

Ulrich, H. / Probst, G. J. B. (1991): Anleitung zum ganzheitlichen Denken und Handeln. Ein Brevier für Führungskräfte. 3. Auflage, Haupt, Bern.

Van den Berghe, L. / De Ridder, L. (1999): International Standardisation of Good Corporate Governance. Best Practices for the Board of Directors. Kluwer Academic Publishers, Boston.

Von Weizsäcker, E. U. (2003): Nachhaltige Entwicklung: Widerspruch in sich oder ökonomische Notwendigkeit? In: *Feiler, K.* (Hrsg.): Nachhaltigkeit schafft neuen Wohlstand. Bericht an den Club of Rome. Lang, Frankfurt, 27 – 31.

Weber, R. H. (2002): Insider v. Outsider in Corporate Governance. In: *Forstmoser, P. et al.* (Hrsg.): Corporate Governance. Symposium zum 80. Geburtstag von Arthur Meier-Hayoz. Schulthess Juristische Medien AG, Zürich, 81 – 101.

Wegener, C. (1982): Konfliktregelung in der betrieblichen Praxis. Bestimmung und Analyse von Konflikten – Ansatzpunkte einer Konfliktintervention. In: Zeitschrift Führung + Organisation (ZfO), 4, 205 – 217.

Weltkommission für Umwelt und Entwicklung (1987). In: *Hauff, V.* (Hrsg.): Unsere gemeinsame Zukunft. Eggenkamp, Greven.

Willke, H. (1996): Systemtheorie I: Grundlagen. Eine Einführung in die Grundprobleme der Theorie sozialer Systeme. 5. Auflage, Lucius & Lucius, Stuttgart.

Winters, L. A. (1993): The European Community: a case of succussful integration? In: *De Melo, J. / Panagariya, A.* (Hrsg.): New dimensions in regional integration. Cambridge University Press, Cambridge, 202 – 233.

Witt, P. (2003): Corporate Governance – Systeme im Wettbewerb. Deutscher Universitäts-Verlag, Wiesbaden.

World Bank (1989): Sub-Saharan Africa: From Crisis to Sustainable Growth. A Long-term Perspective Study. Washington.

World Bank (2003): Corporate Governance in Russia: Regime Change Required. In: Transition. The Newsletter About Reforming Economies. Vol 14, No 1 – 3, 21.

7 Klaus Hinterberger: Local Governance – eine Zwischenbilanz am Beispiel der Stadt Salzburg

Senatsrat Mag. Klaus Hinterberger
Magistrat der Landeshauptstadt Salzburg

7.1 Einleitung[116]

Das Institut für Empirische Sozialforschung (IFES) in Wien führte im Mai 2003 eine bundesweit repräsentative Befragung zum Thema „Verwaltung und Verwaltungsreform"[117] durch. Darin wurden unter anderem die Zufriedenheit mit den Verwaltungseinheiten, deren Image bei der Bevölkerung, wirtschaftliche Kompetenz sowie Zuständigkeitspräferenzen abgefragt. Hinsichtlich Bürgernähe, Effizienz der Aufgabenerfüllung, Engagement, etwas weiterzubringen, und Sparsamkeit werden die Kommunalverwaltungen deutlich besser bewertet als die übrigen Verwaltungseinheiten. Aus der Befragung geht auch deutlich hervor, dass bei den Gemeinden die geringsten Einsparungsmöglichkeiten hinsichtlich Personal und Finanzen gesehen werden.

Auf die Frage „Wer kann nach Ihrer Ansicht am meisten bzw. am zweithäufigsten zu Ihrer persönlichen Lebensqualität beitragen?" haben 54 % am meisten und 15 % am zweithäufigsten die Gemeinde angegeben (Vergleichswerte: Land 17 % bzw. 40 %, Bund 13 % bzw. 14 %). Die Bevölkerung hat also eine klare Vorstellung davon, welche Verwaltungseinheiten ihre Aufgaben wie erfüllen und welche Auswirkungen dies auf die individuelle Lebenssituation hat.

Die Kommunen verstehen sich seit jeher als bürgernächste Ebene staatlichen Handelns und sind sich ihrer umfassende Verantwortung

---

[116] Dieser Beitrag wurde im Dezember 2004 abgeschlossen.

[117] IFES "Verwaltung – und Verwaltungsreform – Ergebnisse einer Bevölkerungsumfrage im Auftrag des Städtebundes", Studie vorgestellt am 53. Österreichischen Städtetag von 4. – 6. Juni 2002 in Linz.

bewusst. Dennoch kann dieses Ergebnis nicht mehr ausschließlich über individuelle Leistung und Kompetenz, oder Erledigungsdauer, Freundlichkeit usw. erklärt werden. Wenn 2.359 Gemeinden schaffen, was anderen Verwaltungsebenen in der flächendeckenden Wahrnehmung durch die Bevölkerung nicht gelingt, dann steckt deutlich mehr dahinter – eine Local Governance.

7.2 Ausgangssituation

Um die praktische Relevanz von Governance abhandeln zu können, ist zunächst der Rahmen festzulegen, innerhalb dessen man sich bewegt. Betrachtet man eine Stadt von der Größe Salzburgs (ca. 145.000 Bewohner), so zeigt sich ein sehr breites Leistungsspektrum, das angeboten wird. Es reicht von Kindergärten, Horten, Pflichtschulen, Seniorenheimen, Sozial- und Kultureinrichtungen, Freizeiteinrichtungen, städtischem Wohnen, Ver- und Entsorgungsbetrieben, Berufsfeuerwehr, Errichtung und Erhaltung von Straßen und Wegen, Grünanlagen, Leitungsnetzen und öffentlichen Bauten bis zu den behördlichen Dienstleistungen als Gemeinde- und Bezirksverwaltung. Für diese Aufgaben sind insgesamt ca. 3.000 Menschen mit 200 unterschiedlichen Berufsbildern tätig, zusammen mit den Transfers und den Investitionen beträgt die jährliche Budgetsumme ca. 400 Mio.

7.3 Herausforderung Komplexität

Bedenkt man bei der bereits stark vereinfachten Auflistung der Aufgabengebiete die unterschiedlichen Anspruchsgruppen, die in einer kommunalen Gemeinschaft auftreten, so ist eindeutig, dass hier eine sehr komplexe Umwelt vorliegt. Das System „Verwaltung" reagiert auf die Steigerung der äußeren Komplexität nach *Ross Ashbys* Gesetz der „requisite variety" („only variety can destroy variety") mit einer Steigerung der inneren Komplexität.[118]

---

[118] *Bleicher, K.,* Normatives Management: Politik, Verfassung und Philosophie des Unternehmens, Frankfurt/New York, 1994 sowie *Ashby, R.,* Design for a brain, London, 1972.

Bei allem Bemühen der Verwaltung nach Bürger- und Kundenorientierung gibt es vermutlich sehr wenige Menschen, die nicht überzeugt sind, dass öffentliche Verwaltungen sehr kompliziert und unübersichtlich sind. Verfangen in der Komplexität der Umwelt und des Systems „Verwaltung", werden Entscheidungsprozesse und Entscheidungen zunehmend unverständlich. Es passiert, was für viele Systeme gilt und was *Peter M. Senge* so formuliert hat: *Das Offensichtliche zu tun führt nicht zu dem scheinbar offensichtlichen, erwünschten Ergebnis.*[119]

Der Umgang mit Komplexität ist seit Jahren ein zentrales Thema in der Managementliteratur. Die Lösungsvorschläge dazu sind umfangreich und äußerst unterschiedlich. *Fredmund Malik* vertritt die Auffassung, dass *Entstehung und Funktionsweise komplexer Ordnungen, System und Organisationen in erster Linie durch Regeln erklärt werden können und dass erfolgreiches Verhalten in ihnen ebenfalls von Regeln geleitet ist.*[120] Weil aber nach *Malik* Grundsätze letztlich nichts anderes sind als Regeln, können komplexe Systeme durch einfache Grundsätze erklärt werden. Diesem Ansatz folgt auch Governance.

7.4 Die Grundsätze von Governance

Führungskräfte – nicht nur in der Verwaltung – haben berechtigte Skepsis, wenn ein neues Managementmodell heransteht. Dabei hatten die kommunalen Praktiker durch das Erkennen der Schwächen der bestehenden Konzepte des New Public Managements und des Neuen Steuerungsmodells wesentlichen Anteil an der Weiterentwicklung.[121] In einer Zeit, in der die Binnenmodernisierung der Verwaltungen an ihre Grenzen stößt und die Gesellschaft mehr erwartet, als die traditionelle Verwaltung zu liefern im Stande ist, muss die Verwaltung neue

---

[119] *Senge, P.,* Die fünfte Disziplin: Kunst und Praxis der lernenden Organisation, Stuttgart 1999.

[120] *Malik, F.,* Führen, Leisten, Leben: Wirksames Management für eine neue Zeit, Stuttgart/München, 2001 sowie *Malik, F.,* Strategien des Managements komplexer Systeme, Bern/Stuttgart/Wien 1996.

[121] *Heinz, R.,* Kommunales Management: Überlegungen zu einem KGSt-Ansatz, Stuttgart, 2000.

Wege gehen. Governance ist das Planungswerkzeug für diese neuen Wege.

Die Grundidee von Governance ist die Hypothese, dass koordinierte Systeme eine höhere Performance aufweisen und nachhaltiger sind als Systeme, in denen nur punktuell ein bestimmter Gesichtspunkt zum Tragen kommt.[122] Die Grundsätze von Governance sind Transparenz, Beteiligung, Verantwortung, Effektivität und Kohärenz. Die konsequente Einhaltung diese Grundsätze soll zu mehr Effektivität, Effizient und Nachhaltigkeit führen.

Transparenz ist ein wichtiger Hygienefaktor und schafft das grundsätzlich notwendige Vertrauen. Entscheidungen zu treffen bedeutet, gewisse Dinge zu tun und andere (zumindest zunächst) nicht. Das Zustandekommen von Entscheidungen ist – auch im Hinblick auf die Akteure, die eine andere Priorisierung gewünscht hätten – nachvollziehbar zu gestalten. Gemeinsam mit einer umfassenden und prozessdurchgängigen Beteiligung führt sie zu höherer Akzeptanz der Ergebnisse.

Die Forderung nach klarer Verantwortung fokussierte bisher eher auf die Umsetzungsverantwortung. Governance betrachtet die Verantwortung für den gesamten Entscheidungsprozess. Es löst damit eine große Schwäche der bestehenden Managementmodelle, in welchen die Verwaltungen zu genaue Vorgaben erwarten.

Im Ringen um öffentliche Wahrnehmung übertreiben Verwaltungen auch gerne und „vermarkten" kleine Projekte als Lösungen hochkomplexer Materien.[123] Effizienz überdeckt die Effektivität. Governance schärft den Blick für das Wesentliche. Klare Ziele sind Voraussetzung für wirksames Handeln. „Was wollen wir erreichen?" und „Was müs-

---

[122] *Kyrer, A.,* Governance im Bereich von Wirtschaft, Politik, Kultur und Bildung, Vortrag anlässlich des 24. Österreichischen Wirtschaftsakademikertages in Feldkirch, Mai 2004.

[123] *Kyrer, A.,* Wirtschaftsstandort Österreich – Standortbestimmung durch Benchmarking und Indexbildung, in: *Mitterlehner, R. / Kyrer, A.,* New Public Management – effizientes Verwaltungsmanagement zur Sicherung des Wirtschaftsstandortes Österreich, Wien 1997.

sen wir dafür tun?" kommt bekanntlich vor „Wie müssen wir es tun?" und „Was müssen wir dafür einsetzen?"[124]

Sind Politik und konkrete Handlungen in sich stimmig und ist der Zusammenhang leicht nachvollziehbar? Kohärenz ist der Schlüssel zur Nachhaltigkeit. Langfristig erfolgreich ist, wer Ziele und Handlungen in Einklang bringt und dies schlüssig und verständlich darstellt.

7.5 Local Governance

Umfang und Qualität des kommunalen Leistungsangebotes ist für die individuelle Lebensqualität von besonderer Bedeutung. Der unmittelbare Kontakt der Akteure, besonders der ständige Kontakt von politisch Verantwortlichen und Bevölkerung, prägt das Steuerungssystem in Richtung Geschwindigkeit und Flexibilität. Das Bewusstsein der direkten Auswirkung von Entscheidungen steigert das Interesse und die Bereitschaft sich einzubringen. Transparenz und Beteiligung werden heute geradezu als selbstverständlich erachtet.[125]

Die direkten Auswirkungen von Entscheidungen auf kommunaler Ebene und die Rückmeldungen an die Entscheidungsträger stellen an diese und die gesamte Verwaltung höhere Anforderungen. Die Erwartung, dass die Gemeinde für die persönliche Lebensqualität am meisten beitragen kann, hat zur Folge, dass ihr Verantwortung für Wirkungen in Bereichen zugeteilt wird, in denen sie keinen oder wenig Einfluss hat. Das wiederum fordert und fördert koordinierende und integrierende Prozesse, auch über Verwaltungsgrenzen hinweg.

Viele Problemlagen und die sich daraus ergebenden Konflikte wie beispielsweise Verkehr, Kriminalität oder Arbeitslosigkeit sind für die Akteure vor Ort unmittelbar in ihrer Arbeits- und Lebenswelt erfahrbar. Diese vielschichtigen Problemlagen werden für den einzelnen begreifbar. Es kommt zur Komplexitätsreduktion des gesellschaftlichen

---

[124] *KGST, Strategisches Management I:* Leitbericht für Politik und Verwaltungsführung.

[125] *Hill, H.,* Die Zukunft der Kommunen – Wege aus der Krise, Vortrag am 23. Mai 2003 beim 29. Städtetag des Städtebundes Schleswig-Holstein in Bad Segeberg.

Wandels durch die räumlich nahe Abbildung und Erklärung von Entwicklungen.[126]

Governance ist ein Instrument zu Lösung dieser vielschichtigen Problemlagen, sie ermöglicht eine pro-aktive Gestaltung der Transformation, hält vielschichtige Prozesse zusammen und auf Kurs in Richtung Nachhaltigkeit.

Local Governance ist in der Kommunalpolitik von besonderer Bedeutung. Hier ist die parteipolitische Bindung der Wähler am geringsten. Verbunden mit Direktwahl des Bürgermeisters als Persönlichkeitswahl treffen die Wähler ihre Entscheidungen zunehmend losgelöst von weltanschaulichen Grundkonzepten. Governance wird zur hochpolitischen Angelegenheit, wenngleich nicht zur parteipolitischen.

Eine konkrete Ausprägung ist der Bürgermeisterbonus (der Bürgermeister erreicht üblicherweise eine höhere Zustimmung als seine Partei), der Einfluss von Governance auf das dahinterliegende Motivbündel wird wesentlich davon beeinflusst, ob der Amtsführung eine Governance zugrunde liegt.

7.6 Der Masterplan – das Instrument für Local Governance

Governance entsteht nicht, indem man sich ständig die fünf Grundsätze vor Augen hält. Es bedarf eines abgestimmten Sets an Werkzeugen, um die notwendigen Voraussetzungen zu schaffen. Einige davon sind in den Kommunen bereits realisiert, andere in Vorbereitung oder zumindest angedacht. Governance verlangt aber auch die Vernetzung dieser Werkzeuge. Erst durch ihre Durchgängigkeit entsteht die geforderte Nachhaltigkeit.

In jeder modernen Kommune gibt es eine Vielzahl von Leitbildern und Plänen. Die Stadtverwaltung Salzburg verfügt über generelle Leitbilder für Kultur, Soziales, Wirtschaft und Verwaltung. Daraus abgeleitet wurden diverse Leitbilder einzelner Organisationseinheiten

---

[126] *Nischwitz, G. / Molitor R. / Rohne, S.,* Local und Regional Governance für eine nachhaltige Entwicklung, Abschlussbericht, Institut für ökologische Wirtschaftsforschung (IÖW) gGmbH, Wuppertal/Berlin, 12/2001.

entwickelt. Die abgeleiteten Leitbilder müssen sich im Rahmen der globalen Leitbilder bewegen und widerspruchsfrei zu diesen sein.

Aus den Leitbildern werden die Fachbereichsstrategien abgeleitet und die Oberziele definiert. Zusätzlich gibt es konkrete Umsetzungsmaßnahmen, die in Form von Projekten realisiert werden. Unterschiedliche Zielsetzungen, viele Projekte und begrenzte Ressourcen führen zu einem erheblichen Koordinationsaufwand, für das es ein Instrument gibt – den Masterplan.

In der Stadtverwaltung Salzburg gibt es einen Masterplan für die Verwaltungsentwicklung, mit dem die Modernisierung der Stadtverwaltung gesteuert wird. Er ist gegliedert nach den Themenfeldern:

- neue Führungs- und Steuerungskonzeption
- BürgerInnen und KundInnen
- MitarbeiterInnen
- Effektivitäts-, Effizienzsteigerungen und Qualitätsverbesserungen
- Grundlagenarbeit und Informatik

Im Modell der strategischen Steuerung[127] der Stadt Salzburg wird die Weiterentwicklung des Masterplans zu einem strategischen Steuerungsinstrument für die gesamte Stadtverwaltung dargestellt. Das vorgeschlagene Modell ist ein integrativer Ansatz, es bezieht Instrumente ein, die in der Stadtverwaltung Salzburg bereits existieren bzw. für die zumindest Konzepte erarbeitet wurden.

Ausgangspunkt ist die nach jeder Wahl erstellte Parteienvereinbarung. 2004 war diese gegliedert in die Themenblöcke Finanzen, Wirtschafts- und Arbeitswelt, Verwaltungsreform, große Projekte 2004 – 2009, Soziales, Verkehr, Kultur, Daseinsvorsorge, Wohnbau sowie Wirtschaft und Arbeitsmarkt. Inhaltlich werden in der Parteienvereinbarung sowohl Ziele als auch konkrete Projekte formuliert.

Die Parteienvereinbarung wird zum Masterplan weiterentwickelt und gilt für die fünfjährige Funktionsperiode des Gemeinderates. Eine

---

[127] *Riedl, J., Hinterberger, K.,* Strategisches Management in der Stadtverwaltung Salzburg, Vorlagebericht, nicht veröffentlicht, Salzburg, 2002.

grundsätzliche Diskussion und Neuausrichtung findet jeweils zu Beginn einer Funktionsperiode statt.

Darauf aufbauend erfolgt die gesamte weitere Planungsarbeit. Ausgehend vom Masterplan sollen dann Ressort und Abteilungen Arbeitsprogramme für die Funktionsperiode erstellen und den zuständigen politischen Ausschüssen vorlegen. Aus den Arbeitsprogrammen für die Funktionsperiode werden Jahresprogramme abgeleitet. Die Jahresberichte liefern den Abgleich mit dem Jahresprogramm und dem Arbeitsprogramm.

Die Einnahmen der Stadtgemeinde Salzburg erfolgen zu über 60% leistungsunabhängig über Ertragsanteile und eigene Steuern und Abgaben. Diese andere Form der Finanzierung muss auch Einfluss auf die Steuerung haben. Es ist erforderlich, die Leistungsseite permanent mit den finanziellen Möglichkeiten in Einklang zu bringen. Dies ist durchgehend erforderlich - ausgehend von der Parteienvereinbarung über die einzelnen Arbeitsprogrammen bis zum jährlichen Eckdatenbeschluss (Rahmenvorgaben).

Der Masterplan schafft Klarheit und damit Orientierung. Er ist der Übergang von den globalen Zielsetzungen zu konkreten Vorhaben.[128] Diese können auf ihre Effektivität hinsichtlich der strategischen Oberziele beurteilt und danach priorisiert werden. Der Handlungsrahmen ist verbindlich für Politik und Verwaltung, er ist damit auch Basis für deren Bewertung.

Ein klares Arbeitsprogramm, abgestimmt mit den finanziellen Möglichkeiten und realisierbar in einer Funktionsperiode, schafft die Voraussetzung für Governance.

Der Masterplan ist verzahnt mit den einzelnen Qualitätsplänen der nachgeordneten Abteilungen, Ämter und Dienststellen. Damit werden top-down und bottom-up die Prozessse vernetzt und es findet die im Governance geforderte Gesamtkoordinierung des Systems statt. Diese Koordinierung wird aber nicht nur für die Organisationseinheiten der

[128] *Kyrer, A.*, Integratives Management für Universitäten und Fachhochschulen, Edition T.I.G.R.A., Wien, 2002.

Verwaltung geleistet, sondern auch für die Ressortbereiche. Die Ressortbildung ist zwar in Salzburg weitestgehend abgestimmt mit der Verwaltungsstruktur, umfasst aber je Ressortbereich mehrere Organisationseinheiten.

Eng verbunden mit dem Masterplan ist das strategische Controlling (im Sinne eines Beschlusscontrollings). Es sollte jährlich anlässlich der Beschlussfassung zu den Rahmenvorgaben über den Realisierungsstand, Abweichungen und Gegensteuerungsmaßnahmen berichten. Es muss auch sicherstellen, dass Beschlussfassungen nicht losgelöst von den finanziellen Möglichkeiten erfolgen, sondern die jeweilige Priorisierung einschließen. Wer sich innerhalb eines finanziellen Rahmens bewegt (bewegen muss), der muss bei der Vorreihung eines Projektes sagen, was zurückgestuft werden soll.

Das gesamte Steuerungssystem muss mehrdimensional aufgebaut sein. Anforderungen der Akteure, die Prozesse, die Ergebnisse und Wirkungen und natürlich die finanziellen Aspekte müssen darin abgedeckt sein. Wer dieses Steuerungssystem mit einem Managementkreislauf verbindet, baut damit ein umfassendes Qualitätsmanagementsystem auf.

7.7 Neue Wege der Kommunikation und Zusammenarbeit

Governance stellt auch neue Herausforderungen an die Kommunikation.[129] Kamen Hoheitsverwaltung und tlw. auch Dienstleistungsverwaltung noch mit den traditionellen Elementen Information und Befragungen aus,[130] so fordert Governance neue Zugänge. Kundenwissen muss systematisch genutzt werden. Zielgruppenorientiert stehen Koordinatoren und Beauftragte als Ansprechpartner und Netzerker zur Verfügung. Sie sind verantwortlich für den Aufbau und die Pflege von

---

[129] *Garscha, J.,* Organisationsentwicklung mittels Prozessmanagement, Hrsg.: ÖVQ Training & Certification GmbH, Wien, 2002.

[130] *Hill, H.,* Public Relations und Strategisches Management im öffentlichen Sektor, in: *Pröhl, M. / Olk, C. / Riedel, H.,* Kommunikationswege in der öffentlichen Verwaltung, Bertelsmann Stiftung.

Netzwerken, definieren den Bedarf, bereiten die Beschlussfassung vor und betreuen die Umsetzung. Solche Einrichtungen sind in der Stadtverwaltung Salzburg bspw. das Bürgerservice, die Frauenbeauftragte, der Jugendkoordinator, das Wirtschaftsservice, die Behindertenbeauftragte, die Bewohnerzentren in den Stadtteilen und die Seniorenbetreuung. Diese Stellen treten auch als Vermittler zwischen den Bürgern und dem dritten Sektor auf. Sie verfügen über Informationen hinsichtlich tatsächlichem Bedarf, Angebot und Qualität der Leistungserbringung und nehmen eine wichtige Koordinationsaufgabe war.

Die systematische Nutzung des Kundenwissens darf natürlich auch vor den anderen Teilen der Verwaltung nicht Halt machen. So werden beispielsweise im Amt für Öffentliche Ordnung der Stadtverwaltung Salzburg grundsätzlich Kunden zu Qualitätszirkeln, internen Fortbildungsveranstaltungen und Erarbeitung von Organisationskonzepten eingeladen.[131]

Insgesamt tritt die Verwaltungsstruktur deutlich in den Hintergrund. Information, Kommunikation und vor allem die Einbindung in die Entscheidungsprozesse werden erheblich an Bedeutung zunehmen.

Die Zeit für die strukturellen Veränderungen ist günstig. Verwaltungsstrukturen werden überall deutlich gestrafft. Diese Straffung muss aber einhergehen mit einer Kommunikations- und Beteiligungsstrategie für alle Akteure. So folgt der Umstrukturierung das Umdenken in Richtung Governance. Erst dann ist der Prozess nachhaltig.

7.8 Chancen und Risken

Die Verwaltungen haben sich in den letzen Jahren sehr bemüht, sich zu Dienstleistungsunternehmen weiterzuentwickeln. Sie wurden dafür vielfach gelobt und sind auch stolz darauf. Verwaltungen ruhen sich aber auch aus, deshalb bedarf es eines neuen Anlaufs. Die neue Herausforderung wird sein, nicht mehr **für** sondern **mit** den Bürgerinnen

---

[131] *Haybäck, M. / Hinterberger, K. / Dürager, A.*, Erfolgeich verändern – Das qualitative Kundengespräch in der Mag. Abt. 1/07, Amt für öffentliche Ordnung, Schriftenreihe der Stadt Salzburg, 10/2003.

und Bürgern zu planen, zu entwickeln und umzusetzen. Diese neue Denkweise ist den Verwaltungen vielfach noch fremd.

New Public Management und Neues Steuerungsmodell waren in der Praxis sehr auf die Verwaltung zugeschnitten. Der Einfluss auf die Kommunalpolitik blieb beschränkt. Governance wird an den gleichen Fragen und Problemstellungen gemessen wie die Modelle bisher:

Ist Lokalpolitik – oder sogar „bürgernahe Politik" insgesamt – nicht klassisch die der Intervention im Einzelfall? Liegt nicht ein Großteil der Bürokratiekritik darin, dass man „seinen eigenen" Fall deutlich differenzierter sieht als die allgemeine Regelung?

Zusätzlich ist, besonders auf der kommunalen Ebene, die Positionierung zu konkreten Projekten und die Mitarbeit in Initiativen wesentlich für den Aufbau eines persönlichen Profils und den erfolgreichen Einstieg in die Kommunalpolitik. Personalisierung, Emotionalisierung und symbolische Handlungen, verbunden mit medialer Präsenz, können dafür zunächst wichtiger sein als Sachlichkeit und umfassende Beurteilung eines Sachverhaltes. Diese Fragen und Problemstellungen stehen nicht grundsätzlich im Widerspruch, solange darauf geachtet wird, dass die Interessen aller wesentlichen Akteure berücksichtigt und in entsprechender Weise koordiniert werden. Werden aber die in Governance definiert Grundsätze verletzt, hat dies Auswirkungen auf Effektivität, Effizienz und/oder Nachhaltigkeit.

Die schwierige Situation der öffentlichen Haushalte ist die Chance für Governance. Wer – nach Realisierung der Produktivitätsreserven - bereit ist, in der Konsolidierung die Entscheidungen hinsichtlich der Veränderungen im Leistungsspektrum nach den Grundsätzen von Governance herbeizuführen, wird zu besseren Entscheidungen kommen als mit den traditionellen Methoden der Haushaltskonsolidierung.

Die Binnenmodernisierung schafft häufig mehr Probleme als sie zu lösen vorgibt. Governance bedeutet, sich vorher Klarheit zu verschaffen. Klarheit über die Akteure, die Prozesse, die angestrebten Wirkungen und die finanziellen Auswirkungen. Fügt man diesem Aspekt noch eine saubere Trennung in Planung und Vorbereitung sowie Evaluierung hinzu, hat man auch ein umfassendes Qualitätsmanagementsystem aufgebaut.

Das nachhaltige Entwicklung nur noch durch die Verbindung verschiedenen Themen-, Handlungs- und Bedürfnisfelder erreicht werden kann, ist vielen Beteiligten in den Kommunen bewusst. Dennoch werden Lösungen häufig noch zu sektoral und nach inneren Zuständigkeiten der Verwaltungen gesucht. Die 7 K der Governance[132] (Koordination, Konkurrenz, Kontrolle, Kommunikation, Konfliktbewältigung, Kreativität) müssen stärker in das Bewusstsein gerückt werden und im Handeln erkennbar werden.

7.9 Zusammenfassung

In Leitbildern und Entwicklungskonzepten beschwören Kommunen gerne und aufwändig ihre eigene Identität. Nachgefragt, was diese ausmacht, landet man aber schnell bei sektoralen Zugängen und in den engen Bereichen administrativen Handelns. Dabei haben die Kommunen als bürgernächste Ebene staatlichen Handels besondere Voraussetzungen für Governance.

Der enge Bezug der Akteure und die direkte Auswirkung von Entscheidungen auf die Lebensqualität des Einzelnen fordern und fördern koordinierende und integrierende Prozesse. Governance ist ein praxisnaher Zugang, der die engen Grenzen des Verwaltungshandelns überwindet und so das Gesamtsystem zu einer höheren Leistungsfähigkeit führt.

Die dafür notwendigen Instrumente sind weder aufwändig noch kompliziert, sie sind in modernen Kommunalverwaltungen weitgehend verfügbar und müssen lediglich koordiniert und integriert werden.

1. Governance fördert einen neuen Zugang aller Akteure und deren Einbindung. Es geht nicht (nur) um ein neues Modell im Kampf gegen Bürokratie und Komplexität. Governance darf auch nicht

---

132 *Benesch, D., Haybäck, M., Hinterberger, K., Schefbaumer, F.,* Erfolgreich verändern – Qualitätsmanagement in der Mag. Abt. 1/07 – Amt für öffentliche Ordnung, Schriftenreihe der Stadt Salzburg, 12/2001.

zur Kür der modernsten Verwaltungen werden. Governance muss das Pflichtprogramm sein.

8 Karl F. Jaros: Public Governance – neues Denken unter alten Hüten

Min.-Rat Dr. Karl F. Jaros
Rechnungshof, Wirtschaftsuniversität Wien

8.1 Über stone-washed Jeans und das Verwaltungshandeln

1994 ist vom amerikanischen Wissenschaftsjournalisten *Kevin Kelly* ein bemerkenswertes Buch erschienen. Unter dem Titel „Out of Control" zeigt er anhand zahlreicher Beispiele, dass menschliche Gebilde wegen ihrer Komplexität biologischen Organismen ähneln und ab einer gewissen Schwelle automatisch die Grenzen ihrer Steuerbarkeit und Kontrolle erreichen. Er zieht daraus den Schluss, dass der einzige Weg, eng verflochtene Systeme zum Laufen zu bringen und am Leben zu erhalten, darin besteht, biologische Prinzipien auf künstliche Umwelten zu übertragen.

Das Buch ist voll von Beispielen für die „Vermählung des Geborenen mit dem Gemachten", d. h. von komplexen Systemen, die – wie eine Zelle, das Gehirn oder eine Volkswirtschaft – eine adäquate, nicht technologische Logik verlangen *(Kelly* 1997, 7). Im Kapitel *Netzwerkökonomie* zeigt er am Beispiel des Jeans-Herstellers *Levi Strauss,* wie die Netzwerk-Logik die Produktion verändert hat *(Kelly* 1997, 265):

> „Wenn in einem Einkaufszentrum in Buffalo stone-washed Jeans gekauft werden, flitzt eine Nachricht, welche die Verkäufe bekannt gibt, noch in derselben Nacht von der Registrierkasse des Einkaufszentrums in das Netz von Levi Strauss. Das Netz stimmt diesen Geschäftsabschluss mit Abschlüssen aus 3500 anderen Einzelhandelsgeschäften ab und schickt innerhalb von Stunden die Nachbestellungen für stone-washed Jeans an eine Fabrik in Belgien, für Färbemittel nach Deutschland und für Baumwolldrillich an die Spinnereien in North Carolina.
>
> Dasselbe Signal setzt die vernetzte Fabrik in Bewegung. Hier treffen die mit einem Strichcode versehenen Stoffbündel aus den Spinnereien ein. Sobald die Stoffhaufen zu Hosen werden, wird ihre auf Strichcodes festgehaltene Identität mit Handscannern von der Fabrik zum Spediteur und schließlich zum Ladenregal verfolgt. An das Einzelhandelsgeschäft wird eine Antwort

> geschickt, die besagt, dass die Hosen zur Auffüllung des Sortiments auf dem Weg sind. Und das werden sie innerhalb von einigen wenigen Tagen auch sein."

Eine ganz andere Entwicklung hat *Alexander Purger* (2002, 3) für die Bürokratie anhand eines Vergleichs dargestellt. Er sieht die Gefahr, dass der Staat immer weniger in der Lage ist bzw. sein wird, seine Kernaufgaben zu erfüllen und in die Zukunft zu investieren, weil er bei der Verwaltung das Geld zum Fenster hinaus wirft. Das Schlimme daran ist, dass es sich dabei nicht um eine Einzelerscheinung handelt, sondern ein überholtes System die Bürokratie zum Fass ohne Boden macht:

> „Man stelle sich einen Supermarkt vor, in dem die Kassierin, ehe sie kassiert, mit jeder Rechnung zu ihrem Abteilungsleiter geht, der den Bon zum Filialleiter trägt, der sich damit wiederum zum Generaldirektor aufmacht. Der prüft, ob die Rechnung richtig ist, und schickt sie dann via Filial- und Abteilungsleiter zurück an die Kassierin, die nun das Geld kassieren darf. Der Effekt wäre, dass man zwei Tage lang an der Supermarkt-Kassa warten müsste und sich die Preise verdoppeln würden. Einkaufen würde in diesem Supermarkt niemand mehr. Doch genauso funktioniert die öffentliche Verwaltung: Verantwortung wird nach oben delegiert."

8.2 Was Markt und Staat voneinander unterscheidet

Stark vereinfacht weisen die Regelmechanismen von Marktwirtschaft und öffentlicher Verwaltung unterschiedliche Grundmuster auf:

- Verwaltungshandeln ist als Folge des Legalitätsprinzips regeldeterminiert, marktwirtschaftliches Handeln ist ergebnisbestimmt.

- Wirtschaftsunternehmen agieren auf Märkten und sind durch den Wettbewerb gezwungen, ihre Kosten zu minimieren, wenn sie langfristig erfolgreich sein wollen. Verwaltungsleistungen werden nicht auf Märkten gehandelt und sind der marktmäßigen Bewertung entzogen. Dadurch fehlen die über Preis, Umsatz und Gewinn vermittelten Erfolgskennzahlen, die einen Effizienzdruck schaffen und Rückschlüsse darüber erlauben, ob die erbrachten Leistungen den Bedürfnissen der Nachfrager und Bürger entsprechen.

- Die Systemsteuerung der Verwaltung erfolgt auf Grund hierarchischer Kompetenzordnung in vorgegebenen Vollzugsbahnen, wobei Aktionen (schriftlich) top-down und buttom-up angeordnet bzw ausgeführt werden[133]. Einer konditional ausgerichteten Arbeitsweise der Verwaltung steht ein von Selbständigkeit, Selbstregulierung, Flexibilität und situativem Agieren getragenes kausales Wirtschaftshandeln gegenüber.

Angesichts dieser unterschiedlichen Grundmuster ist die Perspektive für eine auf Wirtschaftlichkeit ausgerichtete Verwaltungsreform nicht nur schmal und düster, sie hat auch aus systematischen Gründen schlechte Karten: Der demokratische Rechtsstaat basiert auf einer generell-abstrakten Gesetzgebung und individuell-konkreten Vollziehung. Damit das individuell-konkrete Vollzugshandeln vorherseh- und berechenbar wird, ist die Tätigkeit der Verwaltung an das Gesetz gebunden (Art 18 Abs 1 B-VG).

Das Legalitätsprinzip hat aber noch eine andere Konsequenz. Es verpflichtet den Gesetzgeber, die generell-abstrakten Rechtsnormen so genau zu formulieren, dass sie eine geeignete (d. h. hinreichend determinierte) Grundlage für die gesetzeskonforme Vollziehung sein können. Eine „lockere" und oberflächliche Formulierung der Gesetzgebung würde der Verwaltung Freiheiten einräumen, welche die Verfassung verbietet. Kurzum: das Gesetzmäßigkeitsgebot bindet das Verwaltungshandeln, sie soll und darf das – und nur das – tun, was im Gesetz vorgesehen ist. Ohne gesetzliche Grundlage darf die Verwaltung gar nicht handeln – tut sie es dennoch, so enthält die Verfassung objektive Vorkehrungen, um das nicht gesetzkonforme Verwaltungshandeln zu sanktionieren *(Binder* 2002, passim).

Aus diesen Vorgaben resultieren nachhaltige Konsequenzen. Wenn das Verwaltungshandeln vorherseh- und berechenbar ist und sein soll, so haben in diesem Organisationsmodell selbstregulierende Mechanismen marktwirtschaftlichen Zuschnitts keinen Platz. Sind daher

---

133 Zu den Merkmalen und Funktionsweisen bürokratischer Verwaltung siehe die Untersuchungen von *Max Weber* und die Ausführungen in *Schedler/Proeller* (2000, 15 ff).

Verwaltungshandeln im demokratischen Rechtsstaat und marktwirtschaftliche Verhaltensweisen inhaltlich gegensätzlich und miteinander nicht zu vereinbaren? Steht die doppelt-gesetzliche Bedingtheit[134] öffentlicher Ausgaben im Widerspruch zu einer Handlungsweise, die sich an Kostenwirtschaftlichkeit und Ergebniswirkung orientiert? Kann sich unter diesen Umständen ein Dienstleistungsverständnis entwickeln, das an den Bedürfnissen und Wünschen der Kunden ausgerichtet ist? Was will man eigentlich: Eine an und durch das Gesetz gebundene und funktionsstabile Verwaltung, oder eine von Wirtschaftlichkeit und Individualität beherrschte Daseinsvorsorge?

8.3 Wirtschaftliches Handeln in der Verwaltung – ein frommer Wunsch?

Demokratie bedeutet Herrschaft des Volkes. Das Volk, das dem Recht des Staates unterworfen ist, gestaltet dieses Recht selbst. Das Volk ist der Souverän, der Recht schafft und staatliche Herrschaft legitimiert. Wenn das Volk schon staatliches Zwangsrecht zu erdulden hat, dann soll es wenigstens ein vom Volk selbst geschaffenes Recht sein *(Binder* 2002, 49). Nach der Theorie sind die Regierung (und die gesamte Verwaltung) dem – unmittelbar durch das Volk demokratisch legitimierten – Parlament unterworfen und werden über die Bindungswirkung – wenn auch indirekt und über zahlreiche Transaktionsketten – von den Gewaltunterworfenen gesteuert.

Tatsächlich sprechen die beobachtbaren Machtverhältnisse eine andere Sprache: Das Parlament schafft zwar das generell-abstrakte Recht, die Gesetze stehen aber nur auf dem Papier. In der Realität sind es Regierung und Verwaltung, die über das Geld des Staates verfügen und „typisch bürokratische" Verhaltensweisen praktizieren: Die Irreversibilität von Budgetansätzen verhindert echte Bedarfszuweisungen, nicht verbrauchte Mittel werden zu Jahresende verschleudert („November-Fieber"), Budgetmittel werden wegen erwarteter Kürzun-

---

[134] Die im Bundesfinanzgesetz veranschlagten Ausgaben unterliegen nicht nur der sachlichen, betraglichen und zeitlichen Bindungswirkung (§ 37 Bundeshaushaltsgesetz, BGBl Nr 213/1986 idgF), sondern bedürfen wegen des Legalitätsprinzips auch der Determinierung durch ein Materiengesetz.

gen von vornherein überhöht beantragt und Abstriche einkalkuliert. Subventionen werden nach politischen Präferenzen verteilt, eine unflexible Beamtenschaft genießt ungerechtfertigte Privilegien und die tatsächlichen Kosten für Projekte werden verschleiert und vernachlässigt *(Prisching* 1995, 293).

Die Verwaltung ist nicht nur hierarchisch organisiert und gegliedert, sie handelt auch in langen Anordnungs- und Vollzugsketten, in denen nicht nur sachliche, sondern auch persönliche Interessen verfolgt werden (können). Nach der ökonomischen Theorie der Politik („Public Choice-Theorie"), tendieren Bürokraten als Individuen – ebenso wie Unternehmer und private Haushalte – dazu, Eigeninteressen zu verfolgen und durch Budgetmaximierung Macht und Prestige zu sichern bzw auszuweiten *(Kyrer* 2001, 43 f). Das aus dem Unternehmensbereich bekannte Problem der Prinzipal-Agent-Beziehungen, wo die Agenten (Management) ihren Wissens- und Informationsvorsprung zu Lasten der Eigentümer (Aktionäre) für eigene Interessen ausnützen, lässt sich auch auf den öffentlichen Sektor übertragen. Der Bürger (als Prinzipal) hat nicht nur wenig Anreiz und Möglichkeiten, die politischen Entscheidungsträger (Agenten) nach seinen Präferenzen zu steuern; vielmehr bestehen wegen der langen Entscheidungswege Nischen und Freiräume, in denen das politisch Gewollte und Opportune über Bürgerinteressen dominiert und durch die Eigeninteressen der politischen Entscheidungsträger und Bürokraten aufgefüllt werden. Im Ergebnis folgt daraus, dass

- die öffentlichen Leistungen nicht oder nur ungenügend den Präferenzen der Bürger folgen und daher

- in bürokratischen Systemen überhöhte Ressourcen eingesetzt werden und Allokationsineffizienzen entstehen *(Frey* 2002, 13).

8.4 Exitstrategie gesucht

Im Bewusstsein der Gefahren, die durch Prinzipal-Agent-Beziehungen entstehen können, wird im Unternehmensbereich insbesondere durch Kontrollmechanismen und Anreizsysteme versucht, das aus Informationsdefiziten resultierende Kräfte-Ungleichgewicht zwischen Management und Eigentümern zu beseitigen. Desgleichen existieren auch im öffentlichen Bereich Einrichtungen, die es dem Parlament ermöglichen sollen, die Umsetzung des politischen Willens sicherzustellen und zu kontrollieren. Zu diesem Zweck sieht die Verfassung Kontrollrechte des Parlaments (Art 52 ff B-VG) in Form des Untersuchungs-, Frage- und Entschließungsrechts, des Misstrauensvotums (Art 74 Abs 1 B-VG) und der Ministeranklage beim Verfassungsgerichtshof (Art 142 Abs 2 lit b B-VG) vor. In wirtschaftlicher Hinsicht ist der Rechnungshof zur Überprüfung der Gebarung des Bundes, der Länder, der Gemeinden und Gemeindeverbände sowie anderer durch Gesetz bestimmter Rechtsträger (Art 121 ff B-VG) und die Volksanwaltschaft zur Prüfung von Missständen in der gesamten Verwaltung des Bundes (Art 148a B-VG) berufen.

In Unternehmen und öffentlicher Verwaltung sollen interne und externe Kontrollinstrumente und –verfahren dafür sorgen, dass der diskretionäre Freiraum der Agenten nicht zu groß wird. Dabei stellt sich die Frage, ob es mit herkömmlichen Instrumenten hinreichend möglich ist, auch komplexe Netzwerke wirksam zu steuern und zu kontrollieren. Wie sonst wären Fehlentwicklungen und Zusammenbrüche von Großunternehmen à la Swissair, Enron oder WorldCom möglich gewesen? Zweifellos hat hier nicht der Markt, sondern das Management versagt. Berücksichtigt man, dass die meisten Großunternehmungen aus dezentralisierten Einheiten bestehen, die nicht nur untereinander, sondern auch mit vielen kleinen und mittleren Unternehmen vernetzt sind, wird die Frage nach den Formen und Voraussetzungen einer effektiven Steuerung von komplexen Systemen besonders wichtig. Gleiches gilt für die öffentliche Verwaltung, deren Aufgaben im (öko-)sozialen Wohlfahrtsstaat mit herkömmlichen Instrumenten immer schwerer zu erfüllen und – vor allem – zu finanzieren sind.

Der Gesetzgeber hat auf diese Probleme – insbesondere nach dem Zusammenbruch der Planwirtschaften des Ostens und dem Siegeszug der Marktwirtschaft als überlegenes Steuerungssystem – reagiert und nach Auswegen gesucht. Ausgliederungen, Privatisierungen, Deregulierung und der Übergang zu einem New Public Management sollen helfen, die vorhandenen Ineffizienzen und Strukturschwächen zu überwinden. Betrachten wir im Folgenden diese Instrumente und ihre Leistungsfähigkeit etwas näher.

Ganz allgemein ist unter *Ausgliederung* die Übertragung von nicht-hoheitlichen Aufgaben der Gebietskörperschaften auf eigens dafür eingerichtete Rechtspersonen zu verstehen. Zwischen 1978 und 2001 wurden in Österreich etwa fünfzig ehemals in den Bundeshaushalt integrierte Einrichtungen organisatorisch verselbständigt. Die durchgeführten Ausgliederungen[135] reichen von Kultureinrichtungen (Bundestheater und Museen) über das Verkehrs- und Nachrichtenwesen (ASFINAG, ÖBB, Post und Telekom Austria AG), die Immobilienbewirtschaftung und Datenverarbeitung des Bundes (Bundesimmobilien GmbH, Bundesrechenzentrum GmbH) bis zu finanzwirtschaftlichen Einrichtungen (Bundesfinanzierungsagentur, Finanzmarktaufsicht). Funktional betrachtet wurden dabei sowohl hoheitliche (Flugsicherung, Finanzmanagement des Bundes, Finanzmarktaufsicht) als auch gemein- und erwerbswirtschaftliche Aufgaben (ÖBB, Wiener Zeitung GmbH, Bundesforste AG, Agrarmarkt Austria usw) aus der Hoheitsverwaltung des Bundes entlassen.

Wegen der Übertragung dieser Aufgaben an eigens eingerichtete juristische Personen mit eigener Rechtspersönlichkeit wird dafür auch die Bezeichnung *Privatisierung* gewählt. Das klingt gut, täuscht aber darüber hinweg, dass die öffentliche Hand in der überwiegenden Mehrzahl nach wie vor als Eigentümer auch auf die Willensbildung der ausgegliederten Rechtsträger (über die Besetzung von Leitungsfunktionen, die Beschlussfassung in der Gesellschafterversammlung oder mittels Beauftragungsverträgen) weiterhin Einfluss nimmt. Im Unterschied zur „echten" Privatisierung, bei der sich die öffentliche Hand durch Veräußerung der Anteilsrechte voll oder zum überwiegenden Teil ihres Eigentums begibt, wird diese unechte oder Scheinprivatisierung auch als „Organisationsprivatisierung" bezeichnet. Von wenigen Ausnahmen abgesehen[136], steht die überwiegende Mehrzahl dieser

---

[135] Für einen Überblick und die für die nächsten Jahre in Aussicht genommenen Ausgliederungen siehe *Obermann* et al. (2002, 164 f).

[136] So etwa die ehemaligen verstaatlichten Unternehmungen der Grundstoff- und Schwerindustrie (VOEST, Chemie Linz, VMW, ...) einschließlich ihrer Holding ÖIAG, Monopolbetriebe (Salinen AG), Verkehrseinrichtungen (DDSG, Austrian Airlines), Kreditinstitute (CA, Länderbank, Postsparkasse), Energieversorgungseinrichtungen (Elektrizitätswirtschafts-AG) usw.

Unternehmungen weiterhin (zur Gänze) im öffentlichen Eigentum. Um es bildlich auszudrücken: Der Hund wird nicht losgelassen, sondern die Leine verlängert.

Die Motive und Hintergründe für die Ausgliederungen waren vielfältig. Sie zielten auf die – zumindest statistische – Abschlankung des öffentlichen Sektors und leichtere Erfüllung der fiskalischen Maastricht-Kriterien, die Erzielung wirtschaftlicher Vorteile und eine nachhaltige Budgetentlastung durch die Beseitigung struktureller Defizite. Mit der Überwindung überholter, weil unflexibler Bestimmungen des Haushalts-, Dienst- und Besoldungsrechts sollten Effizienz und Eigenwirtschaftlichkeit Einzug halten. Dabei bleibt unklar, weshalb die vermeintlichen Ursachen für Ineffizienz und nicht für die gesamte öffentliche Verwaltung beseitigt oder angepasst wurden, sondern in der „restlichen" Hoheitsverwaltung weiterhin und großteils unveränderte Geltung haben (sollen).

Evaluierungen der bisher durchgeführten „Privatisierungen" und Ausgliederungen liefern ein uneinheitliches Bild[137]. Der Rechnungshof hat sich mit diesem Thema 2001 eingehend beschäftigt und aus den Ergebnissen Voraussetzungen für erfolgreiche Ausgliederungen abgeleitet bzw den Nutzen aus der Ausgliederung von Staatsaufgaben ermittelt und die Grenzen aufgezeigt.[138]

Zusammenfassend wurden als Vorteile die Flexibilisierung der Haushaltsführung und Personalpolitik, Beschleunigung der Entscheidungsprozesse, rasche Modernisierung und höhere Kosten- und Leistungstransparenz festgestellt, denen als Nachteile eine Einschränkung der parlamentarischen Kontrolle, das Entstehen „grauer" Finanzschulden, das Fehlen einer nachhaltigen Entlastung des Bundeshaushaltes, der Anstieg des Personal- und Verwaltungsaufwands und Fortbestand des staatlichen Einflusses gegenüber standen.

Als Ursachen für die hinter den Erwartungen zurückgebliebenen Erfolge wurden die Fehleinschätzung der rechtlichen und wirtschaftli-

---

[137] Vgl. *Obermann* et al. (2002), *Leitsmüller/Rossmann* (2001) und FGG (2001).

[138] Tätigkeitsbericht über das Verwaltungsjahr 2001, 13 ff sowie *Fiedler* (2001).

chen Rahmenbedingungen, der zu große Zeitdruck bei der Umsetzung, das Fehlen von Ausgliederungskonzepten und klaren Zielvorgaben, unterlassene Kosten-Nutzen-Analysen und die Vernachlässigung der Verlierer bei den Ausgliederungen genannt.

Eine dritte Alternative zur Beseitigung der Ineffizienzen wird in der *Deregulierung* gesehen. Im juristischen Sinn wird dabei im Zuge der Rechtsbereinigung vom Gesetzgeber selbst überprüft, ob einzelne (meist alte) Rechtsvorschriften noch Bedeutung haben und weiterhin angewandt werden sollen.[139] Bei der „eigentlichen" Deregulierung wird zusätzlich und vorausschauend verlangt, dass der Gesetzgeber Rechtsvorschriften allgemeiner fasst, auf Einzelheiten verzichtet und zwar sinnvolle, aber nicht wirklich notwendige (Detail-)Regelungen unterlässt (Binder 2002, 282f). In der Praxis sieht das so aus, dass z. B. mit dem Verwaltungsreformgesetz 2001, BGBl Nr I 65/2002, in einer Sammelnovelle auf 35 Seiten 30 Einzelgesetze durch gezielte Ein- oder Anfügung einzelner Sätze geändert wurden. Ob eine solche Maßnahme die Verwaltung tatsächlich und nachhaltig reformieren wird, ist zu bezweifeln.

Im ökonomischen Verständnis wird mit Deregulierung die Aufhebung staatlicher Regulierungen als Folge wirtschaftspolitisch begründeter Eingriffe in den Marktmechanismus verbunden. Ideologisch im Verein mit den Vertretern der Chicagoer Schule werden dabei aus der Entflechtung von Infrastrukturbereichen, ihrer „Entlassung" aus ehedem geschützten Bereichen und der Einführung von Wettbewerb Effizienzsteigerungen erwartet *(Kyrer* 2001, 173). Die Marktöffnung für vormals staatliche Monopole in den Bereichen Nachrichtenwesen, Verkehr und Infrastruktur wird von der Europäischen Kommission als ordnungspolitische Voraussetzung für die Verwirklichung des Binnenmarktes gesehen[140].

---

[139] Dazu hat sich der Gesetzgeber im Rahmen des Deregulierungsgesetzes 2001, BGBl Nr I 151/2001, eine Selbstbindung auferlegt, als er im § 1 Abs 1 festlegte, dass „anlässlich einer geplanten Änderung eines Bundesgesetzes ... insbesondere zu prüfen ist, ob das zu ändernde Gesetz oder einzelne Bestimmungen desselben noch notwendig und zeitgemäß sind oder ob die angestrebten Wirkungen nicht auch auf andere Weise erreicht werden könnten."

[140] Für einen Überblick vgl www.europa.eu.int/scadplus/leg/de/lvb/126055.htm.

Als Kehrseite dieser an sich begrüßenswerten Entwicklungen ist festzuhalten, dass im Zuge der Ausgliederung großer und wichtiger Wirtschaftsbereiche („Marktliberalisierung") ein neuer und beträchtlicher Regelungsbedarf entstanden ist, um in den zuvor geschützten Bereichen Wettbewerb zu ermöglichen und Marktzugangsbeschränkungen zu beseitigen. Dabei war es nicht nur erforderlich, neue umfangreiche gesetzliche Regelungen zu schaffen, sondern auch die Umsetzung an neue, eigens dafür errichtete und spezialisierte Verwaltungsbehörden zu übertragen. Zu diesem Zweck wurden Rechtspersonen des Privatrechts (zumeist in Form von Gesellschaften mbH) geschaffen, die der Bund als Alleingesellschafter beherrscht und denen der Gesetzgeber auch bestimmte, hoheitliche und behördliche Aufgaben übertragen hat. Als Beispiele dafür stehen die Austro Control GmbH[141], die Schienen Control GmbH[142], die Energie-Control GmbH[143] oder die Kommunikationsbehörde Austria[144].

Ein anderer Weg wird mit der Einführung des *New Public Management* beschritten. Ausgehend von der Beschränkung der staatlichen

---

141 Einrichtung gemäß Art I BGBl Nr I 898/1993 idgF zur hoheitlichen und behördlichen Sicherung der Zivilluftfahrt (BGBl Nr 253/1957 idgF).

142 Einrichtung mit dem Schienverkehrsmarkt-Regulierungsgesetz, BGBl Nr I 166/1999 idgF, zur wirtschaftlichen und effizienten Nutzung der Schienenbahnen in Österreich, bei der eine gleichfalls einzurichtende Schienen-Control Kommission als Rechtsmittelinstanz fungiert.

143 Einrichtung mit dem Energie-Regulierungsbehördengesetz (E-RBG), Art 8, BGBl Nr. I 121/2001 idgF, die zusammen mit der Energie Control Kommission – einer Kollegialbehörde mit richterlichem Einschlag – als Regulator in der Elektrizitäts- und Erdgaswirtschaft und mit hoheitlichen und behördlichen Befugnissen ausgestattet wurde und über die Einhaltung von Wettbewerbsverhältnissen in der Branche wacht.

144 Einrichtung mit dem KommAustria-Gesetz (KOG), BGBl Nr I 32/2001 idgF, als eine dem Bundeskanzler unmittelbar nachgeordnete Behörde und der Aufgabe der hoheitlichen und behördlichen Verwaltungsführung in Angelegenheiten der Rundfunkregulierung. Sie wurde als Regulator für den Bereich des Privatfernsehgesetzes (PrTV-G), BGBl Nr I 84/2001 idgF, und des Privatradiogesetzes (PrR-G), BGBl Nr I 20/2001 idgF, eingesetzt, der zur administrativen Unterstützung die Rundfunk und Telekom Regulierungs GmbH (RTR-GmbH) beigeordnet ist - eine Kollegialbehörde mit richterlichem Einschlag, die ihre gesetzliche Grundlage im Telekommunikationsgesetz, BGBl Nr I 100/1997 idgF, findet.

Tätigkeit auf bestimmte Kernbereiche und der Orientierung an Resultaten und Wirkungen, geht es um eine nachhaltige Umgestaltung der öffentlichen Verwaltung, im Zuge derer die Führungs- und Organisationsstruktur dezentralisiert, das Leistungsspektrum aus Kundensicht modifiziert und eine ergebnisorientierte Steuerung über Leistungsvereinbarungen und Globalbudgets erreicht werden soll *(Schedler/Proeller* 2000, 73 ff). Als Instrumente dienen betriebswirtschaftliche Werkzeuge zur Zuordnung der Kosten- und Nutzenströme, das Arbeiten mit Benchmarks, die Einführung von Globalbudgets[145] und selbständige operative Verwaltungseinheiten *(Kyrer* 2001, 50 ff). Im Ergebnis soll eine neue politische Kultur in und zwischen den öffentlichen Körperschaften entstehen und die herkömmlichen Klischee-Vorstellungen von der Verwaltungsbürokratie *Weber*schen Zuschnitts überwinden.

8.5 Verwaltungsreform als Anleitung zum Unglücklich-Sein

Ob die unternommenen Anläufe tatsächlich geeignet sind, die Verwaltung nachhaltig zu reformieren, ist ungewiss. Wenn auch die gesellschaftliche, wirtschaftliche und vor allem technische Entwicklung nach immer neuen staatlichen Regelungen verlangt, so ist nicht zu übersehen, dass es der Gesetzgeber selbst ist, der der Verwaltung immer mehr und neue Aufgaben überträgt, die Schwerfälligkeit und Kostspieligkeit der Umsetzung beklagt und diese Entwicklung durch ein immer subtileres Regelwerk am Leben hält. Dabei wurden und werden grundlegende Zusammenhänge übersehen.

Neben dem gesellschaftlichen (Werte-)Wandel, durch den auch die Akzeptanz staatlicher Organe in der Bevölkerung abgenommen hat, und der rasanten Entwicklung der Informationstechnologie erweisen sich hierarchische Gliederungen, das Dienstweg-Prinzip und formalisierte Erledigungen als überholt und unangebracht. Die neuen Technologien sind für die Delegation von Zuständigkeiten nach unten prädestiniert, weil Informationen nicht mehr nur an der Spitze zusam-

---

[145] Für einen Überblick über die Reformen des Bundeshaushaltsrechts seit 1987 siehe *Balkanyi* (2002, 149 ff).

menlaufen (müssen), sondern auf breiter Ebene verfügbar sind oder gemacht werden können. Hierarchien erschweren den Kommunikations-, Informations- und Führungsprozess, weil sie die Weitergabe von Informationen behindern *(Schedler/Proeller* 2000, 27).

Diese Probleme werden jedoch durch die bisherigen Reformmaßnahmen nicht gelöst – genauso, wie die zentrale Frage nach dem Was bzw. Soll unbeantwortet bleibt: Was soll die Verwaltung leisten, was darf sie kosten und was erwartet der Bürger von der Verwaltung? Ebenso wichtig ist die Antwort auf die Frage nach den Erwartungen der Politik an die Verwaltung und inwieweit sie dieser Erwartungshaltung gerecht wird. Die Voraussetzungen dafür sind vorhanden: Mit der Frage nach den Zielsetzungen – welche Aufgaben soll der Staat (selbst) erfüllen? – hat sich kürzlich eine Aufgaben-Reformkommission („Raschauer-Kommission") befasst und in ihrem Endbericht auch konkrete Einzelvorschläge zur Verbesserung und Entschlackung vorgelegt. Aber vielleicht sind diese gerade deshalb „verdächtig", weil die Kommission mehrheitlich aus Außenseitern – Unternehmensleitern und Professoren – bestanden hat? *(Voith* 2002, 249)

Die angezogene Problematik hat viel mit der grundlegenden Organisation von Gemeinwesen zu tun, in der Staatsaufgaben definiert und die Grundlagen für ihre Erledigung erstellt werden. Damit ist einmal mehr die aktuelle Verfassungslage angesprochen. *Manfried Welan* hat die Frage „Hat Österreich eine Verfassung?" gestellt und sie selbst wie folgt beantwortet (2002, 263f):

> „Formal hat unsere Republik rund ein Dutzend Verfassungen – das EU-Primärrecht und das EuGH-Recht, das Bundesverfassungsrecht, neun Landesverfassungsrechte, Hunderte kleine andere Verfassungsrechtsquellen. Es gibt kaum einen unter den zweihundert Staaten der Welt, vor allem keinen Kleinstaat, der so viel Verfassungsrechtsmasse hat wie wir. Aber vor lauter Verfassungsrecht gibt es keine Verfassung im Sinne eines klaren Ordnungsgefüges. Das B-VG selbst ist durch eine Fülle detaillierter Regelungen geradezu verfremdet worden. Es ist die umfangreichste Verfassung der EU, zum Teil mehr einer Verordnung gleich als einer Verfassung. ... Mit anderen Worten: Österreich hat keine Verfassung. Das stört zwar Theoretiker, nicht aber Praktiker."

Regieren und Verwalten ist in Österreich schwierig und mühsam, weil die Gewaltenteilung an der Spitze auf die Spitze getrieben ist. Die

Kompetenzverteilung zwischen den Gebietskörperschaften ist überholt, weil unübersichtlich, unnötig kompliziert, zersplittert und übermäßig zentralistisch.[146] Eine inhaltliche und strukturelle Radikalreform ist unabdingbar und die Grundvoraussetzung dafür, damit die bisherigen Verwaltungs(spar)reformen mehr als bloß undifferenzierte, lineare Budgetkürzungen, versteinerte Strukturen und frustrierte Beamte hervorbringen. Wer solches fordert, schafft sich jedoch keine Freunde. Es ist nicht verwunderlich, dass der Rechnungshofpräsident mit seiner Forderung, eine Staatsreform als Voraussetzung für eine nachhaltige und wirksame Verwaltungsreform einzuleiten, auf Kritik gestoßen ist: Wer feststellt, dass mit dem Beitritt Österreichs zwar wesentliche Kompetenzen nach Brüssel gegangen sind, die Verfassung darauf jedoch nicht reagiert hat und daher eine Diskussion ohne Tabus für eine Staatsreform und unter Einschluss selbst radikaler Vorschläge einfordert, beweist, dass er damit ins Schwarze getroffen hat.[147]

8.6 Machen viele Bäume schon einen Wald?

Bemerkenswert an diesen Befund ist die Parallelität zur eingangs erwähnten Netzwerkökonomie. Trotz aller positiven Einschätzungen über das dem Netzwerk-Denken innewohnende Gestaltungs- und Kreativitätspotential, haben wir damit ein Problem. Große, dezentral angelegte und sich selbst erzeugende bzw gestaltende Zusammenhänge sind dadurch gekennzeichnet, dass sie

- kaum zu verstehen,
- schwer zu beherrschen und zu steuern
- und noch schwerer zu optimieren sind.

Mit diesen Schwierigkeiten waren zunächst große Wirtschaftsunternehmen und „Global Player" konfrontiert, die begonnen haben, im Wege des Outsourcing Funktionen und Aufgaben in die Außenwelt zu tragen und alle einzubeziehen, mit denen das Unternehmen in Be-

---

[146] Für einen Überblick der Verfassungsentwicklung als Spiegel der Demokratieentwicklung siehe *Pelinka/Welan* (2001, 60 ff).

[147] „Die Presse" vom 12. August 2002: „Fiedler fordert Staatsreform".

rührung kommt. Dabei galt und gilt es, ein großes Netz – bestehend aus Mitarbeitern, Lieferanten, Kunden, Öffentlichkeit etc. – zu spinnen, in dem alle Beteiligten unterschiedliche Bedürfnisse haben, die es zu berücksichtigen und letztlich zu optimieren gilt. Nach dem Netzwerk-Verständnis sind sie nicht Teil des Unternehmens, sondern sie *sind* das Unternehmen.

Die größte Schwierigkeit besteht dabei, ein Netzwerk als Informationsfabrik zu verstehen und zu gestalten. Da der Wert eines Produktes mit dem darin investierten Wissen steigt, erhöht sich auch der Wert des Netzwerkes, das Wissen erzeugt. Die Netzwerk-Problematik tritt in dezentral angelegten Produktionen besonders deutlich hervor. Früher nahm ein Produkt einen (linearen) Weg von der Planung über die Produktion zur Auslieferung an die Abnehmer. Heute stellen die an verschiedenen Stellen erzeugten Komponenten ein System dar, in dem zur gleichen Zeit an verschiedenen Orten Aktivitäten stattfinden, wobei schwer zu sagen ist, was zuerst und was später geschieht. Das Netz ist gleichzeitig aktiv – Planung, Marketing, Zulieferung, Produktion und Absatz – das aber gelingt nur in kooperierenden Teams, die parallel statt Schritt für Schritt arbeiten.

Wir erleben derzeit das Entstehen einer neuen Wirtschaft, die entscheidend von Informations- und Kommunikationstechnologien geformt wird. In dieser neuen Wirtschaft sind die Informationsverarbeitung und Bildung technischen und sozialen Wissens die Hauptquellen der Produktivität. Nach der herkömmlichen Wirtschaftstheorie beruht Wohlstand auf natürlichen Ressourcen, Arbeit und Kapital. Produktivität resultiert aus der effektiven Kombination dieser Quellen durch Management und Technologie – und diese wiederum sind eng mit Wissensbildung verknüpft. Produktivitätszuwächse basieren nicht mehr auf Arbeit, sondern auf der Fähigkeit, Arbeit mit neuen – auf neuem Wissen beruhenden – Fähigkeiten auszustatten *(Capra* 2002, 137).

Es ist nicht verwunderlich, dass gerade die Informatik von diesen Problemen besonders betroffen ist. Und es war der kanadische Informatiker *David Parnas,* der komplexe Systeme in zwei Arten – kontinuierliche und diskontinuierliche – unterschieden und auf ihre Besonderheiten und Konsequenzen hingewiesen hat *(Kelly* 1997, 276):

„Wenn General Motors ein neues Auto auf seiner Rennstrecke testet, stellt es das Auto bei verschiedenen Geschwindigkeiten auf die Probe. Es testet, wie es bei einem Tempo von 80, 100 und 120 km/h mit einer scharfen Kurve zurecht kommt. ... Wenn das Auto den Kurventest bei einer Geschwindigkeit von 80, 100 und 120 km/h besteht, dann wissen die Techniker ... – ohne das überprüfen zu müssen – dass es ihn auch bei allen dazwischen liegenden Geschwindigkeiten wie 85 oder 107 km/h bestehen wird. ... Ein Auto ist ein kontinuierliches System.

Computer-Software, vielgliedrige Netzwerke und ein Großteil der Vivisysteme sind diskontinuierliche Systeme. In komplexen, anpassungsfähigen Systemen kann man sich einfach nicht auf interpolierte Funktionen verlassen. Man kann Software verwenden, die jahrelang zuverlässig gelaufen ist, ... (ehe) etwas Überraschendes entsteht. Alle angrenzenden Werte waren überprüft worden, aber genau dieses spezielle Zusammenspiel von Umständen eben nicht. Im Rückblick ist klar, warum der Fehler das System zusammenbrechen ließ und wahrscheinlich ist sogar klar, warum ihn jemand suchen hätte sollen. Aber in Systemen mit einer astronomischen Zahl von Möglichkeiten ist es unmöglich, jeden Fall zu testen. Schlimmer noch, man kann sich nicht auf Stichproben verlassen, weil das System diskontinuierlich ist."

8.7 Verwaltung im Netzwerk-Denken = Public Governance

Auf die Verwaltung umgelegt, mag das Beispiel übertrieben wirken – dennoch enthält es Ähnlichkeiten, die nachdenklich stimmen (sollten). In den Checklisten zur Überprüfung der Public Performance werden viele verschiedene Punkte genannt, die als Ansatz zur Überwindung von Ineffizienzen in Frage kommen: Zielvereinbarung, Instrumenteneinsatz, Kompetenzverteilung, Rechtskultur, Umsetzungsgeschwindigkeit, Größe des Handlungsspielraumes, Benchmarking, Kostenwahrheit, Art der Finanzierung, Budgettransparenz, Effektivität, Umwelt-, Sozial- und Wirtschaftsverträglichkeit usw. *(Kyrer* 2001, 60 f). Dabei ist klar, dass es schwierig ist, die einzelnen Faktoren zu bemessen – und das Herstellen eines funktionalen Gesamtzusammenhanges wird wegen der vielfältigen Wechselwirkungen nicht möglich sein. Allerdings sollte spätestens an diesem Punkt klar werden, dass die bisher unternommenen Anläufe zur Verwaltungsreform mit diskretionären Instrumenten in ein Stückwerk mit zweifelhaftem Ergebnis münden, weil sie ein kontinuierliches System unterstellen, das an beliebigen Stellen „repariert" werden kann.

Die Weltbank hat den Begriff „Governance" im Rahmen einer 1989 veröffentlichten Afrika-Studie eingeführt und als „the exercise of political power to manage a nation's affairs" definiert[148]. Das Entwicklungsprogramm der Vereinten Nationen hat den Begriff übernommen und später dahingehend verbreitert, in dem es unter Governance die komplexen Mechanismen, Verfahren, Beziehungen und Institutionen versteht, durch die Bürger und Gruppen ihre Interessen artikulieren, ihre Rechte und Pflichten wahrnehmen und Konflikte beilegen[149]. Im Ergebnis läuft das Governance-Konzept auf einen Methoden-Mix hinaus, der der Gesellschaft dadurch nützt, als damit Macht verteilt wird und Ressourcen gesteuert werden. Governance erhält dadurch eine politische, wirtschaftliche, administrative und systemische Dimension und umfasst die Interaktionen und Organisation der Entscheidungsprozesse von Markt, Staat und Gesellschaft[150]. Im Ergebnis läuft dies auf die Schaffung von Regeln zur Selbststeuerung von Subsystemen hinaus und stellt eine wichtige Voraussetzung für die Dezentralisierung von Entscheidungskompetenzen dar *(Frey* 2002, 18).

Das niederländische Finanzministerium hat zur Frage *„Corporate governance in the public sector, why and how?"* ein ebenso interessantes wie aufschlussreiches Dokument erarbeitet. Zusammenfassend heißt es dort *(The Netherlands Ministry of Finance* 2000, 19):

---

[148] World Bank, Sub-Sahara Africa. From Crisis to Sustainable Growth. A Long-term Perspective Study. Washington (DC) 1989.

[149] UNDP Reconceptualising Governance. Discussion Paper 2, Management Development and Governance Division, New York 1997.

[150] Dieser Zusammenhang lässt sich am Beispiel der Beschäftigungspolitik veranschaulichen. Nach Ansicht des früheren Präsidenten der französischen Nationalversammlung, *Philippe Séguin,* stellt die Abkoppelung zwischen Finanzmarkt und Arbeit das Hauptproblem bei der Bekämpfung von Arbeitslosigkeit dar. Er führt dazu aus: „Diese Abkoppelung nimmt dramatische Dimensionen an. Es ist seit langem klar, dass der Finanzwelt die Beschäftigung Wurst ist. Aber heute gibt es Schlimmeres. Der Finanzwelt ist auch die Ökonomie egal. Die Baisse der New Yorker Börse bei der Ankündigung eines Rückgangs der Arbeitslosigkeit in den USA beleuchtet den Gründungsakt dieser verkehrten Welt" (zitiert nach *Vester* 2002, 83).

„People expect sound governance from their government authorities. Society is increasingly calling government authorities to account. Government is not just accountable to parliament, but more and more to other parts of society as well. ... It is important for an administrator in the public administration to know and to control the risks associated with his or her position in public administration, and a governance analysis is a useful tool to achieve this."

8.8 Was bleibt, was geht, was kommt

In gewisser Weise taucht unter Governance im Allgemeinen und Public Governance im Besonderen Altes und Neues zugleich auf: Alt ist der Anspruch, Wohlfahrtsverluste durch Ineffizienzen zu verhindern, der Wunsch nach gerechter Ressourcenverteilung bei demokratischer Willensbildung und die Überwindung von Markt- und Staatsversagen. (Relativ) neu ist der Gedanke, diese Ziele nicht durch diskretionäre Einzelmaßnahmen umzusetzen, sondern in einen Zusammenhang zu bringen, der sich weitgehend selbst steuert und noch dazu stabil ist. Was gefordert ist, ist die Qualität der strategischen Steuerung des Systems, indem die Einzelmaßnahmen für den Gesamtzusammenhang stimmig sind und die Kohärenz gewahrt bleibt.

Für die Funktion und Arbeitsweise der Verwaltung bedeutet dies, dass die vom Kontrolldenken beherrschten Wenn-dann-Implikationen durch kausale Zweck-Mittel-Relationen abgelöst werden. Das setzt eine (Re-)Definierung der Aufgaben des demokratischen Rechts- und Wohlfahrtsstaates voraus, indem die Leistungsbereiche von den Regulierungsaufgaben getrennt und erstere nach Best-Practice erfüllt werden. Es geht darum, wie auf dem Markt, zuerst das *Was* festzulegen und davon das *Wer, Wie, Wo* und *Wann* abzuleiten. Dass es dabei zur Verabschiedung von liebgewordenen Gewohnheiten und Bequemlichkeiten kommen wird, ist ebenso wahrscheinlich, wie das Durchsetzen der Erkenntnis, dass sich die Steuerung und Einflussnahme auf kontinuierliche Systeme nicht im Verhältnis eins zu eins auf diskontinuierliche übertragen lässt. Andernfalls führt dies zu Lösungen à la „3 Äpfel + 4 Birnen = 7 Obst".

8.9 Literatur

Balkanyi, Waltraud (2002), Reform des Bundeshaushaltsrechts seit 1987, in: G. Steger (Hg), Öffentliche Haushalte in Österreich, Wien.

Binder, Bruno (2002), Öffentliches Recht I, Multimedia-Diplomstudium der Rechtswissenschaften, Johannes-Kepler-Universität Linz (Eigenverlag).

Capra, Fritjof (2002), Verborgene Zusammenhänge. Vernetzt denken und handeln – in Wirtschaft, Politik, Wissenschaft und Gesellschaft, Bern – München – Wien.

Fiedler, Franz (2001), Ökonomische Aspekt von Ausgliederungen – Ein Erfahrungsbericht, unveröffentlichtes Manuskript.

Finanzierungsgarantiegesellschaft – FGG (2001), Evaluierung von Ausgliederungen. Studie im Auftrag des Bundesministeriums für Finanzen – Zusammenfassung.

Frey, René L. (2002), Von der Corporate Governance zur Public Governance, unveröffentlichtes Manuskript.

Kelly, Kevin (1997), Out of Control. The Rise of Neo-Biological Civilization, Addison-Wesley, New York 1994 (Deutsche Erstausgabe: Das Ende der Kontrolle, Regensburg).

Kyrer, Alfred (2001) Neue Politische Ökonomie 2005, München – Wien.

Leitsmüller, Heinz / Rossmann, Bruno (2001), Ausgliederungen aus dem Bundeshaushalt – Eine Evaluierung aus volks- und betriebswirtschaftlicher Sicht, in: Kropf Katharina (Hg.), Ausgliederungen aus dem öffentlichen Bereich, Schriftenreihe der AK: Arbeit – Recht – Gesellschaft, Band 21.

Obermann, Gabriel / Obermair, Anna / Weigel, Wolfgang (2002), Evaluierung von Ausgliederungen, in: Journal für Rechtspolitik 10.

Pelinka, Anton / Welan, Manfried (2001), Austria Revisited. Demokratie und Verfassung in Österreich, Wien.

Prisching, Manfred (1995), Soziologie, Wien – Köln – Weimar.

Purger, Alexander (2002), Bürokratie – Fass ohne Boden, in: Salzburger Nachrichten, 4. November 2002.

Rechnungshof (2002), Tätigkeitsbericht des Rechnungshofes - Verwaltungsjahr 2001, Wien.

Schedler, Kuno / Proeller, Isabella (2000), New Public Management, UTB Bern – Stuttgart – Wien.

The Netherlands Ministry of Finance (2000), Government Governance. Corporate Governance in the public sector, why and how? Paper presented on the 9th FEE Public Sector Conference in November 2000, The Hague.

Vester, Frederic (2002), Die Kunst vernetzt zu denken. Ideen und Werkzeuge für einen neuen Umgang mit Komplexität, München.

Voith, Günter (2002), Verwaltungsreform – mission impossible? in: A. Payrleitner (Hg), Die Fesseln der Republik, Wien

Welan, Manfried (2002), In der Zweidrittelfalle – Warum Reformieren schwerfällt, in: *Payrleitner, A.* (Hrsg.), Die Fesseln der Republik, Wien.

9 Herbert Kraus: Wissensmanagement – vom Schlagwort zur umfassenden Aufgabenstellung im Kontext des Governance-Konzepts

Univ.-Prof. Dkfm. Dr. DDr. h. c. Herbert Kraus
Karl-Franzens-Universität Graz

> "Taken together, the conceptual rigor of economics, the observational richness of sociology, and the understandings of philosophy and psychology give knowledge management the intellectual scope and substance it needs to wrestle with the real human and structural complexities of knowledge in organizations." [151]

9.1 Welches „Wissensmanagement" kann einen Beitrag zum Governance-Konzept leisten?

Der Begriff „Governance" beschreibt neue partnerschaftlich, d. h. horizontal ausgelegte koordinierende Tätigkeiten von Staat, wirtschaftlichen Unternehmen und anderen Institutionen.

Koordinierende Tätigkeiten werden in Zukunft an Bedeutung gewinnen. Ihre Erfüllung gewährleistet den Aufbau und die Aufrechterhaltung wichtiger „Verständigungsbrücken" zwischen den einzelnen Subsystemen und verringert so systembeeinträchtigende Kommunikations- und Kooperationsbarrieren.

---

[151] *Prusak, Lary* (2001): Where did knowledge management come from?, IBM Systems Journal 40/4, http://www.research.ibm.com/journal/sj/404/prusak.pfd, Stand: 20.05.2002

Um die Qualität der Steuerung zu verbessern, müssen Koordinationseinrichtungen geschaffen werden. Durch die verstärkte Berücksichtigung der Vernetzung der Einzelmaßnahmen können Synergieeffekte genutzt werden. Darunter versteht man jene ökonomischen Vorteile, die durch Kooperation von Personen, Unternehmen oder Institutionen entstehen. Durch die bessere Vernetzung von bestehenden Infrastrukturen werden solche Synergieeffekte möglich. In vielen Systemen existiert eine vielschichtige und komplexe Institutionenlandschaft, die sich als Gesamtheit einer Steuerung ihrer Entwicklung entzieht. Koordinations- und Steuerungsversuche scheitern meist an folgenden Ursachen:

Umsetzungsprobleme

Vollzugsinstitutionen verfügen nicht über das erforderliche Know-how zur Umsetzung. Daraus folgt die Unmöglichkeit, mit verfügbaren Instrumenten zielsicher in Systemprozesse einzugreifen.

Mangelnder Motivation

Adressaten verweigern die Befolgung

Wissensproblem

Mangelndes Wissen über koordinationsrelevante Entwicklungszusammenhänge

Faktor Mensch

Die Literatur zu Wissensmanagement enthält zahlreiche Verweise auf die Bedeutung des „Faktors Mensch", des menschlichen Verhaltens und Erlebens für den Umgang mit Wissen und das Lernen in Organisationen.[152] Daraus resultiert praktisch das Ergebnis, dass Wissensmanagement zum integrierten Bestandteil der gesamten Unternehmenstheorie wird.

---

[152] Einige Beispiele sind: *Argyris/Schön* (1999), *Davenport/Prusak* (1998), *Prusak* (2001), *Snowden* (2000), *Wenger* (1998), *Thomas et al.* (2001), *Despres/Chauvel* (2000), *Dueck* (2001), *Wehner/Dick* (2001), *Roehl* (2000 und 2002).

9.2 Beiträge unterschiedlicher Forschungsrichtungen zum Thema Wissensmanagement[153]

Geht man von diesem umfassenden Bild aus, so muss Governance konsequenterweise als die integrative Nutzung des gesamten Wissenspotentials aller am Prozess beteiligten für ein strategisches Steuerungsoptimieren definiert werden.

Das Basisproblem des Governance-Konzepts liegt daher konsequenterweise in den Bereichen des „humanbelasteten", zielorientierten Wissenstransfers. Dies kulminiert in der Frage: Welche wissenschaftlich fundierten Interventionsmethoden können auf organisationaler Ebene als Instrumente für die Förderung von Wissensteilung eingesetzt werden?

Um das „Governance-Ziel" zu erreichen, müssen daher zunächst die humanen Aspekte, wie auch die aktuellen Aspekte der Informationstechnologie untersucht werden, wobei den humanen (psychologischen) Aspekte die absolute Priorität einzuräumen ist.

Roehl verweist in seiner umfassenden Arbeit zu den Instrumenten der Wissensorganisation auf „therapeutische Gesprächstechnik" als kommunikationsbezogenes Instrument und erkennt, dass „die Methoden der Psychotherapie [...] ein reichhaltiger Fundus von Instrumenten der Wissensorganisation [sind]".[154] Besonders unter dem Stichwort des organisationalen Lernens wird der Einsatz von Methoden mit psychologischer Fundierung vorgeschlagen.[155]

---

[153] *Amelingmeyer, Jenny* (2002): Wissensmanagement, 2., aktualisierte Auflage (1. Auflage 2000), Wiesbaden: DUV, S. 3.

[154] *Roehl, Heiko* (2002): Organisation des Wissens, Stuttgart: Klett-Cotta , S. 211.

[155] Vgl. *Kriz, Jürgen* (1997): Selbstorganisation als Grundlage lernender Organisationen, in: Wieselhuber & Partner (Hrsg.): Handbuch Lernende Organisation S. 187 – 196, Wiesbaden: Gabler. *Kriz, Jürgen* (2001): Grundkonzepte der Psychotherapie, 5., vollständig überarb. Auflage 2001, Weinheim: Beltz.

Organisationales Lernen verdient einerseits als Teil der wirtschaftswissenschaftlichen Entwicklungslinie und wesentlicher Ursprung des Wissensmanagements insgesamt in diesem Rahmen besondere Beachtung.

Das Konzept des organisationalen Lernens stammt von einer Analogie, nach welcher eine Organisation ebenso wie ein Organismus lernen könne.[156, 157]

Die große Anzahl an Publikationen zu organisationalem Lernen[158] führte zu einem sehr breiten Spektrum an Ansätzen und Modellen ohne jedoch eine einheitliche konzeptuelle Grundlage zu schaffen.

Aus allen diesen Überlegungen heraus kann man sagen, dass isoliertes „Wissensmanagement" nur einen Baustein für das Governance-Konzept bieten kann. Es ist vielmehr darzustellen, dass nur eine Integration von allen Wissens- bzw. Erfahrungsquellen, wie sie auch in der Personalentwicklung und in den verschiedenen Führungsinformationssystemen beinhaltet sind, zum Ziel der „Governance" führen kann.

9.3 Problemvielfalt

→ Verteilte, unkoordinierte und „weggesperrte" Wissenselemente

Nur sehr wenige Unternehmen erkennen, über welch großes Informationsangebot sie in den Köpfen ihrer Mitarbeiter und ihren Ablagen bzw. Datenspeichern verfügen. Dieses Angebot ändert sich jeden Tag. Einiges veraltet und wird obsolet, anderes wird jeden Tag, jede Stunde

---

[156] *Maier, Günter W.; Prange, Christiane; Rosenstiel, Lutz von* (2001): Psychological Perspectives of Organizational Learning, in: *Dierkes Meinolf; Berthoin Antal Ariane; Child John; Nonaka Ikujiro* (Hrsg.): Handbook of Organizational Learning & Knowledge S. 14-34, New York: Oxford University Press, S. 14 ff.

[157] Vgl. *Argyris, Chris; Schön, Donald A.* (1999): Die lernende Organisation, Stuttgart: Klett-Cotta 1999, S. 20 ff.

[158] Siehe auch die kritische Sammelrezension *Schreyögg, Georg / Eberl, Peter* (1998): Organisationales Lernen: Viele Fragen, noch zu wenige neue Antworten, DBW, S. 516 – 536, 58 (1998) 4.

neu kreiert, manchmal doppelt und dreifach. Dieses Wissen wird nicht systematisch erfasst, katalogisiert und ist damit zu einem großen Teil für den Nachfrager unbekannt bzw. nicht zugänglich. Auch wenn es bekannt wäre, die Mitarbeiter wüssten zum Teil nicht, wer es besitzt, wo diese Personen oder Speicher sind oder wie man sie erreichen könnte. Auch wenn Unternehmen erkennen, über welches Wissen sie verfügen und wo und bei wem es sich befindet, wird es im Regelfall noch immer nicht systematisch zugänglich gemacht. Die meisten Unternehmen verfügen über keine Prozesse, um diese Aufgabe zu bewerkstelligen. Am schwersten ist es, *tacit knowledge* zu finden. Leider ist dieses für das Unternehmen meist das wichtigste. So kommt es, dass selbst erfolgreiche, große Unternehmen ihren (berechtigten) Mitarbeitern vorhandenes Wissen nicht entsprechend zur Verfügung stellen können. Die Fiktion, dass dies mit der integrierten Informationstechnik lösbar ist, stellt sich leider als unrealistisch heraus. Der einzige Weg wäre, für dieses Wissen Metaphern, Bilder und Analogien zu finden, um es überhaupt ansatzweise zugänglich zu machen. Als nächstes müsste dieses *explicit knowledge* mit anderem explicit knowledge kombiniert werden, um Datenbanken, Dokumente und Akten anzulege,n um es dann durch *learning by doing* wieder in tacit knowledge überzuführen.

„Das Jahrhundertproblem des IT-Managements besteht in der Bewältigung des Datenchaos, das infolge historisch, mitunter auch hysterisch und archaisch, sicher aber unkontrolliert gewachsener Datenbestände fast überall entstanden ist".[159] Dieses schon fast 25 Jahre alte Zitat hat leider heute noch Gültigkeit.

→ Fehlende Messmethoden für Anreizsysteme

Wissensweitergabe ist kaum messbar. Nötig wären Anreizsysteme, Anerkennung und monetäre Beiträge (wie bei internen Seminaren).

---

[159] *Vetter, M.* (1987): Das Jahrhundertproblem der Informatik, In: (Schweizer) Output, Heft 1, S. 26.

→ Immunisierung der Führungskräfte gegenüber dem Wissenserwerb

Bildlich gesprochen, wird man altersbedingt taub.

→ Fehlende adäquate technische Unterstützung

9.4 Wissensmanagement und Unternehmenskultur

„Die außerordentlichen Männer des sechzehnten und siebzehnten Jahrhunderts waren selbst Akademien, wie Humboldt zu unserer Zeit. Als nun das Wissen so ungeheuer überhand nahm, taten sich Privatleute zusammen, um, was dem einzelnen unmöglich wird, vereinigt zu leisten." *(J. W. v. Goethe*[160]*)*

Situation des Managements

Viele Autoren haben sich mit den Tätigkeiten des Managements beschäftigt, wobei Information und Kommunikation praktisch alle diese Tätigkeiten beherrschen. Stellvertretend für alle Autoren soll *Kotter* gewählt werden. *Kotter* stellt die charakteristischen Merkmale der Tätigkeit von Managern dar:[161]

- Sie verbringen einen Großteil ihrer (Arbeits-) Zeit mit anderen,
- neben Vorgesetzten und Angestellten verbringen sie viel Zeit mit unternehmensexternen Personen,
- das Spektrum der Themenbereiche, die bei ihren Gesprächen und Diskussionen angeschnitten werden, ist sehr groß,

---

160 http://www.zitate.at; 05.08.2002.

161 Vgl. *Kotter, J. P.* (1986): The General Managers; 1986; S. 80. *Kotter, J. P.* (1999): What Effective General Managers Really Do; in: Harvard Business Review; March – April 1999; S. 148.

- sie stellen viele Fragen,
- während der Gespräche treffen sie selten große Entscheidungen,
- bei vielen ihrer Gespräche dreht es sich um Themen, die mit ihrer unmittelbaren Arbeit oder mit dem Unternehmen wenig bis nichts zu tun haben,
- es werden nur selten Aufträge bzw. Anweisungen auf direkte Art und Weise erteilt,
- trotzdem steuern sie oft das Verhalten anderer,
- sie reagieren meist auf die Initiative anderer,
- die Gespräche, die geführt werden, sind meist kurz und unzusammenhängend und
- sie haben lange Arbeitszeiten.

Kotters Beitrag steht die Erkenntnis im Vordergrund, dass aufgrund der sehr unterschiedlichen Umwelteinflüsse und der Vielzahl von Situationen, die das Handeln der Unternehmensleitung beeinflussen können, die Entwicklung einer Arbeitsplatzbeschreibung schwer bis gar nicht möglich ist. Ohne eine Kategorisierung, wie *Mintzberg*[162] sie vorgenommen hat, zu entwickeln, liefert *Kotter* dennoch viele Beispiele für konkrete Tätigkeiten, in dem er in der Praxis beobachtete Situationen und Tätigkeiten wiedergibt. Betrachtet man die einzelnen Punkte dieser Aufzählung, so wird sofort klar, dass praktisch alle Elemente auf dem „Wissensmanagement“ basieren, auch wenn dies bei *Kotter* nicht explizit angeführt wird. Vernachlässigt werden allerdings alle „Kooperationsbereiche“, („verbringen“ allein ist zuwenig), die gerade für das Governance-Konzept von großer Bedeutung wären. Vielleicht geht *Kotter* von der praktischen Erkenntnis aus, dass insbesondere Top-Manager Einzelkämpfer sind. Zusätzlich gibt es natürlich

---

[162] Vgl. *Mintzberg, Henry* (1990): The Manager's Job: Folklore and Fact; in: Harvard Business Review; March – April 1990, S. 163.

auch Auswirkungen verschiedener Persönlichkeitsmerkmale auf das Informations-, Kommunikations- und Kooperationsverhalten.[163]

Als Einflussfaktoren können soziodemographische Merkmale, kognitive Fähigkeiten, kognitive Verhaltenstendenzen und motivationale Persönlichkeitsvariablen angesehen werden.

Einflüsse der Person auf das Informationsverhalten			
soziodemographische Merkmale	*kognitive Fähigkeiten*	*kognitive Verhaltenstendenzen*	*motivationale Persönlichkeitsvariablen*
z. B. Geschlecht, Alter, Familienstand, Ausbildung, Einkommen, Gesellschaftsschicht	z. B. Test-Intelligenz, quantitative Fähigkeiten, Differenzierung, Diskriminierung, Integration	z. B. Sinneswahrnehmung vs. Intuition, analytisches vs. heuristisches Vorgehen, Hirnhälften-Dominanz	z. B. Leistungsmotivation, Selbstsicherheit, Risikobereitschaft, Neugier, Ambiguitäts-Toleranz

9.5 Kooperations- und Kommunikationskultur

In den meisten Unternehmen wird Wissen aus zwei Gründen nicht geteilt.

Erstens, es entspricht nicht der Unternehmenskultur. „Wissensträger" haben gelernt, dass Prämien, Beförderungen etc. an jenen vergeben werden, der Wissen besitzt, nicht an den, der es verteilt. Zweitens, viele Angestellte sind nicht in der Lage ihr Wissen mit anderen zu teilen. Sie haben nicht erkannt, dass ihr Wissen für andere Bereiche des Unternehmens von Nutzen sein könnte und an wen sie es weitergeben sollten. Das Ergebnis ist der Verlust von wertvollem, dringend benötigtem Wissen in den meisten Unternehmen.

---

[163] Vgl. *Gemünden, Hans Georg* (1992): Informationsverhalten; in: Handwörterbuch der Organisation; Hrsg.: Erich Frese, Sp. 1021.

Zusammenfassend stellt daher die mangelnde menschliche Bereitschaft Wissen weiterzugeben bzw. Wissen nachzufragen dar. Die Argumente sind vielfältig:

Auf der Anbieterseite

- Wissen ist Macht – ich sage nichts!
- Niemand ist an meinem Wissen interessiert!
- Ich habe es oft versucht – niemand versteht mich!

Auf der Nachfragerseite

- Wenn ich diese Frage stelle, glaubt jeder, ich bin dumm!
- Wo soll ich suchen?
- Information benötigt Zeit, und die habe ich nicht!
- Was ich wissen will, weiß niemand!

Das sind die Hauptgründe, warum Meetings, Konferenzen, Tagungen und vor allem informelle Gespräche eminent wichtig wären, sofern sie zu einem echten Austausch führen. Echte ausgewogene Kooperation trifft man relativ selten.

9.6 Methoden des Wissenserwerbs

Wissenserwerb ist ein Prozess, der entweder aktiv oder passiv sein kann. „Aktiv" kann man diesen Prozess als eine Suche beschreiben, die durch ein bestehendes Informationsbedürfnis ausgelöst wird, während man bei „passiv" nur von einer zufälligen und meist unstrukturierten Informationsversorgung und nicht vom Wissenserwerb sprechen kann. Dadurch, dass bei der passiven Informationsaufnahme Informationen mehr oder weniger ungefragt bereitgestellt werden, werden sie kaum in „Wissen" umgewandelt.[164]

Normalerweise wird Wissen regelmäßig über Marktstudien, Rückmeldungen des Verkaufs und der Kunden, Publikationen und Messen ak-

---

[164] Vgl. *Gemünden, H. G.* (1992): Informationsverhalten; in: HWB O; Hrsg. *Frese, E.;* Sp. 1013.

quiriert. Eine weitere Methode ist die des Benchmarkings. Hier wird versucht einen Prozess, den jemand anderes besser beherrscht als man selbst, zu finden, von ihm zu lernen und eventuell zu adaptieren. Mit dieser Methode kann auch das normale NIH-Syndrom *(not invented here)* besser bekämpft werden. Benchmarking sollte auch außerhalb der eigenen Branche betrieben werden, um eventuell andere Lösungsansätze zu entdecken und zu verwerten.

Eine Methode, um neues Wissen zu generieren, führt über die F & E Abteilung (Forschung und Entwicklung). Neue Ideen und Lösungen werden aber täglich von jedem Mitarbeiter eines Unternehmens entdeckt und wieder verworfen. Das Problem ist es, diese zu finden, zu speichern und zu verteilen.

9.7 Wissensmanagement und Personalentwicklung

„Hat man eine erfolgreiche Personalentwicklung versäumt – so ist jeder Euro, den man in Wissen investiert, vergeudet."

Personalentwicklung – dieses Schlagwort ist auch in allen Unternehmen und Führungsgrundsätzen an geeigneter Stelle verankert. Es gibt unzählige Begriffsdefinitionen und unüberschaubare Fachliteratur zu diesem Thema. Für die vorliegende Darstellung soll nachfolgende Definition gelten: „Personalentwicklung ist die ganzheitliche Betreuung von Mitarbeitern, um neue Aufgaben zu bewältigen bzw. vorhandene Aufgaben besser zu bewältigen".

Mitarbeiterführung stellt einen wesentlichen Bestandteil der Personalentwicklung dar.

Die Literatur spricht auch von Stufen der Personalentwicklung; konkret von sieben Stufen, die sich von keiner bewussten Einflussnahme bis hin zum integralen Bestandteil der Personalentwicklung in einer selbstlernenden Organisation bewegen.[165] Diese Vielfalt kann in drei Säulen dargestellt werden:

Bildung	**Förderung**	**Organisations-entwicklung (OE)**
Berufs-Ausbildung Weiterbildung Umschulung	Mitarbeitergespräch Arbeitsplatzgestaltung Karriereplanung	Teamentwicklung Projektarbeit sozio-technische Systemgestaltung
PE im engeren Sinn = Bildung	PE im erweiterten Sinn = Bildung + Förderung	PE im weiten Sinn = Bildung + Förderung + OE

Bedauerlicherweise weist die Literatur eine riesige Kluft zwischen Personalentwicklung und Wissensmanagement auf, da kaum irgendein Bezug gegenseitig aufgezeigt wird. Dem kritischen Betrachter jedoch muss die weitgehende Identität dieser beiden Tätigkeitsfelder auffallen. Die bedrückende Erkenntnis ist, dass im Bereich des Wissensmanagements einige Inhalte des Rades „Personalentwicklung“ wieder neu erfunden werden.

9.8 Die Integration von Personalentwicklung, herkömmlicher Informationssysteme und Wissensmanagement als wichtiger Schritt zum Governance-Konzept

Versucht man die Ziele umfassender Wissensversorgung zumindest demonstrativ aufzuzählen, so wird klar, dass die sinnlose Trennung in zwei „feindliche Bereiche“ jeglicher Basis entbehrt:

Da sind zunächst die Ziele aus Sicht des Unternehmens:

- Gutes Unternehmensimage, PR

[165] Vgl. *Laske/Gorbach* (1993): Spannungsfeld Personalentwicklung; Wien: Manz, S. 19 ff.

- Vorleben und Verdeutlichung der Unternehmensziele
- Ermittlung und richtiger Einsatz von Mitarbeiterpotentialen wie fachbezogene Fähigkeiten
- Partizipation am Unternehmensgeschehen
- Verantwortungsfähigkeit und Kreativität
- Motivation der Mitarbeiter
- Nachwuchsförderung, rechtzeitige Nachfolgeregelungen
- langfristige Sicherung von Fach- und Führungskräften
- Erhaltung, Anpassung und Verbesserung der Qualifikation
- richtige Platzierung der Mitarbeiter an den ihnen entsprechenden Arbeitsplätzen
- Anpassung an die Erfordernisse der Technologie und Marktverhältnisse
- Förderung des Nachwuchses hinsichtlich ihrer Fach-, Management, Sozialkompetenz
- Vorbereitung für höherwertige Tätigkeiten
- Verbesserung der innerbetrieblichen Kooperation und Kommunikation
- Senkung der Fluktuation, gutes Betriebsklima

Aber auch die Mitarbeiterin bzw. der Mitarbeiter verfolgt „Wissenserwerbsziele“ aus wichtigen Gründen:

- berufliches Weiterkommen (Karriere)
- persönliche Entwicklung (Selbstverwirklichung)
- Sicherung des Arbeitsplatzes

- Erhalt und Verbesserung einer selbstbestimmten Lebensführung
- Anpassung der persönlichen Qualifikation an die Erfordernisse des Arbeitsplatzes
- Optimierung der persönlichen Qualifikation in der Fach-, Führungs- und Sozialkompetenz
- Aktivierung bisher nicht genutzter persönlicher Kenntnisse und Fähigkeiten
- Aneignung karrierebezogener Voraussetzungen für den beruflichen Aufstieg
- Verbesserung der Verwendungs- und Laufbahnmöglichkeiten
- Optimierung von Einkommen, Position und Prestige
- Erhöhung der individuellen Mobilität am Arbeitsmarkt
- Übernahme höherer Verantwortung

Das aktuelle Führungsinformationssystem wird zwar immer unter dem Aspekt der Informationstechnologie gesehen, in Wirklichkeit ist die Technologie aber nur das Vehikel der Informationsversorgung aus den verschiedenen partiellen Informationssystemen (Finanzinformationssystem, Personalinformationssystem, Logistikinformationssystem, Kostenrechnung usw.) oder auch aus unternehmensexternen Informationen. Die Informationen sind selten auf strukturierte Kerninhalte reduziert, werden häufig ohne Projektübersicht präsentiert und letztlich nicht aus einem standardisierten Steuerungsprozess heraus gewonnen. Sowohl betriebsinterne Informationen (z. B. Finanzinformationen, operative Kenngrößen, Personalkennzahlen, Produktdarstellung und Produktstruktur etc.) als auch externe Informationen (z. B. Markt-, Branchen-, Wettbewerber-, Länder- und Finanzinformationen) bilden zwar eine wertvolle Handlungsbasis, sind aber ohne die Kenntnis so genannter „Soft-facts“, die sich aus der humanen Kommunikation ergeben, nur Fragmente.

9.9 Das Governance-Konzept als neue Definition des Wissensmanagements

Um den Zielsetzungen des Governance-Konzepts gerecht zu werden, ist es daher notwendig, eine vollständige Integration der bisherigen Inselsysteme

- Personalentwicklung,
- Führungsinformation,
- Kundeninformation,
- externe Recherchen (z. B. Patente, Konkurrenten) etc.

zusammenzuführen. Dies ist sowohl für die Gestaltung, wie auch für die Realisierung eine große Herausforderung, welche nur in einem Stufenprozess realisiert werden kann. Das größte Hemmnis auf diesem Wege ist natürlich die Vielfalt der Abteilungen in einer Institution, die „getrennt" (!) mit diesen Aufgaben befasst sind. Einer der Aufgaben der Realisierung dieses Konzeptes wird ein nachdrückliches Überdenken der Institutionen-Gliederung sein.

10 Fritz Lechleuthner: Systemisches Wissensmanagement im Consulting

Dkfm. Fritz Lechleuthner, MBA
Management & Beratung, Salzburg

Ist die Lampe erst zerbrochen,
liegt in Staube tot das Licht.
(P. B. Shelley)

„Zweck diese Memorandums ist es, ..." und schon ist der Schreiber mitten drin in der Materie. Die Rede ist vom hochqualifizierten Unternehmensberater in „seiner" hochgeschätzten Firma. Wir beobachten ihn bei der ersten Gelegenheit, selbst einen LOP, einen Projektvorschlag (einen „letter of proposal") für ein umfangreiches „new engagement" bei „seinem" hochgeschätzten Klienten zu verfassen. Wie fast ununterbrochen bisher in seiner bislang ebenso kurzen wie spannenden Karriere steht er vor einer neuen Chance, sich für größere Aufgaben zu qualifizieren. Trotzdem, diese Aufgabe ist etwas Besonderes. Unser Berater wird damit selbst zum unternehmerischen Akteur, zum verantwortlichen Problemlöser für seinen Klienten, zum Fach- und Machtpromotor für seine Firma und zum Profilbildner für seine Person. Mit allen Folgen für den Klienten, die Firma und ihn selbst – „in that order", natürlich! Bald wird diese Aufgabe zur Routine werden, denn andere kommen hinzu. Aber die Entwicklung und Leitung der **Projektarbeit „for core clients on core problems with core people"** – das ist der Brennpunkt, an dem sich das komplexe Gefüge der **systembildenden Elemente im Consulting** manifestiert und immer wieder auf die Probe stellt.

Zweck dieses Beitrages ist es nun, diesen Zusammenhängen unter dem aktuellen Paradigma des Wissensmanagements aus der Sicht eines Insiders nachzuspüren und einer Bewertung durch Wissensarbeiter und Kollegen zugänglich zu machen. Dabei sollen sowohl die eigenen Anschauungen als langjähriger Mitarbeiter (14 Jahre) eines großen Beratungsunternehmens und die (mehr als gleich lange) Tätigkeit als selbständiger (Solo-)Berater ebenso wie die inzwischen verfügbare

Literatur zum Thema herangezogen werden. Durch die in der Beratungsbranche wesentlich größer gewordene Bereitschaft und Notwendigkeit, sich in die Karten schauen zu lassen oder sich selbst über Interna zu äußern, bietet sich dem Autor Stoff genug ohne Vertraulichkeiten zu verletzen.[166] Allenfalls ist es die Wortwahl für die Benennung der Instrumente, Ideen und Illustrationen des Wissensmanagements im Consulting, die zum „immateriellen Eigentum" der einen oder anderen Firma gehören können. Das sollen sie auch bleiben und, wo immer angebracht, als Synonyme für ähnliche Gedanken bei den Mitbewerbern und Epigonen angesehen werden. Dabei ist die Bedeutung einer echten „Eigentümlichkeit" und Schlüssigkeit des Vokabulars in der internen Kommunikation eines Unternehmens sogar hervorzuheben, sind doch **wissensbasierte Beratungsunternehmen geradezu Musterbeispiele für die Mannigfaltigkeit der Anforderungen an ein wirksames Wissensmanagement.**[167]

10.1 The Human Condition

Zurück zu unserem hoffnungsvollen **Berater** an dieser markanten **Stelle** seines **Weges** zur angestrebten Partnerschaft bei seiner prestigeträchtigen **Firma.** Er fühlt sich wohl mit dieser Aufgabe, eingebunden in eine konstruktive Umgebung, ausgestattet mit relevanten Erfahrungen und bereit für täglich neue Herausforderungen. Mit solchen **Situationen** ist er vertraut, seit seinem Abschluss an einer US Graduate Business School: von der Vorauswahl am Campus über den Test beim Berufspsychologen und der Serie von Interviews durch erfahrene Berater bis zum Eintritt in **„The Firm".** Dann von der ersten **Profilierung** am „introductory training program" über die Gesprächsrunde mit den lokalen „practice leaders" und der Vorbereitung auf den „running start" als Mitarbeiter an einem bereits laufenden Projekt. Und weiter von den ersten Solo-Interviews beim Klienten über die harten Dauertests der selbständigen **Diagnose- und Analysearbeit**, die Entwicklung gut fundierter Empfehlungen bis zu den „visual presentations" vor den

---

[166] Vgl. diverse Websites der Beratungsfirmen, empirische Studien, Fallbeispiele sowie populäre „Sekundärliteratur".

[167] Vgl. Helmut *Willke*, „Systemisches Wissensmanagement" UTB Stuttgart 2001, ISBN 3-8252-2047-8, S. 20 und S. 125 ff.

„client executives" und der Gestaltung eines für die Umsetzung förderlichen „final document". Und dazu die **vielen Gespräche** im Team, im Hotel, auf Reisen, beim monatlichen „saturday training meeting" und im Office. Nach jedem Projekt gab es schriftliche und mündliche „perfomance evaluations" durch den „engagement manager" und später durch den „engagement director", dazu die „personal progress reviews" mit dem persönlichen Karrierebetreuer und **jede Menge „feedback"** von allen Seiten, gefragt und ungefragt aber immer willkommen, einschließlich der halbjährlichen „compensation decisions" und dem attraktiven „annual bonus". In knapp zwei, drei Jahren war er so zum anerkannten Projektleiter bei wichtigen Klienten und zu einem durchaus exponierten **Leistungsträger seiner Firma** geworden. Er weiß, wohin er will, wo er steht und was er kann und benützt bewusst alle intern und extern verfügbaren Quellen zur Förderung der eigenen Kompetenz.[168] Und ganz nebenbei ist er selbst zum Entwicklungshelfer seiner eigenen Kollegen geworden, den „newcomers" auf seinen Teams und den „peers" in seiner Umgebung. Er wurde Teil eines größeren Ganzen, **ein Knoten im Netz der Beziehungen** zu den Mitgliedern seiner Teams, zu den Mitarbeitern im „professional support staff" und zu den Partnern im „local office management" ebenso wie zum Führungspersonal seiner Klienten. Und das Netz wird wachsen und dichter werden: mehr Projekte, Klienten und Kollegen, andere Büros, fach- und/oder branchenbezogne Vertiefungen, mehr Verantwortung und **mehr Breitenwirkung**. Und alles in professionell neutraler Atmosphäre – mit echter Gleichberechtigung im Wettbewerb von Mann und Frau. What a place to work!

10.2 Good Corporate Governance

Nun, wo wirkt hier Wissensmanagement? Und was wäre daran systemisch?

Zunächst dient unser Szenario ja nur als empirische Beschreibung der Realität, so oder so ähnlich wie sie bei den Spitzenunternehmen zu erleben ist – und wie man sie sich plastisch vor Augen halten muss, um nützliche Erkenntnisse zu generieren: Wissensmanagement ist **ein**

[168] Vgl. *Horx, Matthias,* Die acht Sphären der Zukunft, Signum Verlag (Wien, Hamburg) 1999, ISBN 3-85436-299-4, S. 161 ff

humanbezogenes und situatives Phänomen; alles andere ist methodisches oder technisches Beiwerk, allenfalls notwendig aber nicht hinreichend.[169]

Eine **historische Betrachtung** verweist auf eine aus den verfügbaren Marktchancen und den damit verbundenen betrieblichen Notwendigkeiten geborene Tugend einer „good practice": Wissensmanagement wurde „betrieben" bevor es als integrierter Problemlösungsansatz „entdeckt" wurde. Wissensmanagement wurde zur Problemlösung für einen als unternehmenskritisch erkannten Erfolgsfaktor wissensbasierter Unternehmen im Zeitalter der Globalisierung und grenzenlosen Kommunikation.

Wissensmanagement „geschah" - zumindest aus der Sicht des Autors - zunächst an einer „schmalen" Front der Entwicklung: bei den führenden amerikanischen Beratungsfirmen (mit ihrem, spätestens seit den Erfahrungen der Wirtschaftskrise akkumulierten Management-Knowhow, angereichert durch die Zusammenarbeit mit den wirtschaftsnahen postgradualen MBA-Programmen) zur Wahrnehmung attraktiver Marktchancen im „amerikanischen Jahrhundert" der wirtschaftlichen Dynamik nach dem Kriege. Es war die Zeit der Expansion der US-amerikanischen Beratungsfirmen (mit hohen Qualitätsansprüchen) durch Marktpenetration daheim und geographisches Wachstum in Übersee – zunächst mit den US-Multinationals und dann bei deren anfangs noch lokalen aber ebenfalls wachsenden Wettbewerbern. Und heute geht es, sozusagen auf breiter Front ums Wissensmanagement bei allen Unternehmen im lokalen, regionalen oder globalen Wettbewerb unter den Bedingungen moderner Kommunikation und Logistik.

Seit Wissen als Produkt und Produktionsfaktor zum Unternehmenswert an sich geworden ist, gehört gutes Wissensmanagement folgerichtig zum zeitgemäßen Instrumentarium für Wertschöpfung und Nachhaltigkeit. Damit wurde Wissensmanagement zu einer – vielleicht der letz-

---

[169] Über das Grundverständnis von Wissensmanagement vgl. *Ursula Schneider* „Die 7 Todsünden im Wissensmanagement", Frankfurter Allgemeine Buch, 2001; ISBN 3-89843-043-X, S. 31 ff.

ten, eben der „ultimativen" – Produktivitätsreserve und die Hebung dieses Schatzes somit zum integralen Bestandteil von „good (corporate) governance" – nicht nur im Consulting.[170]

10.3 Die systemische Perspektive

Wissensmanagement bezeichnet – einer eher operativen und zugleich originellen Definition folgend – die „Applikation, Distribution und Kultivation von Wissen"[171]. Und Wissen wiederum wird als „selbst" (d. h. in einer Person, einer Gruppe oder einer Organisationen) erlebte, erfahrene, also „gelernte" Information (d. s. Daten und Zeichen mit Bedeutung) verstanden. Und für den **systemischen** Blickwinkel – als entscheidende Perspektive für die Sichtbarkeit der Zusammenhänge und Wechselwirkungen um die es in diesem Beitrag geht – sei das nun schon klassische **7-S-Modell der Unternehmensführung** nach *Peters* und *Waterman*[172] herangezogen.

Das Neue am 7-S-Modell war die erstmalige Einbeziehung der bis dahin weitgehend ignorierten „weichen" Dimensionen der Unternehmensführung. Neben die bekannten Dimensionen **Strategie-Struktur-Systeme** traten die für eine ganzheitliche Erfassung der systembildenden Zusammenhänge unerlässlichen Dimensionen des **Style** (gemeint sind das Verhalten der Führungskräfte ebenso wie die Verhaltensmuster der Belegschaft), der **Skills** (gemeint ist der Spezial-Know-how, also die besonderen Fähigkeiten der „Organisation" als Ganzes) und des **Staff** (gemeint sind die dominanten Charakteristika und Strukturmerkmale des Stammpersonals der Firma). Als verbindende Dimension kommen die **Shared Values** hinzu, die sich auf die für ein Unternehmen charakteristischen Wertvorstellungen und sein Selbstverständnis

---

170 Vgl. *Herbert Matis, Dieter Stiefel,* „Unternehmenskultur in Österreich", Service-Fachverlag, Wien 1987, ISBN 3-85428-097-1.

171 *Jürgen Kluge, Wolfram Stein, Thomas Licht,* „Knowledge Unplugged. The McKinsey & Company global survey on knowledge management" Palgrave New York, 2001, ISBN 0-333-96376-8.

172 Das McKinsey 7-S Framework, in: *Thomas J. Peters* and *Robert H. Waterman Jr.*; „In Search of Excellence" Harper & Row, New York, 1982, ISBN 0-06-015042-4.

beziehen (einschließlich der unternehmensspezifischen Ziele der Nachhaltigkeit durch kontinuierliche Innovation und Produktivität).

Systemisches Wissensmanagement im Consulting ist also demnach die in einem Beratungsunternehmen bewusst gestaltete Applikation, Distribution und Kultivation von Wissen entlang der im 7-S-Modell genannten, zueinander in Wechselbeziehungen stehenden Dimensionen. Die Reihenfolge kommt nicht von ungefähr. Schon aus der oben angestellten historischen Betrachtung wurde deutlich: wissensbasierte Branchen wie das Consulting – aber auch ein einzelner Berater als solcher – leben von der erfolgreichen **Applikation** (also der Auswahl, Bearbeitung und Anwendung) ihres (akkumulierten) Wissens. Erst das Wachstum und der Rahmen eines Unternehmens (also der Übergang zu einer Vielzahl von Personen und Orten) erzwingen weitergehende Gedanken über eine effektive und effiziente Gestaltung der **Distribution** (also der Sammlung, Speicherung und Verteilung) und über die Gestaltung effektiver Bedingungen zur **Kultivation** (als Synonym für das Aufspüren, Schaffen und Entwickeln) von Wissen. Unser Berater aus der Einleitung zu diesem Beitrag hat diese drei (überaus vielschichtigen) Aufgaben gleichsam osmotisch im Laufe seiner Entwicklung und zunehmenden Kompetenz in ihrer Gleichzeitigkeit erlebt, sie bewusst oder unbewusst erlernt und je nach Rolle und Situation ebenso bewusst oder unbewusst im Rahmen seiner Firma mitgestaltet.

10.4 Instrumente, Ideen und Illustrationen

Aus dem Blickwinkel eines Beraters für Berater sollen daher nun einige Instrumente und Ideen für das Wissensmanagements im Consulting illustrativ vorgestellt werden. Durch die Kategorisierung im Sinne der Dimensionen des 7-S-Modells werden die meist im Vordergrund stehenden Einsatzbereich, Hauptziele und Ergebnisse der einzelnen Instrumente aufgezeigt, doch sollte man dabei die (meist erwünschten) „Nebenwirkungen" desselben auf die anderen Dimensionen und Aufgaben des Wissensmanagements nicht aus den Augen verlieren. Diese Zusammenhänge (horizontal und vertikal) veranschaulicht die folgende Matrix.

Diverse Instrumente für die drei Aufgaben des Wissensmanagements

7-S Dimension	Applikation, d. h.	Distribution, d. h.	Kultivation, d. h.
Wichtige Instrumente (zur Illustration)	Auswählen Bearbeiten Anwenden	Sammeln Speichern Verteilen	Aufspüren Schaffen Entwickeln
1. Strategy: Core Concept, Center of Competence			*Hauptziel/Ergebnis:* Fortschritt im „state of the art", neues (eigenes) Wissen
2. Structure: Engagement Teams, Practice Groups		*Hauptziel/Ergebnis:* Steigerung der Qualität durch Interaktion	
3. Systems: Engagement Performance Review	*Hauptziel/Ergebnis:* Bereitstellung von Feedback zur Motivation		
4. Style: Firm Format, Writing und Visual Aids		*Hauptziel/Ergebnis:* Sicherung einer effektiven/effizienten Kommunikation	
5. Skills: Problem Solving, Staff Development	*Hauptziel/Ergebnis:* Steigerung der Qualitätsarbeit für Klienten		
6. Staff: Staff Recruiting, Personal Development			*Hauptziel/Ergebnis:* Steigerung der Qualität der Mitarbeiter
7. Shared Values: Superordinate Goals, Visions		*Hauptziel/Ergebnis:* Kohäsion und Konsistenz, Quelle für treibende Kräfte	

10.5 Core Concept und Center of Competence

Gemeint sind zwei korrespondierende **Strategieelemente**, beides Schlüsselbegriffe für den Aufbau und die Verteidigung einer starken Position eines (bekanntlich wissensbasierten) Beratungsunternehmens. Es geht vor allem um die Kultivation, d. h. das Aufspüren, Schaffen und Entwickeln von „neuem Wissen" – mindestens für das eigene Unternehmen in seinem Umfeld, besser aber noch für den „state of the art" an sich. Denn angesichts der technischen Möglichkeiten verlagern sich – bzw. verschwinden – die Grenzen der Verfügbarkeit des Beratungswissens – für die Kunden ebenso wie für die Wettbewerber. Mehr denn je geht es also darum, die Kräfte zu bündeln und wirkungsvoll einzusetzen.[173] Im „Core Concept" heißt das, die **„Kern-Probleme"** bestimmter Branchen oder betrieblicher Funktionsbereiche zu erkennen (d. h. zu finden bzw. zu erahnen), Lösungen für diese Probleme anzudenken und bei den innovationsbereiten, erfolgreichen und (für das jeweilige Beratungsunternehmen) prestigeträchtigen **„Kern-Zielkunden"** (im Normalfall mit deren Einverständnis) „auszuprobieren", also gemeinsam zu entwickeln. Zur optimalen Nutzung solcher selbst geschaffener „strategic opportunities" gehört aber als entscheidendes Element der Einsatz des für eine solche Aufgabe bestqualifizierten **„Kern-Beraterteams"**. Das strategische Kalkül dieser Bündelung ist natürlich, durch optimale Bedingungen die Entwicklung und Akkumulation von neuem Wissen zu erleichtern. Um daraus eine nachhaltige Problemlösungskompetenz des Beratungsunternehmens mit Wirkung nach innen und außen zu entwickeln, empfiehlt sich – bei entsprechendem „Marktpotenzial" – die Einrichtung eines **„Kompetenz-Zentrums"**, durch das ein zukunftsträchtiges, vielleicht an mehreren Orten entstehendes Problemlösungswissen personell und materiell institutionalisiert und im Sinne des Core Concepts überregional koordiniert werden kann.[174] (Um übrigens solche, wirtschaftlich oft schmerzhafte Prioritätensetzungen in einem dynamisch und partizipativ geführten Beratungsunternehmen durchzusetzen, bedarf es einer entsprechenden „corporate culture" und „governance". Doch darüber an anderer Stelle in diesem Buch.)

---

173 Vgl. *Dietrich, Angelika, Güttl, Wofgang H.,* in: *Hasenzagl, Rupert, Stocker, Ferry,* Management abseits von Modetrends, NWV Neuer Wiss. Verl., Wien 2002, ISBN 3-7083-0051-3.

174 Vgl. *Probst, Raub, Romhardt,* Wissen Managen, Verlag NZZ Zürich 1997, ISBN 3-85823-694-2, S. 207 ff.

10.6 Engagement Teams und Practice Groups

Aufgaben- und somit zeitgebundene Projektteams und (auf längere Dauer angelegte) Fach- oder Praxisgruppen müssen als zwei weitere wichtige „Instrumente“ der – in diesem Fall **strukturorganisatorischen** – Dimension des Wissensmanagements in einem Beratungsunternehmen angeführt werden. Die Vorteile der **Teamarbeit** dürfen dabei als bekannt vorausgesetzt werden[175]. Im Beratungsgeschäft sind diese Vorteile natürlich wegen des zunächst immer an Personen gebundenen Wissens besonders wichtig. Alle für erfolgreiche Teamarbeit wichtigen Faktoren wie Personenmix, Interfunktionalität, Interaktivität und Hierarchievermeidung sind wichtige Voraussetzungen für eine effektive und effiziente **Distribution**, d. h. Verteilung vorhandenen, Sammlung neuen und Speicherung entstehenden Wissens in jedem Beratungsprojekt. Und damit daraus institutionell verankertes Wissen für die Firma entsteht, braucht es **interne Fachgruppen**, die durch entsprechende methodische und technische Hilfsmittel unterstützt werden müssen. Auf diese Weise kann die Wissensarbeit personell (zumindest virtuell) auf Dauer gebündelt und gespeichert werden.

10.7 Engagement Performance Review

Dieses „prozessorientierte“, also dem **Systembereich** eines Beratungsunternehmens zuzurechnende Instrument ist in mehrfacher Hinsicht wichtig. Natürlich geht es zunächst um eine schriftliche, an differenzierte und aufgabenkonforme Kriterien gebundene **Leistungsbeurteilung** eines Mitarbeiters als Grundlage für das am Ende jedes Projektes, mindestens aber nach einigen Monaten fällige formale **Mitarbeitergespräch** mit dem Projektleiter und/oder dem für ein Projekt bzw. einen Klienten verantwortlichen Partner. Hinzu kommen die Bewertungen der außerhalb der Projektarbeit gelieferten Beiträge (wie z. B. Publikationen, Trainingsbeiträge, Praxisentwicklung), deren Sammlung meist einem permanent zugeordneten **Karrierebetreuer** obliegt. Die neutrale Auswertung durch die Firmen- bzw. Standortleitung solcher, im Laufe eines Jahres von mehreren temporären „Leistungsempfängern“

---

[175] Vgl. *Katzenbach, Jon R. / Smith, Douglas K.,* The Wisdom of Teams, Harvard Business School Press, Boston 1993, ISBN 0-87584-367-0.

zustande gekommenen Leistungsbeurteilungen eines Mitarbeiters gegenüber den für seine Karrierestufe gültigen und bekannt gemachten Standards bilden eine unerlässliche Grundlage für optimale **Vergütungsentscheidungen** einschließlich der als **Leistungsanreiz** überaus wichtigen Bonus-Komponente. Mit diesem Instrument lassen sich – zumindest von den Systemvoraussetzungen her – wichtige Ziele des Wissensmanagements verbinden: durch Aufnahme entsprechender Parameter in den Kriterienkatalog und konsequente **Wertschätzung für wissensbildende Leistungen** im betrieblichen Alltag und bei internen Veranstaltungen lässt sich eine günstige Atmosphäre für die Applikation von Wissen bei den Klienten und für die Kultivation von Wissen zum Wohle der Firma schaffen.

10.8 Firm Format, Writing und Visual Aids

Diese – am ehesten dem **Stilbereich** der Unternehmensführung zuzurechnende – Dimension wird in ihrer Bedeutung für das Wissensmanagement oft unterschätzt und als vordergründig abgetan. Dahinter verbergen sich aber bei den erfolgreichen Beratungsfirmen anspruchsvolle Ideale der intellektuellen **Qualität des Denkens** und der professionellen **Qualität der Kommunikation**, beides notwendige Voraussetzungen für gute Problemlösungen und deren erfolgreiche Umsetzung. Für das **Wissensmanagement** im international tätigen Beratungsunternehmen ergibt die Entwicklung und Pflege firmenweit einheitlicher Sprach-, Argumentations-, Schreib- und Visualisierungsmethoden – einschließlich entsprechender technischer Mittel – jedoch zusätzlich einen unschätzbaren **Produktivitätsgewinn.**[176] Jede in diesem Sinne durchdachte firmenweite Vereinheitlichung hilft nämlich, darin geübte Personen (über Länder und Erdteile hinweg) flexibel einzusetzen, in Teams zu integrieren und dabei sofort selbständig – d. h. ohne viel „support" – tätig werden zu lassen.

Wenn nun das in einer solchen Beratungssituation eingebrachte und neu entstandene Wissen denselben Formalforderungen entspricht, er-

---

[176] Vgl. *John Page, Fritz Lechleuthner, Loretta Hervey*, Socio-Economic Implications of New Information Technology, WP-84-44, IIASA-Publications, Laxenburg, June 1984, S. 32 ff.

gibt sich nicht nur eine für den Klienten nützliche Effizienzverbesserung der Teamarbeit sondern auch ein wertvoller Beitrag für die firmeninterne **Distribution,** also die Sammlung, Speicherung und Verteilung des Beratungswissens. Solche firmenweiten „Formalitäten" können von einheitlichen Schriftarten für bestimmte Medien über die grafische Gestaltung von Schaubildern und das Querformat von Präsentationen bis zur Organisation und Dokumentation der Arbeit lokaler Forschungsabteilungen und international tätiger Praxisgruppen reichen.[177]

10.9 Problem Solving und Staff Development

Hier geht es um die Dimension der **Skills**, der für das Unternehmen als Ganzes charakteristischen Fähigkeiten. Das unter dieser Rubrik wichtigste Kapital eines Beratungsunternehmens ist seine **Problemlösungskompetenz**, die letztlich nur durch entsprechend qualifizierte Beratungsteams zum Einsatz kommen kann. Folgerichtig bildet die Personalentwicklung in Form einer kontinuierlichen, alle Karrierestufen umfassenden, jeweils aufgaben- und rollenspezifischen **Aus- und Weiterbildung** ein wichtiges Instrument des **kollektiven Wissensmanagements** eines Beratungsunternehmens. Hier geht es um das verfügbare Fachwissen zu den Problemstellungen ebenso wie um das firmenweite Methodenwissen zu den Problemlösungen, um das einheitliche Wissen über die eigene Firma ebenso wie um das entsprechende Verständnis der eigenen Funktionen darin.

10.10 Staff Recruiting und Personal Development

Diese Dimension betrifft den **Staff,** also das (vor allem) professionelle Personal, die Mitarbeiter im Beraterstab einer Firma im Einzelnen. Hier sind es die Instrumente der **Personalbeschaffung** und der **individuellen Personalentwicklung**, die einen signifikanten Beitrag zum institutionellen Wissensmanagement leisten können. In ihrer Durchführung überaus aufwändige, strategiekonforme Beschaffungspro-

---

[177] Über andere Aspekte des (Führungs)stils vgl. *von Rosenstiehl, Lutz,* in *Mandl, Heinz, Reinmann-Rothmeier, Gabi,* „Wissensmanagement", Oldenbourg, München 2000, S. 147 ff.

gramme sollen helfen, die **„high potentials"** aufzuspüren und die besten – möglichst nur diese – für eine Karriere in der eignen Firma zu selektieren. Dafür eignen sich Spezialveranstaltungen, Internetauftritte, Schnupperwochen, Serieninterviews, Qualifikationstests und Evaluationsverfahren, die auf langjährigen Erfahrungen – Teil des im Unternehmen akkumulierten Wissens - beruhen aber immer wieder an neue Gegebenheiten und Erfordernisse angepasst werden müssen. Und wenn die gesuchten an Bord sind, soll ihnen jede Möglichkeit zum **persönlichem Wachstum** und zur **professionellen Entfaltung** geboten werden – zum eignen Nutzen und dem der Firma. Dafür gibt es Instrumente zur karrierekonformen Planung der eignen Entwicklung mit Feedback, Angebote zur persönlichen Weiterbildung und zur beruflichen Profilierung.

10.11 Superordinate Goals

So nannten Peters und Waterman 1979 in einem internen Staff-Paper das was sie später in „Search of Excellence" als Shared Values bezeichneten.[178] Für unsere Betrachtung der Beratungsbranche sind aber **„gemeinsame Werte"** als einigendes Band für die in einem erfolgreichen Beratungsunternehmen versammelten Kräfte nicht zu weit hergeholt. True Partnership, Professional Approach und One Firm sind illustre Beispiele solch einigender Wertvorstellungen. Aus ihnen können alle Beteiligten die Inspiration für zukunftsichernde **Innovationen** ebenso schöpfen wie die Kriterien, um gefährliche **Risiken** existenzgefährdender Entwicklungen zu erkennen. Auch eine solche, unternehmssichernde Aufgabe kann als Bestandteil erfolgreichen **institutionellen Wissensmanagements** angesehen werden.

10.12 Zusammenfassung

Zunächst war es dem Autor ein Anliegen, die umfassende Natur und Vielfalt der Ansatzpunkte für das Wissensmanagement im Consulting deutlich zu machen. Zu diesem Zweck wurden zuerst die Situation, der Weg und das Umfeld eines aufstrebenden Beraters möglichst wirklichkeitsnah beschrieben.

---

[178] Vgl. „In Search of excellence", a. a. O.

Es folgte die Darstellung der systemischen Perspektive (7-S-Modell) und der (drei) operativen Aufgaben im Wissensmanagement.

Vor dem Hintergrund dieser Konstellation wurden einige wichtige Instrumente und ihr Einsatz für die Gestaltung des Wissensmanagements im Consultingbetrieb beschrieben.

10.13 Literatur

Hasenzagl, Rupert / Stocker, Ferry, Management abseits von Modetrends, NWV Neuer Wiss. Verl., Wien 2002, ISBN 3-7083-0051-3.

Horx, Matthias, Die acht Sphären der Zukunft, Signum Verlag, Wien Hamburg 1999, ISBN 3-85436-299-4, S. 161 ff.

Katzenbach, Jon R. / Smith, Douglas K., The Wisdom of Teams, Harvard Business School Press, Boston 1993, ISBN 0-87584-367-0.

Kluge, Jürgen / Stein, Wolfram / Licht, Thomas, Knowledge Unplugged. The McKinsey & Company global survey on knowledge management, Palgrave New York, 2001, ISBN 0-333-96376-8.

Kyrer, Alfred, Neue Politische Ökonomie 2005, Oldenbourg, München Wien 2001, ISBN 3-486-25568-1.

Mandl, Heinz / Reinmann-Rothmeier, Gabi, Wissensmanagement, Oldenbourg München 2000, ISBN 3-486-25386-7.

Matis, Herber / Stiefel, Dieter, Unternehmenskultur in Österreich, Service-Fachverlag, Wien 1987, ISBN 3-85428-097-1.

Page, John / Lechleuthner Fritz / Hervey Loretta, Socio-Economic Implications of New Information Technology, WP-84-44, IIASA-Publications, Laxenburg, June 1984.

Peters, Tom / Waterman, Robert H., In Search of Excellence, Harper & Row New York 1982, ISBN 0-06-015042-4.

Probst, Gilbert / Raub, Stefan / Romhardt, Kai, Wissen Managen, Verlag NZZ, Zürich 1997, ISBN 3-85823-694-2.

Schneider, Ursula, Die 7 Todsünden im Wissensmanagement, Frankfurter Allgemeine Buch, 2001, ISBN 3-89843-043-X.

Willke, Helmut, Systemisches Wissensmanagement, UTB Stuttgart 2001, ISBN 3-8252-2047-8.

11 Martina Luttenfeldner: Performance Measurement

Martina Luttenfeldner
Senior Consultant der Siemens AG Österreich

11.1 Komplexe Herausforderungen im Umfeld des Performance Measurements

Der rasante strukturelle und gesellschaftliche Wandel in einer zunehmend globalisierten Welt führt zu einer exzessiven Steigerung der Komplexität im wirtschaftlichen, sozialen und politischen Geschehen. Sowohl in profit- als auch in nonprofit-orientierten Organisationen geschieht vieles gleichzeitig und es ist für die Handelnden trotz mehr oder weniger eingesetzten und genutzten Methoden des Wissensmanagements kaum mehr überschaubar, was in den unterschiedlichen internen und externen Einflussbereichen gerade passiert. Vor allem steigt der Vernetzungs- und Komplexitätsgrad der Entscheidungsparameter. Was an einem Ort geschieht, kann an einem anderen unvorhergesehene Konsequenzen nach sich ziehen.

Das heißt, dass sich nicht nur die Ressourcen Zeit und Geld verknappen, sondern die zunehmende Komplexität Führungskräfte und Manager vor völlig neue Aufgaben stellt, die neue Kenntnisse und Fähigkeiten erfordern.

Vor dem Hintergrund des beschriebenen Szenarios kann kein Unternehmen weiterwirtschaften wie in der Vergangenheit. Die Herausforderung für die Organisationen und damit für deren Verantwortungsträger lautet: schnellere und effizientere Bewältigung einer zunehmenden Vielfalt sich rasch ändernder Aufgaben und permanente Steuerung der Veränderungsprozesse.

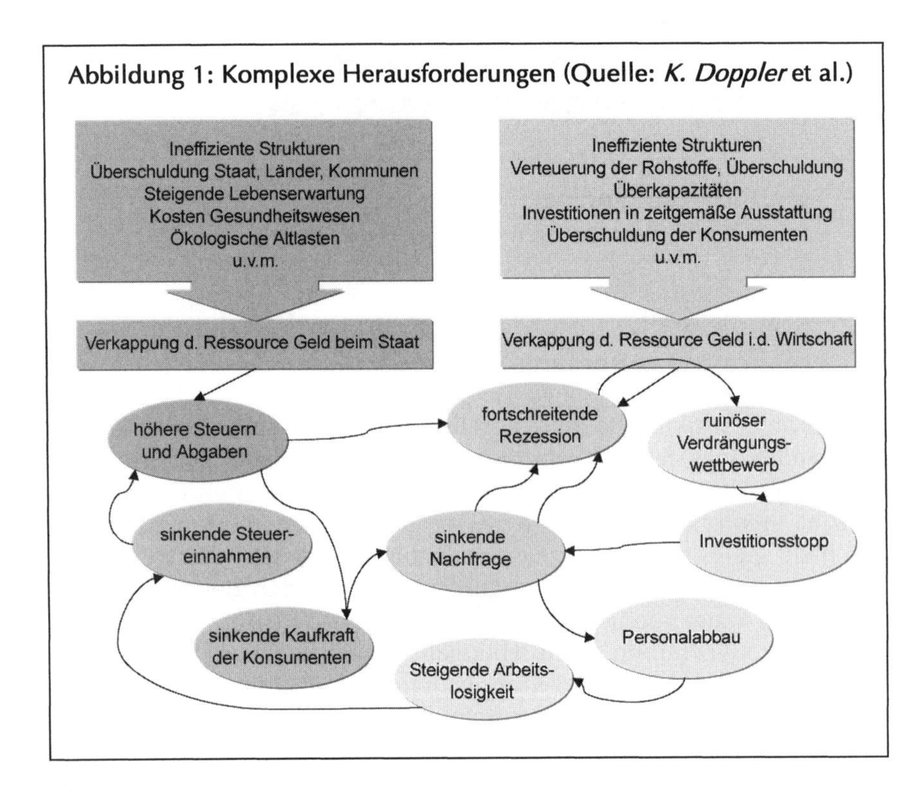

Abbildung 1: Komplexe Herausforderungen (Quelle: *K. Doppler* et al.)

Wer wirtschaftlich dauerhaft überleben will, muss folgende Aspekte berücksichtigen:

- **Nähe zum Markt und zum Kunden** durch intensives Kundenbeziehungsmanagement und/oder durch Verkürzung der Wege zu Kunden/Markt.

- **Rasche Reaktionsfähigkeit und hohe Flexibilität** durch Verlagerung operativer Entscheidungskompetenzen an die Kundenschnittstelle bzw. an die Basis.

- **Steigerung der Produktivität und der Qualität** durch Mitarbeiterorientierung, Motivation, Kommunikation und Kooperation.

- **Optimierung der Kosten** durch Konzentration auf Kernkompetenzen, Reduktion des administrativen Overheads und der Vereinfachung von Prozessen.

Der Erfolg bei der Bewältigung dieser Herausforderungen steht permanent auf dem Prüfstand und muss daher gemessen werden. Wie sieht nun ein Konzept für ein zukunftssicherndes und praktikables Performance Measurement aus?

11.2 Governance – Leitbild für einen ganzheitlichen Ansatz

Zur Bewältigung der komplexen Herausforderungen reichen Einzelaktionen zur Organisationsentwicklung in der Regel nicht aus. Veränderungen werden nur dann erfolgreich umgesetzt, wenn die Ausgangslage umfassend analysiert ist und die sich daraus ergebenden Handlungsfolgen richtig abgeleitet werden. Ein zielführendes Konzept, das den Wandel in allen relevanten Dimensionen beinhaltet und alle Aspekte zur Umsetzung (technisch, wirtschaftlich und sozial) berücksichtigt, muss die Grundlage für konkrete Maßnahmen bilden. Im Mittelpunkt für die erfolgreiche Umsetzung steht das Wollen und Können der Menschen in der Organisation und die zielgerichtete Auswahl von Methoden und Instrumenten, um „wildem Aktionismus" vorzubeugen.

Ausgangsbasis bei der Entwicklung wirksamer Konzepte zur Weiterentwicklung von Organisationen ist das Feedback über die Leistungsfähigkeit der Organisation. Der traditionelle Managementansatz, über das interne Berichtswesen finanzielle Kennzahlen zu analysieren, liefert nur eine eingegrenzte und i. d. R. retrograde Sicht der realen Situation. Betrachtet man das Unternehmen als eine vernetztes System, in dem sowohl aus interner als auch externer Sicht alle Aktivitäten zu Wechselwirkungen führen, ergeben sich weiterführende, mehrdimensionale Anforderungen.

Das Streben nach aussagekräftigen Ordnungskriterien zur Entwicklung von Konzepten und dem zielgerichteten Einsatz von Instrumenten und Methoden ist evident und resultiert aus Erfahrungen, dass Organisationen eher dazu neigen, je nach Dringlichkeit, punktuelle Maßnahmen zu setzen, ohne deren Wechselwirkungen umfassend zu berücksichtigen und meist auch ohne zu prüfen, in wie weit deren Umsetzung durch entsprechende, begleitende Interventionen sichergestellt werden können.

Abbildung 2: Wechselwirkungen und Regelkreise, interne Sicht und externe Wahrnehmung

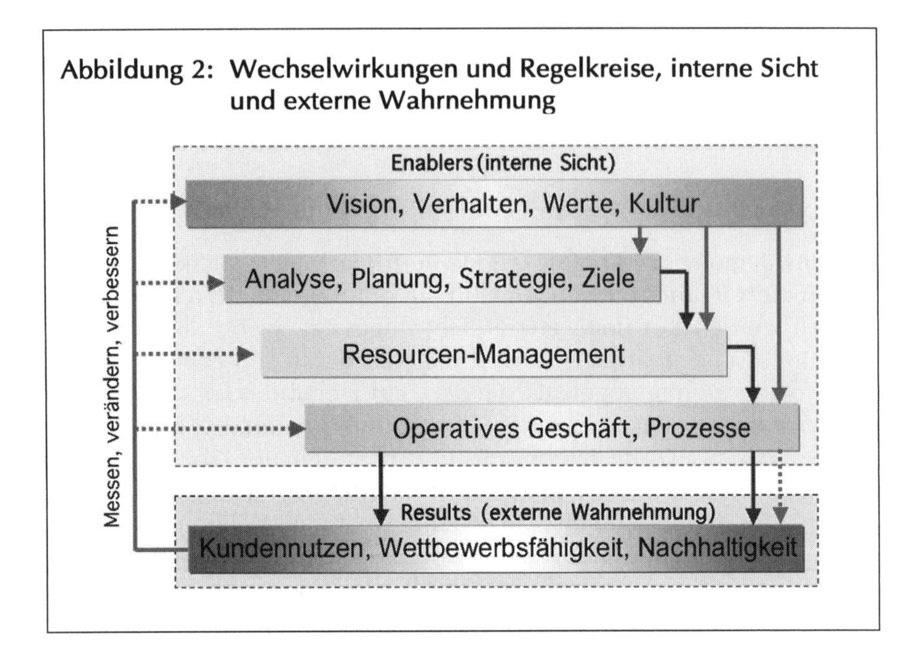

Wie sieht nun unter Berücksichtigung der genannten Aspekte ein erfolgversprechender Ansatz für die komplexen Anforderungen aus?

Als Leitbild und Orientierungshilfe bei der Zuordnung geeigneter Instrumente und Managementmethoden dient die Definition des Begriffes Governance:

Governance – als ganzheitlicher Ansatz – beschreibt die Organisations- und Steuerungsintelligenz einer Institution mit dem Ziel der (dezentralen) Steuerung und Gestaltung komplexer Systeme. In der Regel sind drei Arten von Elementen zu gestalten bzw. zu koordinieren:

- Orientierungen (Ziele, Strategien, Anreize)

- Strukturen (Organisations-, Planungs-, Informations- und Kommunikationsstrukturen)

- Entscheidungen, insbesondere im Bereich der Ressourcenallokation (Finanzierung).

Governance setzt sich mit den Wirkungen, Wechsel- und Nebenwirkungen in komplexen Systemen auseinander und untersucht insbesondere, wie groß die Handlungsspielräume sind und durch welche konkreten Maßnahmen diese Systeme im Hinblick auf die Kriterien Effektivität und Effizienz beeinflusst werden können.

11.3 Instrumente und Managementmethoden zur Umsetzung

In der Managementlehre stehen eine geradezu verwirrende Vielzahl verschiedenster Instrumente und Methoden zur Verfügung. Im Kontext zur vorangestellten Definition lassen sich diese Instrumente nach ihrem Wirkungsgebiet und nach ihrer Art einordnen.

In der nachfolgenden Übersicht beschreibt das Wirkungsgebiet den Adressaten der Maßnahme; damit ist konkret gemeint: das Individuum, eine Gruppe, das gesamte Unternehmen (oder wesentliche Teile) sowie relevante Umwelten der Organisation (Kunden, Gesellschaft, Partner u. Ä.).

Bei der Zuordnung der Maßnahme kann zwischen eher harten oder eher weichen Faktoren unterschieden werden. „Eher" deshalb, weil eine Reihe von Instrumenten und/oder Methoden mehr oder weniger Übereinstimmungen zeigen, die eine eindeutige bzw. ausschließliche Zuordnung nicht sinnvoll erscheinen lassen. Zu den eher weichen Faktoren (psychisch-sozial) zählen Instrumente und Methoden die auf die Bereiche Wissen, Verhalten, Einstellungen, Können abzielen („softfacts"). Zu den eher harten Faktoren (physisch-materiell) zählen all jene Instrumente und Methoden, die auf Strukturen, Abläufe, Systeme, Regelungen und planerische Aspekte gerichtet sind („hardfacts"). Nachfolgende sind einige Beispiele für Instrumente und Methoden zur Unternehmensentwicklung angeführt.

Adressat: Individuum

psychisch-sozial	physisch-materiell
Aus- und Weiterbildung	Bildungscontrolling
Karriereplanung	Anforderungsprofil, Stellenbeschreibung
Führung und Coaching	Zielvereinbarung und -kontrolle
Mitarbeiterbefragung	Leistungsanreizsysteme
Mitarbeitergespräch	Leistungsbeurteilung

Adressat: Gruppe

psychisch-sozial	physisch-materiell
Teamentwicklung	Teamstruktur, z. B. Projektorganisation
Rollen in Teams	Zielvereinbarung und -kontrolle
Moderationstechniken	Qualitätszirkel

Adressat: Organisation oder wesentliche Teile der Organisation

psychisch-sozial	physisch-materiell
Vision	Unternehmensauftrag
Corporate Culture	Strategie
Corporate Identity	Portfolio Management
Leitbild	Zielfindung und -vereinbarung
Führungskultur	Balanced Scorecard
Werte	Prozessmanagement
Informations- und Kommunikationsmittel	Review, Assessment, Audit

Adressat: Relevante Umwelten der Organisation

psychisch-sozial	physisch-materiell
Corporate Communication	Marktbeobachtung, Marktforschung
Kundenbindungs-Programme	Benchmarking
Kundenbefragungen	Fokus-Gruppen
Lieferantenmanagement	Lieferantenauswahl und -bewertung
Sponsoring	Reklamationsmanagement
Diplomandenbetreuung	Umweltmanagement

11.4 Aspekte bei der Auswahl geeigneter Instrumente und Methoden

Bei den komplexen Herausforderungen an die Organisationen kommt der zielgerechten Auswahl der richtigen Instrumente und Methoden eine zentrale Bedeutung zu. Ein konsequent ausgerichtetes Performance Measurement erfüllt die grundlegenden Komponenten Wirtschaftlichkeit, Effizienz und Effektivität.

Wirtschaftlichkeit nicht nur mit Bezug auf die Auswahl der wesentlichen Kenngrößen um das Unternehmen zu steuern, sondern auch in Bezug auf die Aufwand-/Nutzenrelation der Erhebung der Daten. Effizienz und Effektivität unter dem Fokus der wirkungsvollen Analyse und der Wirksamkeit der eingesetzten Instrumente und Methoden.

Neben diesen fundamentalen Leitlinien ergeben sich für die erfolgreiche Gestaltung eines geeigneten Werkzeugkoffers (Tools) zur Steuerung des Veränderungsprozesses weitere Aspekte, die bei der Zusammenstellung zu beachten sind.

In komplexen Problemstellungen wirkt meist nur eine Kombination unterschiedlich und gut aufeinander abgestimmter Maßnahmen. Eine vorangestellte, grundlegende Diagnose zeigt, wo die Schwerpunkte des Veränderungspotenzials liegen – z. B. in der Strategiefindung, in der Struktur, bei den Prozessen, der Kundenorientierung, im Verhalten und der Qualifikation der Mitarbeiter, den Arbeitsbedingungen, der Regelung der Kompetenzen oder der Ressourcenzuteilung.

Nicht die technische Perfektion und Ausgefeiltheit der Methoden und Instrumente bestimmt den Erfolg des Einsatzes, sondern das Ziel, das damit verfolgt wird. Die Mission des Einsatzes und der Anwendung müssen als glaubhafte Botschaften verstanden werden. Mit reiner Technik werden auf Dauer keine Veränderungen gelingen. In zahlreichen Unternehmen, die alle nur denkbaren Formen der Kommunikationstechnologie nutzen, um effektives Wissensmanagement zu betreiben, scheitert der Ansatz, weil die Unternehmenskultur und die Akzeptanz der Mitarbeiter nicht entsprechend entwickelt sind. Die Instrumente und Methoden werden als Pflichtübung empfunden und verfehlen die gewünschte Wirkung.

Jedes System verfügt über begrenzte Ressourcen und Energien. Die Ausgewogenheit zwischen „Über- und Unterforderung" des Systems bestimmt letztendlich über die Wirksamkeit der eingesetzten Instrumente. Ist das System unterfordert, wird weder das nötige Problembewusstsein noch die richtige Aufbruchstimmung erzeugt. Bei Überforderung verlieren die Mitarbeiter das Verständnis für die Bedeutung der jeweiligen Maßnahmen.

Bei einem Vergleich einer Organisation mit dem menschlichen Organismus ergeben sich analoge Betrachtungen. So verfügen beide Systeme über eine Art „Immunabwehrsystem". Alles, was mit der vorherrschenden Kultur nicht kompatibel ist, läuft Gefahr, abgestoßen zu werden. Die besten Mittel gegen diese Abwehrreaktion sind exzellente Vorbereitung, konstruktiver Umgang mit Widerständen, Information und Kommunikation und glaubhaftes Engagement der Führung.

In der betrieblichen Praxis ist zu beobachten, dass das Ergebnis eines Prozesses – z. B. ein Leitbild oder eine Balanced Scorecard zur Operationalisierung einer Strategie – weniger bedeutsam bewertet wird, als der Prozess der Erarbeitung selbst. Die gemeinsame Auseinandersetzung mit Inhalten und der intensive Dialog zwischen Menschen aus verschiedenen Bereichen und hierarchischen Ebenen setzen oft die entscheidenden Impulse und lassen eine neue Art von „Corporate Identity und Corporate Culture" entstehen.

11.5 Modelle für einen praxisbezogenen Einsatz von Performance Measurement

Die Bewertung der Leistungsfähigkeit einer Organisation (oder wesentlicher Teile) erfolgt meist nach finanziellen Gesichtspunkten. Aus dem Berichtswesen werden Kennzahlen berichtet und analysiert. Handlungsbedarf wird schwerpunktmäßig auf monetäre Zielerreichung ausgerichtet. Diese einseitige Betrachtungsweise wird verstärkt durch die Anforderungen der Kapitalgeber und die Fokussierung des Managements auf kurzfristige Ziele. Damit ist eine ganzheitliche Bewertung im Sinne eines Performance Measurements nur eingeschränkt möglich. Wie sehen nun umfassende Modelle aus?

Die Logik des P-D-C-A-Vorgehens (nach *E. Deming)* zeigt einen Regekreis auf, der auf ein strukturiertes Managen einer Organisation abzielt.

Abbildung 3: PDCA-Zyklus nach *Deming*

P – (Plan) ein bestimmtes Vorgehen/Prozess/Ergebnis planen
D – (Do) durchführen wie geplant
C – (Check) die Wirksamkeit messen
A – (Act) bei Abweichung von der Zielerreichung handeln.

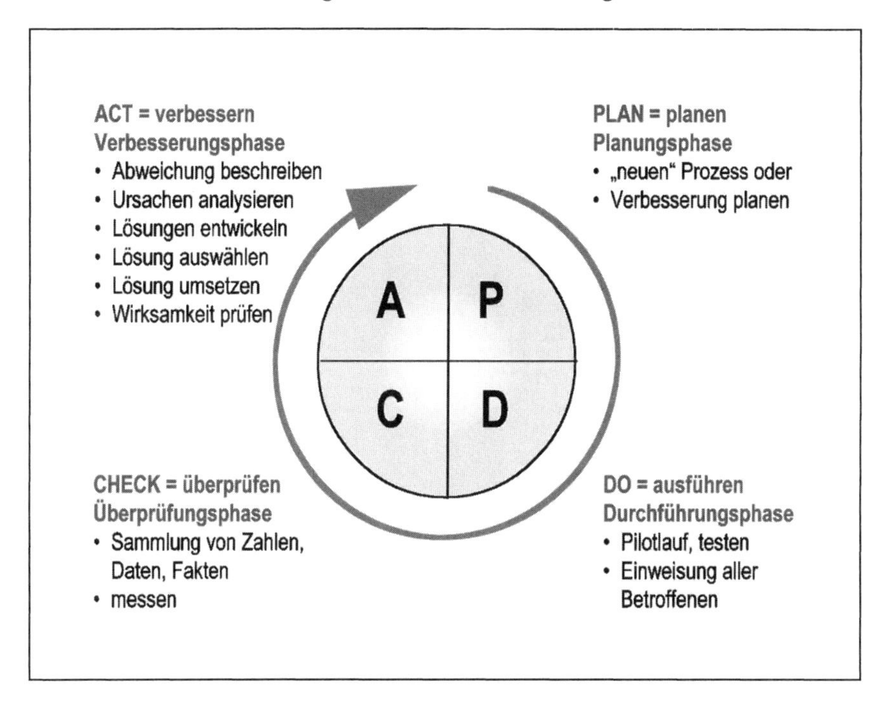

Dieser grundlegenden Logik entspricht auch das umfassendere Vorgehen zur Bewertung der Leistung und des Reifegrads einer Organisation nach einem international anerkannten Modell – dem EFQM-Model for Excellence.

Das Model for Excellence wurde von der European Foundation for Quality Management (EFQM) entwickelt. 1992 wurde auf Basis dieses

Modells erstmals der European Quality Award verliehen, eine Auszeichnung für Unternehmen, die nachweisen können, *„dass ihr Vorgehen zur Verwirklichung von umfassenden Qualitätsmanagement (Total Quality Management) über eine Reihe von Jahren einen beträchtlichen Beitrag zur Erfüllung der Erwartungen von Kunden, Mitarbeitern und anderer geleistet hat"*. Kurzfristige Geschäftserfolge zählen bei der Beurteilung ebenso wenig wie Insellösungen oder Aktionismus. Die Kriterien des Modells sind international als Rahmen und Best Practice für nachhaltige Unternehmensentwicklung anerkannt.

Abbildung 4: EFQM-Modell

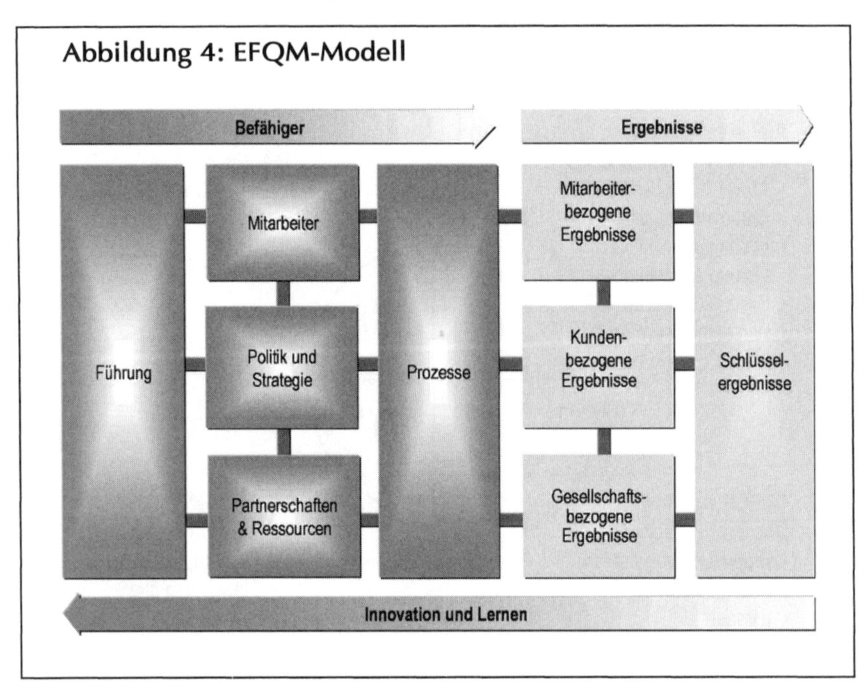

Das EFQM-Modell ist in seiner Grundstruktur offen gehalten, denn es gibt viele unterschiedliche Vorgehensweisen um nachhaltig Erfolg im Sinne von „Excellence" zu erzielen. Im Rahmen des offen gehaltenen Modell-Ansatzes dienen einige grundlegende Aspekte als Empfehlung zur Entwicklung einer Organisation und spiegeln sich in den Kriterien des Modells wieder.

Das Modell besteht aus neun Kriterien: fünf Befähiger- und vier Ergebniskriterien. Die Befähigerkriterien (Enabler) beschäftigen sich mit dem was eine Organisation zur nachhaltigen Entwicklung unternimmt; die Ergebniskriterien behandeln, welche Leistungen (Results) eine Organisation aufgrund der Befähiger erzielt. Nachhaltigkeit beruht aus dieser Sicht unter folgender Prämisse: *Exzellente Ergebnisse in Hinblick auf Leistung, Kunden, Mitarbeiter und Gesellschaft werden durch eine Führung erzielt, welche die Politik und Strategie, Mitarbeiter, Partnerschaften und Ressourcen sowie Prozesse auf einem hohen Niveau vorantreibt.*

Die Bewertung der Leistung einer Organisation (Performance Measurement) erfolgt anhand einer Logik, die der des PDCA-Zyklus nach Deming ähnlich ist und die im Modell als RADAR-Logik bezeichnet wird.

RADAR besteht aus den Elementen:

Results (Ergebnisse): Dies umfasst, was eine Organisation leistet. In einer exzellenten Organisation weisen die Ergebnisse positive Trends und/oder gute Leistungen über einen längeren Zeitraum auf.

Approach (Vorgehen): Eine exzellente Organisation verfügt über ein fundiertes Vorgehen, wohl begründete, gut definierte und gestaltete Prozesse und eine klare Ausrichtung auf die Bedürfnisse der Interessengruppen.

Deployment (Umsetzung): Dies umfasst die Maßnahmen, die eine Organisation durchführt, um das Vorgehen umzusetzen. In einer exzellenten Organisation ist das Vorgehen in allen relevanten Bereichen auf systematische Art und Weise eingeführt.

Assessment and

Review (Bewertung und Überprüfung)

Die Bewertung selbst kann z. B. in Form von Assessments durchgeführt werden. Das Bestechende an dem Vorgehen ist, dass die Performancemessung nicht nur die Ergebnisse selbst betrifft, sondern die eingesetzten Instrumente und Methoden selbst auf deren Effizienz und

Effektivität überprüft werden. Es werden die Stärken und Verbesserungsbereiche identifiziert, die eine ressourcenschonende und wirkungsvolle Planung von Maßnahmen zur Performancesteigerung ermöglichen.

Außerdem liegt der Nutzen darin, dass konsequent Ursache-Wirkzusammenhänge zwischen den Ergebnissen und Befähigern sowie die Lernfähigkeit einer Organisation hinterfragt werden.

Selbst der immer wiederkehrende Wunsch nach Kennzahlen für die Performance einer Organisation kann durch die Bewertungslogik und die Gewichtung der einzelnen Kriterien befriedigt werden, sollte allerdings nicht als einzige Grundlage z. B. für Benchmarking herangezogen werden.

11.6 Exemplarische Darstellung eines Bewertungsmodells

Die Kriterien des EFQM-Modells fokussieren die wesentlichen Interessenpartner einer Organisation (Kunden, Kapitalgeber, Mitarbeiter, Partner/Lieferanten, Umwelt/Gesellschaft) und hinterfragen

- in den Befähigerkriterien das „Wie eine Organisation plant, handelt und lernt" und
- in den Ergebniskriterien das „Was eine Organisation durch die Maßnahmen erreicht".

In den nachfolgenden Beispielen werden Zusammenhänge dargestellt und anhand einer exemplarischen Bewertung die Anwendung des Modells erklärt. Dabei wird ein Idealfall konstruiert, um alle Attribute der RADAR-Logik anwenden zu können.

Modellbezug (grob)	Hauptaspekt des Kriteriums	Beispiele für das Vorgehen bzw. die damit erzielten Ergebnisse einer Organisation	Bezug zur RADAR-Logik (grob)
Kriterium 9 Schlüsselergebnisse	Was die Organisation in Hinblick auf ihre geplanten Leistungen erreicht.	Der Marktanteil für Produkt X ist in den Geschäftsjahren 1999 – 2002 um die jeweils geplanten Prozentsätze gewachsen. Die Zielerreichung liegt – verglichen mit dem Mitbewerb – über dem üblichen Branchendurchschnitt.	Ziele wurden erreicht. Die gesteckten Ziele sind angemessen; Vergleiche mit anderen Organisation liegen vor und fallen positiv aus.
Kriterium 6 Kundenbezogene Ergebnisse	Was die Organisation in Hinblick auf ihre externen Kunden erreicht.	Die Wechselwirkung zwischen der Einführung von Kundenentwicklungsplänen (1999) und dem Zuwachs an Marktanteilen ist deutlich erkennbar.	Die Ergebnisse sind auf das Vorgehen zurückzuführen.
Kriterium 2 Politik und Strategie	Wie die Organisation ihre Vision und Mission durch eine klare, auf die Interessengruppen ausgerichtete Strategie einführt und wie diese durch entsprechende Politik, Pläne, Ziele, Teilziele und Prozesse unterstützt wird.	Die Strategiefindung beruht auf Erkenntnissen aus: Kundenentwicklungsplänen, Portfoliomanagement und Marktanalysen. Das Controlling der Umsetzung der Strategie erfolgt mittels Balanced Scorecard.	Das Vorgehen ist fundiert, integriert eingeführt und wird systematisch umgesetzt.
Kriterium 1 Führung	Wie die Führungskräfte die Mission und Vision erarbeiten und deren Erreichen fördern; wie sie die für den langfristigen Erfolg erforderlichen Werte erarbeiten, diese durch entsprechende Maßnahmen und Verhaltensweisen umsetzen und durch persönliches Mitwirken dafür sorgen, dass das Managementsystem der Organisation entwickelt und eingeführt wird.	In der jährlich stattfindenden Führungskräfte-Klausur zur Strategiefindung bzw. der Aktualisierung der Strategie wird auch die Effektivität des Prozesses der Strategiefindung selbst hinterfragt. Aufgrund der Erkenntnisse aus der Klausur 2000 werden jetzt auch die Erkenntnisse aus dem Portfoliomanagement zur Strategiefindung genutzt.	Regelmäßige Messungen der Effektivität des Vorgehens und der Umsetzung sowie lernorientierte Aktivitäten finden statt, um Verbesserungsmöglichkeiten zu identifizieren. Verbesserungen werden geplant und eingeführt.

Kriterium 3 Mitarbeiter	Wie die Organisation das Wissen und das gesamte Potenzial ihrer Mitarbeiter auf individueller, teamorientierter und organisationsweiter Ebene managt, entwickelt und freisetzt und wie sie diese Aktivitäten plant, um ihre Politik und Strategie und die Effektivität ihrer Prozesse zu unterstützen.	1998 wurde für die Mitarbeiter im Bereich „Corporate Development" eine Weiterbildungsreihe zum Thema „Governance" mit Schwerpunkt „Methoden und Instrumente" entwickelt. Bis Ende 2000 haben alle Mitarbeiter die Lehrgänge besucht. In Folge stieg die Zufriedenheit der Bereichsleiter in Bezug auf die Beratung bei der Strategiefindung, dem Portfoliomanagement und der Einführung der Balanced Scorecard deutlich an.	Das Vorgehen ist, sofern zweckmäßig, mit anderen Vorgehensweisen der Organisation verknüpft.
Kriterium 4 Partnerschaften und Ressourcen	Wie die Organisation ihre externen Partnerschaften und internen Ressourcen (Finanzen, Informationen, Assets, Wissen) plant und managt, um ihre Politik und Strategie und die Effektivität ihrer Prozesse zu unterstützen.	2001 wurde eine Datenbank zur Erfassung der Kundenentwicklungspläne und anderer, relevanter Kundendaten angelegt. Die Mitarbeiter kennen die Anwendung und wissen um die Bedeutung der Informationen. Monatlich wird der „Wissensmanager des Monats" ermittelt und im Intranet vorgestellt.	Vorgehen ist fundiert, integriert, eingeführt, systematisch.
Kriterium 5 Prozesse	Wie die Organisation ihre Prozesse gestaltet, managt und verbessert, um ihre Politik und Strategie zu unterstützen und ihre Kunden und andere Interessengruppen voll zufrieden zu stellen und die Wertschöpfung für diese zu steigern.	1998 wurde das Prozessmodell der Organisation erarbeitet. Die Prozessverantwortung für die Hauptprozesse ist geregelt. Seit der Einführung wurde der Customer Relationship-Prozess grundlegend überarbeitet und verbessert. Seit 2000 werden jährlich Kundenbefragungen durchgeführt.	Vorgehen ist fundiert, integriert, eingeführt, systematisch, wird gemessen und verbessert.

Kriterium 6 Kunden-bezogene Ergebnisse	Was die Organisation in Hinblick auf ihre externen Kunden erreicht.	Die Ergebnisse der Kundenbefragungen in bezug auf die Kontaktqualität (Verständnis der Anforderungen der Kunden) und die Entwicklung marktgerechter Produkte (Kundennutzen) haben sich seit 2000 um 2,5 % bzw. 2,1 % verbessert. Die Ziele wurden erreicht, 2001 sogar übererfüllt.	Trends sind positiv, die Ziele werden erreicht.

In dem Beispiel erfolgt die Bewertung ausschließlich für das Vorgehen und die Güte der Ergebnisse. Der zur gesamtheitlichen Bewertung nötige Maßstab für den Reifegrad für die Befähiger bzw. Umfang der Ergebnisse schließt folgende Aspekte ein:

Befähiger

0 % **keine** Nachweise – anekdotische Informationen
25 % **einige** Nachweise ...
50 % **viele** Nachweise ...
75 % **klare** Nachweise ...
100 % **umfassende** Nachweise für die gesammelten Informationen, die auf eine Erfüllung der zu bewertenden Anforderungen hinweisen

Ergebnisse

0 % Es liegen **keine** Ergebnisse und/oder nur anekdotische Angaben vor.
25 % **Einige** vorliegende Ergebnisse ...
50 % **Viele** vorliegende Ergebnisse ...
75 % **Die meisten** vorliegende Ergebnisse ...
100 % **Alle** vorliegenden Ergebnisse weisen einen **deutlich** positiven Trend über **mindestens 5 Jahre** auf, die zeigen, dass alle der exzellenten und angemessenen Ziele erreicht werden, von denen alle im Vergleich mit anderen Organisationen exzellent abschneiden, von denen alle auf das Vorgehen im Sinne der Befähiger zurückzuführen sind und die vom Umfang her

alle der zu betrachtenden Bereiche (auch im Sinne von Leistungsindikatoren) abdecken.

11.7 Nutzen und Grenzen

Der überwiegende Anteil der Befragten Manager und Führungskräfte führt folgende Aspekte als Nutzen durch die Art der Bewertung an:

- Ganzheitliche Sicht auf die Organisation.
- Wechselbeziehungen zwischen den Maßnahmen und den Ergebnissen werden sichtbar.
- Das Vorgehen zwingt, in Regelkreisen zu denken.
- Keines der Berichtswesen erlaubt einen dermaßen umfassenden Blick auf die Organisation.
- Das Modell fragt nicht nur nach Schwächen, sondern zuerst nach Stärken.
- Die Anwendung der RADAR-Logik zwingt, eingefahrene Verfahren und Methoden zu hinterfragen.
- Die gemeinsame Anwendung des Modells hat die gemeinsame Sicht auf das Unternehmen gefördert und die Identifikation mit den Maßnahmen unterstützt.
- Die erarbeiteten Ergebnisse fördern die Identifikation im Management-Team.
- Die Art der Bewertung stößt an Grenzen, wenn das Instrument zur Messung der Unternehmensleistung zum Beispiel dazu benutzt wird, um „viele Punkte" zu erreichen oder zur „Pflichtübung" verkommt. Deshalb ist ein gewisser Reifegrad der Unternehmenskultur Grundvoraussetzung, um ein tragfähiges Ergebnis der Performance erarbeiten zu können.

Dass in diesem Zusammenhang auch wieder die Aspekte Wirtschaftlichkeit, Effizienz und Effektivität zum Tragen kommen, muss nicht explizit erwähnt werden. Denn der Nutzen aus dem Performance-Measurement besteht einzig und alleine darin, die erkannten Stärken auszubauen und die Defizite durch gezielte Maßnahmen auszumerzen. Darin besteht ein wesentlicher Teil der Managementaufgaben zur nachhaltigen Entwicklung einer Organisation.

11.8 Literatur

Doppler, K. / Lauterburg, Ch., Change Management, New York 1997.

Kaminske, G. F. / Brauer, J.-P., Qualitätsmanagement von A – Z, München, Wien 1993.

Klingenbiel, N., Performance Measurement, Wiesbaden 1999.

Kotter, J. P., Chaos Wandel Führung, Düsseldorf 1997.

Kyrer, A., Integratives Management für Universitäten und Fachhochschulen, Wien 2002.

Wilke, H., Systemisches Wissensmanagement, Stuttgart 2001.

European Foundation for Quality Management, Das EFQM-Modell für Excellence, Brüssel 1999.

12 Dieter Proske: Wissensmanagement – der Weg zur Performancesteigerung in Wirtschaft und Staat

Univ.-Doz. Dkfm. Dr. Dieter Proske
Paris-Lodron-Universität Salzburg

Nach Auffassung führender Experten haben wir die Informationsgesellschaft durchschritten und sind in die globale Wissensgesellschaft eingetreten. Wissen ist zum dominierenden Produktionsfaktor geworden und professionelles Wissensmanagement zur vorrangigen Führungsaufgabe. In der Praxis ist Wissen in den meisten Fällen jedoch noch immer eine schlecht gemanagte, ja geradezu verschwendete Ressource. Der vorliegende Beitrag gibt einen groben und pragmatischen Einblick in die junge betriebswirtschaftliche Disziplin des Wissensmanagements. Diese liefert uns nicht nur Hilfestellungen für einen besseren Umgang mit der wertvollen Ressource Wissen, sondern unterstützt auch organisationales Lernen und damit die Fähigkeit von Organisationen zur Bewältigung einer sich rasch verändernden und komplexer werdenden Wirklichkeit.

12.1 Von der Information zum Wissen

Ein guter Teil der Auswüchse der Informations- und Kommunikationsgesellschaft geht ganz offensichtlich auf die Asymmetrie zurück, mit der wir Information im Vergleich zu Wissen behandeln. Oder konkreter: Die Auswüchse der Informationsgesellschaft sind auf unsere mangelnde Fähigkeit oder Bereitschaft zurückzuführen, Wissen ähnlich wie Information unter Zuhilfenahme der modernen Technologien zu verarbeiten und Wissen darüber hinaus kommunizierbar zu machen. Wir haben zwar eine elektronische Informationsverarbeitung, aber keine elektronische Wissensverarbeitung. Wir kommunizieren in reichlichem Ausmaß Informationen, aber wir kommunizieren nicht in gleichem Ausmaß Wissen in einer verständlichen, konsensfähigen Aufbereitungsform, die die Perzeption auf breiter Basis ermöglicht. Wissen ist der Katalysator, der dazu tendiert, die (Über-) Information unter Kontrolle zu halten, und übt seine **informationsökologische** Funktion aus, indem es die Information mit (Ursachen-Wirkungs-) Zusammenhängen anreichert und sie dadurch in Bezug zu unseren tatsächlichen Problemen setzt. Als Metapher für die Anreicherung der Information durch Wissen eignet sich der Webstuhl, der eine verwirrende Zahl für sich allein bedeutungsloser Fäden nach einem bestimmten Muster zu Tuch verwebt. Erst dieses kann der unmittelbaren Verwendung zugeführt werden.

Wissen ist der Stoff, mit dem wir unsere Zukunft gestalten. Daher verwundert es auch nicht, dass die enormen Ausgaben der Unternehmen für Informationstechnologie in den letzten Jahrzehnten bis dato keine entsprechend positiven Auswirkungen auf die Produktivität zur Folge gehabt haben (vgl. *Fuhrer/Little* 1996). Information ohne zumindest gleichlaufenden Anstieg des Wissens bleibt zahnlos im Hinblick auf die Performance der Organisation.

Im Wissenszeitalter stehen wir allerdings erneut vor der Tatsache, dass Wissen wie Information exponentiell zunimmt[179] und die Halbwertszeit gleichzeitig rapide sinkt. Wir sind damit in Gefahr, uns erneut in einer ineffizienten, kaum mehr zu bewältigenden Unübersichtlichkeit zu verstricken, wenn es uns nicht gelingt, klug mit Wissen umzugehen. Die Fortschritte auf dem Gebiet der Informationsverarbeitung (IT) und Artificial Intelligence (AI) sowie die junge Disziplin des Wissensmanagements und des organisationalen Lernens, die sich vorläufig noch fast ausschließlich am Unternehmenssektor orientiert, sollten in der Lage sein, uns dabei nennenswert zu unterstützen.

---

[179] Während ein Gelehrter vor etwa 100 Jahren noch einen groben Überblick über das auch in fremden Fachgebieten vorhandene Wissen erlangen konnte, ist es heute kaum noch jemandem möglich über das eigene Fachgebiet voll Bescheid zu wissen. Wollte ein Wissenschafter heute sämtliche Fachliteratur lesen, die in seinem Gebiet erscheint, so würde die Zeit dazu nicht ausreichen, selbst wenn er daneben nichts anderes täte. Als einprägsames Beispiel für diese Situation des Wachstums und der damit verbundenen Segregation von Wissen, bietet sich die Erstellung der Encyclopaedia Britannica an. Währen die ersten beiden Auflagen noch von zwei Wissenschaftern erstellt wurden, arbeiten an der neuesten Edition dem Vernehmen nach bereits an die 10 000 (!) Experten.

12.2 Die globale Wissensgesellschaft

Nach Auffassung führender Management Gurus haben wir die Informationsgesellschaft verlassen und sind in die globale Wissensgesellschaft eingetreten. Im Bereich der Wirtschaft weist sie u. a. folgende Charakteristika auf: Die Wissensintensität, die früher auf den Hochtechnologiebereich beschränkt war, ist nun auch in der gesamten Wirtschaft präsent.[180] Bereits einfache Basisprodukte und -prozesse werden durch Wissen aufgewertet, der immaterielle Anteil an der Wertschöpfung nimmt laufend zu. Der Wert des intellektuellen Kapitals übertrifft bei manchen Firmen den Wert des Sachkapitals bereits um ein Vielfaches.[181] Raum und Zeitdifferenzen verlieren an Bedeutung. Landesgrenzen, auch jene zwischen hochentwickelten und in Entwicklung befindlichen Ländern, bilden kaum mehr ein Hindernis für die Ausbreitung von Wissen. Die Produktentwicklungs- und Produkteinführungszeiten werden laufend kürzer, Entscheidungen müssen immer rascher und unter Berücksichtigung eines komplexeren Umfeldes getroffen und implementiert werden. Eine potente, sich rasch weiterentwickelnde und leicht zugängliche Wissensbasis, sowie die Fähigkeit zur Umsetzung vorhandenen Wissens, bilden in dieser immer komplexer werdenden und rascher agierenden Welt die vorrangige Basis für den wirtschaftlichen Erfolg.

Es herrscht weitgehend Einigkeit, dass Wissen die traditionellen Produktionsfaktoren Arbeit und Kapital bereits an Bedeutung übertrifft und zum wichtigsten Produktionsfaktor geworden ist (vgl. *Drucker* 1993, *Toffler* 1990, *Quinn* 1992 u. a.). Das Unternehmen wird als Wissenspool und als Manager von Wissen verstanden. Wie gut es diese Aufgabe erledigt, wird bestimmt über seine Konkurrenzfähigkeit

---

[180] Schätzungen aus den USA *(Nonaka/Takeuchi* 1997) kommen zu dem Ergebnis, dass bereits 60% aller Mitarbeiter von Unternehmen Wissensarbeit verrichten und vier von fünf Arbeitsplätzen aus den so genannten wissensintensiven Industrien stammen. Der Trend vom Handwerker zum „Kopfwerker" hält an.

[181] Skandia trägt dieser Tatsache Rechnung, indem sie in ihren Jahresberichten – übrigens mit großem Erfolg und beträchtlichem Imagegewinn – neben ihrer finanziellen Bilanz eine Bilanz des intellektuellen Kapitals der Firma (Kompetenzbilanz) veröffentlicht.

und Krisensicherheit. Als Konsequenz ist die Qualität der Unternehmensleitung in hohem Ausmaß an seiner Fähigkeit zu messen, den Umgang mit Wissen im Unternehmen positiv zu beeinflussen.

Für das Management von Volkswirtschaften, Regionen und Staaten gelten in weiten Bereichen ähnliche Schlussfolgerungen wie für den privaten Unternehmensbereich. Agieren sie doch grundsätzlich in der gleichen wissensintensiven, sich rasch verändernden, komplexen und globalisierten Welt. Auch hier bieten Wissensmanagement und Schaffung einer lernenden Organisation, einen Lösungsansatz für die Bewältigung dieser Herausforderungen sowie des damit zusammenhängenden drohenden **Orientierungsverlustes** in der praktischen Politik. Der Grund, warum der Staat aus der bisherigen einschlägigen Fachdiskussion eher mehr denn weniger ausgenommen worden ist, liegt zu einem nennenswerten Teil darin, dass dem Staat kein Veränderungszwang attestiert wird, da er nicht der Konkurrenz des Marktes unterworfen ist. Diese Auffassung ist jedoch falsch.

12.3 Wissensmanagement und lernende Organisation – eine pragmatische Darstellung

Ungeachtet seiner enormen Wichtigkeit, gehört Wissen[182] zu den am schlechtesten gemanagten Ressourcen (in Unternehmen genauso wie in vielen anderen Organisationen). In der Praxis hat Wissen, unterstützt durch seine immaterielle Natur, die Eigenschaft sich zu verflüchtigen. Es ist etwa nur in Köpfen von Organisationsmitgliedern vorhanden, die nicht in die Entscheidungsbildung involviert sind oder in Archiven von Abteilungen und Schreibtischladen von Organisationsmitgliedern, aus denen es niemals in die Entscheidungsbildung (und vielleicht auch niemals in den Kopf eines mit Alltagsarbeit überlasteten Mitarbeiters) einfließt oder in punktuellen Wissensinseln, die niemals miteinander vernetzt werden. Oft verlässt es die Organisation

[182] Es muss erwähnt werden, dass das Wissen im Sinne des Wissensmanagements nicht nur das (theoretische) Lehrbuchwissen, sondern die Gesamtheit der Kenntnisse und Fähigkeiten, die Individuen zur Lösung von Problemen einsetzen, erfasst. Inkludiert sind damit auch praktische Alltagsregeln, Handlungsanweisungen, persönliche Erfahrungen und Einstellung u. Ä.

mit Mitgliedern, die aus der Organisation ausscheiden, oder aber gerät schlichtweg in Vergessenheit. Viele Gutachten müssten nicht mehr in Auftrag gegeben werden, wenn die schon vorhandenen Gutachten miteinander und mit dem in der Organisation vorhandenen Wissen verknüpft würden. Die Aufträge für viele Gutachten wären gezielter und konziser, wüsste man auch nur annähernd über das in der Organisation vorhandene Wissen Bescheid. Viele Ziele, die nicht erreicht wurden, hätten erreicht werden können, wenn man sie zuvor in Form des dafür benötigten Wissens definiert hätte, viele erforderliche Innovationen, die nicht stattgefunden haben, hätten stattgefunden, wäre das in der Organisation vorhandene Wissen in vernetzter Form einer größeren Zahl von Mitarbeitern verfügbar gewesen. Die meisten Konferenzen wären effizienter und effektiver, würde bloß das relevante Begriffswissen der Organisation (Terminologie) allgemein zur Verfügung stehen. Sie würden sich darüber hinaus nicht in allgemeinen und vagen Andeutungen verlieren (*da war doch einmal etwas, da habe ich etwas gehört...*), wenn das für die Organisation relevante Wissen in übersichtlicher Form und mit vertretbarem Aufwand verfügbar wäre. Doppelgleisigkeiten und ähnliche ineffiziente Verhaltensweisen würden sich in letzterem Fall fast automatisch auflösen. Die Möglichkeiten eigennütziger oder subjektiver Einflussnahmen von Beratern auf Entscheidungsträger wären vermindert, (willkürliche) hierarchische Machtausübung mit all ihren negativen Folgen würde durch Wissen stärker kontrolliert. Eine Vielzahl von weiteren Beispielen ließe sich anführen. Der Leser wird diesen plakativen Katalog vermutlich mit Beispielen aus der eigenen Praxis anreichern können.

Glaubhaften internationalen Schätzungen zufolge, dürfte das in Unternehmen vorhandene entscheidungsrelevante Wissen im Durchschnitt tatsächlich für Entscheidungen genützt werden. Das Bonmot *„Wenn Siemens wüsste, was Siemens alles weiß"* beschreibt die Situation treffend, wobei der Firmenname beliebig austauschbar ist. Die meisten Wirtschaftsunternehmen hatten bisher kaum eine Vorstellung davon, welches Wissen für ihren Erfolg von Bedeutung ist und wie sich dieses Wissen auf die Unternehmensbereiche, Funktionen und Mitarbeiter verteilt. Der holländische Lastwagenhersteller DAF etwa, musste so erst im Nachhinein feststellen, dass er mit einer groß angelegten *Downsizing*-Maßnahme geschätzte 70 % seiner Wissensbasis verloren hatte. Ähnliche Fehler sind bei IBM und mehreren großen Chemiekonzernen dokumentiert.

Aus pragmatischer Sicht[183] und umfassend gesehen, befasst sich Wissensmanagement mit folgenden acht Fragen (Bausteine des Wissensmanagements nach *Probst* et al. 1997)[184]:

- Festlegung von **Wissenszielen**, in Übereinstimmung mit den Unternehmenszielen.
- **Identifizierung** des in- und außerhalb des Unternehmens vorhandenen relevanten Wissens (Schaffung von Wissenstransparenz).
- **Schaffung** der (klimatischen und sonstigen) Voraussetzungen zur Entstehung **neuen Wissens** im Unternehmen bzw. dem **Erwerb von externem Wissen** (Bausteine 3 und 4).
- **Wissens(ver-)teilung** (Wissen am richtigen Ort und zur richtigen Zeit, Kommunikation von vorhandenem Wissen, um es für die gesamte Organisation nutzbar zu machen und damit auch Prozesse zur Entstehung neuen Wissens auszulösen).
- **Wissensbewahrung** (Speicherung in leicht zugänglicher Form).

---

[183] Die anspruchsvollere Vision des Wissensmanagements dürfte es sein, dass letztlich alle Ziele, Aufgaben und Tätigkeiten des Unternehmens in dem dafür erforderlichen Wissen ausgedrückt werden, und dass der Darstellung des Unternehmens aus finanzieller Sicht, eine Darstellung aus dem Blickwinkel des Wissens zur Seite gestellt wird. Indikatoren wie Wissensproduktivität u. Ä. wären den traditionellen Indikatoren gegenüberzustellen, Wissen müsste messbar und dadurch ähnlich wie die traditionellen Produktionsfaktoren behandelbar werden. Eine Bilanz des „intellektuellen Kapitals" wäre der traditionellen Bilanz gegenüberzustellen usw.

[184] Im genannten Werk wird jeder der Bausteine umfassend, unter Einbeziehung von Instrumenten und Praxisillustrationen, auf 20 bis 40 Seiten behandelt. Die Ausführungen geben einen guten Einblick in die Möglichkeiten, die der Praxis im Bereich jedes Bausteins zur Verfügung stehen.

- Schaffung von (klimatischen und sonstigen Voraussetzungen) für die **Nutzung des Wissens** (zur Nutzung anregen, die Nutzung erleichtern).

- **Messbarkeit von Wissen und seiner Zunahme** (= Lernerfolge). (Voraussetzung für Erfolgsbewertung etc.).

Aus der Sicht der praktischen Implementierung weist das Wissensmanagement in Organisationen (Unternehmungen) zwei wesentliche Komponenten auf: 1. eine **technische Komponente,** deren Ausprägung u.a. vom Fortschritt in der Informationstechnologie (IT) und den Entwicklungen im Bereich Artificial Intelligence (AI) mitbestimmt ist (Wissensdatenbank). 2. eine **verhaltensmäßige Komponente** (u. a. wissensorientierte, insbesondere auf Wissensteilung und Wissensbenutzung abgestellte Unternehmenskultur). Glaubt man dem chief knowledge officer von Novartis, einem Unternehmen bei dem Wissensmanagement schon sehr weit fortgeschritten ist, so macht die technische Komponente etwa 10% und die Verhaltenskomponente 90% eines erfolgreichen Wissensmanagement aus.

12.4 Wissensdatenbanken

Außer in Wissensdatenbanken ist Wissen im Unternehmen in verschiedenster Weise zu speichern. In traditionellen Ablagen einschließlich Bibliotheken, Organisationsanweisungen, Prozessen in der Unternehmenskultur, gemeinsamen Wertvorstellungen und entsprechenden Verhaltensweisen, informellen Organisationen usw. Effizientes, modernes Wissensmanagement kommt allerdings um die Erstellung einer **Wissensdatenbank**, in die ein möglichst großer Teil des Wissens der Organisation einfließen und in **vernetzter Form** wieder verfügbar gemacht werden sollte, nicht herum. Durch die Vernetzung des Wissens steht nicht nur das eingespeicherte Wissen rasch und auf breiter Basis zur Verfügung, sondern es entsteht darüber hinaus neues, für Problemlösungen hochwertigeres Wissen. Die Wissensdatenbank bildet das **kollektive Gedächtnis der Institution**. In ihr sind die Erfahrungen der Organisation sowohl über die einzelnen Organisationseinheiten hinweg als auch im Zeitablauf in vernetzter Form verfügbar. Sie ist auch das Medium, über das **individuelles** in zumeist wertvolleres **kollektives Wissen,** und dieses wiederum in noch wertvolleres **or-**

ganisationales Wissen umgewandelt wird. Sowohl das für Wissensmanagement charakteristische Prinzip des Teilens mit anderen, als auch die ebenfalls charakteristische Idee der Vernetzung, findet hier einen Niederschlag. Die alternativen Begriffe für Wissensmanagement sind in der Praxis entsprechend *Knowledge-Networking* oder *Knowledge-Sharing.*

12.5 Verhaltensweisen

Die technische Seite zur Erstellung von Wissensdatenbanken ist gelöst und nicht teuer. Die weitaus schwierigere Aufgabe ist die fachliche Strukturierung und Verknüpfung des zu speichernden Wissens und seine laufende Wartung sowie die Änderung der Verhaltensweisen und Prozesse im Unternehmen. Diese Verhaltensweisen und Prozesse sollten u. a. bewirken, dass implizites (nicht kommunizierbares Wissen), explizit gemacht wird, explizites, aber an Einzelpersonen gebundenes Wissen, der Allgemeinheit über die Wissensdatenbank zur Verfügung gestellt und das in der Wissensdatenbank verfügbare Wissen von den relevanten Stellen auch genutzt wird. Die Veränderung der Denk- und Verhaltensweisen in der Organisation und damit verbunden nicht zuletzt auch veränderte Anreizsysteme sind Gegenstand des erwähnten Hauptteiles des Wissensmanagements. Ein Mitarbeiter wird wenig Ambition haben, sein Wissen in die Datenbank einzubringen, wenn ihn dies von seinem Tagesgeschäft abhält, und er jedoch ausschließlich nach den Erfolgen in diesem Tagesgeschäft beurteilt wird.

Außerdem stehen der Etablierung von professionellem Wissensmanagement in Organisationen vier *natürliche* Hemmschwellen entgegen, die vorrangig abzubauen sind:

- Die Hemmung Wissen mit anderen zu teilen (Wissen ist Macht). Es ist nicht einfach, das beste eigene Denken (oft der persönliche Wettbewerbsvorteil) für andere verfügbar zu machen – nicht nur die eigene Meinung.

- Die Hemmung, in ein neues, noch unsicheres Vorhaben zu investieren. Es bedarf der klaren Entscheidung, die Infrastruktur (Menschen, Technologie) bereitzustellen, die Wissensmanagement ermöglicht und damit Anfangskosten in Kauf zu nehmen, bevor noch die Ergebnisse sichtbar sind.

- Die Hemmung im eigenen Arbeitsbereich und in der Organisation als Ganzes kontinuierlich Verbesserungen vorzunehmen. (Affinität zu eingespielten Gewohnheiten überwinden). Es ist nicht einfach, kontinuierlich neue Ideen zu synthetisieren und gleichzeitig die Gedanken von gestern entweder zu verbessern, zu bestätigen oder zu vergessen.

- Die Hemmung auf der Basis der Ideen anderer zu entscheiden (was nicht von mir kommt, kann nicht gut sein). Zusammenarbeiten, sich eingestehen, dass das Denken eines anderen vielleicht besser ist als das eigene.

Für die Überwindung dieser und anderer Hemmungen und für die erfolgreiche Einführung des Konzeptes insgesamt, gibt es eine Fülle von Instrumenten und/oder Empfehlungen und Erfahrungen, die in der Literatur und/oder in der Wissensbasis von Unternehmensberatern gespeichert sind. Wir wollen im Detail hier nicht darauf eingehen, ebenso wenig wie auf die sehr wichtigen Hilfsmittel zur Umwandlung von implizitem (subjektivem, mehr dem Ahnungs- und Gefühlsbereich zugehörigen, persönlichen) zu explizitem (leicht kommunizierbarem) Wissen. *Nonaka/Takeuchi* (1997) führen die Erfolge japanischer Unternehmen in den vergangenen Jahrzehnten auf ihre Fähigkeiten zurück, implizites in explizites Wissen zu transformieren. Ebenso wird hier bewusst verzichtet, auf Definitionen einzugehen, die oft von einem Autor zum anderen und selbst beim gleichen Autor innerhalb des Zeitablaufs, variieren.

Als Beispiel angewandten Wissensmanagements sei hier stattdessen die Praxis bei *Booz Allen & Hamilton* kurz skizziert, wo Wissensmanagement vermutlich am erfolgreichsten implementiert wurde.

12.6 Das Booz Allen & Hamilton Beispiel

In den frühen neunziger Jahren, begann die Firma eine zentrale Wissensdatenbank *(Knowledge On-Line oder kurz KOL)* für rund 8.000 in der Welt tätigen Mitarbeiter aufzubauen. In dieser sind das beste Praxiswissen und die Erfahrungsberichte der einzelnen Berater (ohne Kundenangaben) ebenso in strukturierter Form gespeichert, wie aufgearbeitetes externes Wissen, das für die Beratungstätigkeit Relevanz hat. Für die Beschaffung von Wissen aus externen Quellen sorgt eine eigene Organisation innerhalb der Firma, die *informational professional community*. Die fachliche Betreuung der Wissensdatenbank erfolgt durch eine Gruppe hochqualifizierter, erfahrener Mitarbeiter, deren Aufgabe es auch ist, das eingespeicherte Wissen auf seine relevanten Elemente zu kondensieren *(abstract writers)*. Es ist Teil der Unternehmenskultur, dass nur Wissen höchster Qualität eingespeichert wird. (Dies ist auch eine wichtige Voraussetzung für die bereitwillige Verwendung des Wissens durch andere). Das in diesem Wissensspeicher kumulierte und ständig wachsende Wissen der Firma ist von Beratern entsprechend ihrer Zugriffsberechtigung weltweit abrufbar und zur optimalen Bewältigung der eigenen Aufgaben nutzbar. Dem System angepasst, wurden auch die Karriere-Incentives geändert. Mitarbeiter werden nicht mehr ausschließlich auf der Grundlage ihrer Haupttätigkeit, sondern zusätzlich auf der Basis ihres Beitrags zum gemeinsamen Wissensspeicher beurteilt. Das System verfügt über eine Dokumentation der Zugriffe, sodass zahlenmäßig feststellbar ist, welche Wissenselemente besonders gefragt waren. Selbstverständlich steht die oberste Geschäftsleitung auch in der täglichen Praxis voll hinter dem System.

Booz Allen & Hamilton hat seit der Einführung dieses Systems die Qualität seiner Dienstleistungen bei gleichzeitiger Reduzierung des Zeitaufwandes signifikant erhöhen können. Nach 2 Jahren waren die Kosten bei weitem hereingespielt, und das System leistet einen beträchtlichen Nettobeitrag zum Geschäftserfolg.

12.7 Perzeption des Konzeptes und Erfahrungen in der privaten Wirtschaft – die Realität

Seit etwa Mitte der neunziger Jahre hat nicht nur die Entwicklung des Konzeptes, sondern auch seiner Verbreitung in der Wirtschaft rasche Fortschritte gemacht. So wie ehemals das verwandte Konzept *Total*

Quality Management[185] entstand, entsteht das Konzept Wissensmanagement aus einer engen Zusammenarbeit von Wissenschaft und Wirtschaft. Eine rapide zunehmende Zahl von Unternehmen etabliert professionelles Wissensmanagement und das Konzept der *lernenden Organisation*[186] in der Praxis und setzt damit die Konkurrenten unter Zwang diesem Vorbild zu folgen. In Europa etwa wird professionelles Wissensmanagement bereits von Skandia, Hewlett Packard Europe, Novartis, Hoffmann La Roche, Dow Deutschland, BMW, Daimler Benz, Lufthansa, Deutsche Telekom, Nokia Telecommunications, At&T International, Winterthur Versicherung, Holderbank, Siemens, Deutsche Bank, sowie durch die nun fusionierte Schweizerische Bankgesellschaft und den Schweizer Bankverein praktiziert, um nur einige zu nennen.

Im Durchschnitt der Unternehmungen, die Wissensmanagement und lernende Organisation einführten, ergaben sich, nach einer Schätzung von *Lucier/Torsillieri* (1997), folgende Auswirkungen auf den Geschäftserfolg: Bei nicht ganz 20 % dieser Unternehmungen zeigten

---

[185] Mit Total Quality Management verbindet man Wissensmanagment und ebenso eine Gemeinsamkeit und Komplementarität wie mit dem Konzept des sich ständig verbessernden Unternehmens (CIF), dem japanischen Kaizen oder eben dem organisationalen Lernen. In allen Fällen bilden beständige Lern- und Verbesserungsbemühungen mit dem Ziel, dem Kunden eine bessere Leistung als der Konkurrent anzubieten, die Grundlage.

[186] Angewandtes Wissensmanagement wird gerne als Führungssystem für die lernende Organisation verstanden. Zuvor war das schon in die 80er Jahre zurückreichende Konzept des organisationalen Lernens – zum Teil auch wegen seines hohen Abstraktheitsgrades – kaum über den Status eines Spezialwissens des Human Resources Managements hinausgekommen (vgl. *Eck* 1996). Nach einer neueren Definitionsrichtung wird organistationales Lernen als die Erhöhung der organisationalen Wissensbasis verstanden. Das ist jenes konsensfähige Wissen der Organisation, das entweder allen Mitgliedern der Organsition gemeinsam ist oder auf das sie leicht zugreifen können. Organisationales Wissen wird als für Veränderungsprozesse und Innovationen wichtiger erachtet als individuelles- oder Gruppenwissen. Manche Autoren sehen in der lernenden Organisation sogar ein selbstentwickelndes System, das die Fähigkeit, seine Zukunft nach vorgegebenen Leitzielen zu gestalten und auf Umweltänderungen in geeigneter Weise zu reagieren, laufend erhöht, ohne dass diskretionäre Eingriffe des Managements erforderlich wären.

sich innerhalb von zwei Jahren beträchtliche positive Auswirkungen. Bei etwa 50 % waren die Auswirkungen nicht groß, jedoch immer noch zufriedenstellend, und beim restlichen Drittel waren keine signifikanten kurzfristigen Auswirkungen auf den Geschäftserfolg festzustellen. Eine Analyse ergab allerdings, dass im Fall der weniger erfolgreichen und der nicht erfolgreichen Fälle, wichtige Prinzipien des Wissensmanagements verletzt worden waren. Im besonderen fehlte es an einer klaren Zielformulierung, und/oder die Unterstützung durch das Top-Management war in der täglichen Praxis nicht in ausreichendem Ausmaß gegeben. Misst man den Erfolg nicht allein am harten Kriterium des Geschäftserfolges, sondern bezieht man etwa auch die Auswirkungen auf die innerbetriebliche Kommunikation und Kohärenz, sowie andere positive Langfristeffekte mit ein, so hat die Einführung bei der weitaus überwiegenden Zahl der Unternehmungen positive Nettoeffekte gebracht.

12.8 Perzeption des Konzepts in der staatlichen Administration – die Vision

Gibt es Argumente dafür, dass der Staat, der mit der gleichen Wirklichkeit konfrontiert ist wie die private Wirtschaft, sich den Herausforderungen des Wissenszeitalters nicht zu stellen braucht? Ich sehe keine. Auf dem Weg in die Wissensgesellschaft hätte der Staat aufgrund seiner gegenüber der privaten Wirtschaft längerfristigen, systemischen und auf Kontinuität ausgerichteten Aufgabenstellung sogar eine Vorreiterrolle zu übernehmen. Im globalen, wissensorientierten, dynamischen Umfeld, ist gerade deshalb auch die staatliche Administration als Wissenspool zu verstehen und die Regierungstätigkeit zum guten Teil als Wissensmanagement.

Warum sollte der Staat nicht, dort wo es angebracht ist, Konzepte nutzen, die vorerst vorwiegend für den Unternehmenssektor entwickelt worden sind? Im konkreten Fall sollte somit dem Konzept der Continously Improving Firm (CIF) das Konzept des Continously Improving Government (CIG) gegenübergestellt werden. Die – wie unten noch zu zeigen sein wird – notwendigen Reorganisationsbemühungen der staatlichen Administration würden dadurch nicht nur beträchtlich unterstützt, sondern erhielten auch eine dynamische, selbsttragende, Dimension.

In vieler Hinsicht sind staatliche Institutionen für die genannten Konzepte sogar noch besser geeignet als der Unternehmensbereich. Die staatliche Administration war in weiten Bereichen (namentlich im Bereich politischer und wirtschaftspolitischer Maßnahmen) schon immer ein „think tank", oder hätte es zumindest sein sollen. Es bedarf für sie nicht erst der Wissensgesellschaft, um sich wissensmäßig zu reorganisieren und um die Maria Theresianische Kanzleiordnung (Aktenerledigungen) auf der das staatliche Wissensmanagement heute noch zu großen Teilen beruht, durch ein zeitgemäßes System zu ersetzen.

Was spricht dagegen, Wissenshemmnisse im Bereich der staatlichen Administration, wie etwa die zum Teil (macht-) politisch motivierte Organisations- und Entscheidungsstruktur und das stark hierarchisch orientierte und segregierte Berichtswesen, im Hinblick auf ihre Auswirkungen auf die organisationale Wissensbasis und Lernfähigkeit der Administration zu durchleuchten? Infolge des mehrmaligen Filtersystems auf den verschiedenen Hierarchiestufen ist die ursprüngliche Idee oft nicht mehr zu erkennen, wenn sie an der hierarchischen Spitze anlangt (wenn sie überhaupt anlangt). Was spricht dagegen, Wissensmanagement, ähnlich wie dies in privaten Unternehmen geschieht, einzuführen? Zumindest ebenso wie im Unternehmensbereich fehlt es im staatlichen Bereich an der Formulierung der gesetzten Ziele in erforderlichem Wissen, an der Teilung und Vernetzung von Wissen (*Knowledge Sharing*), an Wissenstransparenz, -bewahrung und -verfügbarmachung.

Kyrer (1996) hat an einer Fülle von Beispielen gezeigt, dass in Österreich das Wissen zur Lösung vieler Probleme durch die staatliche Administration vorhanden gewesen wäre. Es wurde jedoch nicht angewandt. Ein von *Kyrer* vorgenommener Dreiländervergleich (Österreich, Deutschland und Schweiz) zeigt, dass die Orientierung der Politik am vorhandenen Wissen, am *state of the art,* in Österreich am wenigsten ausgeprägt ist. Ein nicht unwesentlicher Grund für die suboptimale Nutzung von entscheidungsrelevantem Wissen war, dass dieses Wissen nicht zur richtigen Zeit, am richtigen Ort, in der richtigen Vernetzung bei den richtigen Personen verfügbar war. Professionelles Wissensmanagement erweist sich in allen genannten Punkten als die geeignete Arznei.

Wenn dagegen eingewandt wird, dass die staatliche Administration keinem Konkurrenzdruck und daher auch keinem Reorganisationszwang ausgesetzt ist, so ist dieser Einwand, wie schon an anderer Stelle angedeutet, heute nicht mehr zutreffend. Die nationale staatliche Verwaltung in den Mitgliedsländern der Europäischen Union ist in zweifacher Hinsicht unter Konkurrenzdruck geraten. Einerseits ist sie der Konkurrenz der Partner in den gemeinsamen Entscheidungsgremien der EU ausgeliefert, andererseits der Konkurrenz marktwirtschaftlicher Doktrinen und dem Druck der öffentlichen Meinung. Im ersten Fall wird gerade bei kleineren Ländern die Durchsetzungsfähigkeit in den gemeinsamen Gremien wesentlich von der Güte ihrer internen Koordination und von ihrer, durch Know-how fundierten Argumentationsstärke abhängen. Dies gilt zwar im besonderen Maße für jene Bereiche, in denen die Politik vergemeinschaftet wurde, also namentlich für die Notenbankpolitik, grundsätzlich aber auch für alle EU-Entscheidungen, an denen die Nationalstaaten mitwirken. Moderne Methoden des Wissensmanagements bieten sich in allen Fällen sowohl zur besseren Koordination, als auch zum Upgrading der Argumentationsqualität und Durchsetzungsfähigkeit an. Sie unterstützen darüber hinaus die rasche und kenntnisreiche Beantwortung unerwartet auftretender Fragen, wie es im EU-Alltag immer wieder erforderlich ist.

12.9 EU-Wissensagentur

Angesichts der hohen Bedeutung der europäischen Integration für die teilnehmenden Nationalstaaten und der selbst für Fachleute und Entscheidungsträger in Wirtschaft und Verwaltung oft verwirrenden Vielfalt und Komplexität EU-relevanter Diskussionen und Sachverhalte, wäre als erster Teilschritt und gemeinsame nationale Anstrengung die Gründung einer auf der Basis modernen Wissensmanagements funktionierenden EU-Wissensagentur zu empfehlen. Als virtuelle Koordinationsstelle und Wissenspool für alles die EU betreffende (implizite und explizite) Wissen von Hunderten von dienstreisenden Beamten, politischen Funktionären, Wissenschaftern und sonst in EU-Fragen Engagierten. Es würde dadurch ein zentrales Bewusstsein Österreichs für EU-Angelegenheiten entstehen und ein Wissenspool von unschätzbarem Wert. Ein solcher Wissenspool würde Österreich nicht nur in der EU durchschlagskräftiger machen, sondern auch die Attraktivität des

Landes für die beitrittswilligen mittel- und osteuropäischen Staaten erhöhen. Ganz abgesehen von dem Know-how das im Zuge der Errichtung anfällt und der österreichischen Administration im internationalen Vergleich in Fragen des Umgangs mit Wissen einen Konkurrenzvorsprung einräumt. Die Kosten einer solchen Agentur wären im Vergleich gering, umso mehr als durchaus auch eine Kapitalbeteiligung interessierter nichtstaatlicher Stellen möglich wäre. Ein solch mutiger und innovativer Ansatz der Politik entspräche der Aufgabe des Staates, Maßnahmen für die Bewältigung der Zukunft zu setzten, die von der privaten Wirtschaft im ersten Schritt nicht zu erwarten sind. Die EU-Wissensagentur wäre darüber hinaus ein Beitrag zu Transparenz und Demokratisierung.

12.10 Lernende Regionen und Wissensnationen

In Verbindung mit staatlicher Wirtschaftspolitik und Förderung lässt sich das Konzept des Wissensmanagements auch für Regionen und sogar für ganze Nationalstaaten anwenden. Die Literatur darüber und die Erfahrungen damit sind allerdings so gut wie nicht existent. Sieht man von den wenigen Erfahrungen, die man mit isolierten Elementen des Systems, etwa mit Technologiezentren gemacht hat, ab.

An der Universität Graz lief jüngst eine durch EU-Mittel unterstützte Dissertation über die Mur-Mürz-Furche als lernende Region. Die bereits in Gang befindliche und von der Politik geförderte Teilung des Wissens in dieser Region, verbunden mit dem Aufbau einer mächtigen organisationalen Wissensbasis, sollte es ermöglichen, die in dieser Region seit langem vorhandenen wirtschaftlichen Probleme wirksamer zu lösen. Zusätzlich sollte die verbesserte Wissens-Infrastruktur, einschließlich der aus dem Projekt entstehenden höheren Qualifikation von Arbeitskräften, die Standortqualität der Region, auch ohne Steuer- und Sozialdumping, angehoben werden.

Analog dazu könnte man sich auch eine zukunftsweisende Politik vorstellen, die darauf ausgerichtet ist, **Österreich als wissensbasierte Nation** zu etablieren. Der Staat brauchte dabei nicht einmal als bedeutender Investor aufzutreten, sondern könnte sich mehr oder weniger auf die Rolle des Promotors und Coachs beschränken.

Zum Abschluss sei noch angedeutet, dass die Wissensgesellschaft eine Machtverlagerung zu jenen, die das Wissen kontrollieren, mit sich bringen wird. Durch richtiges Management wird es jedoch möglich sein, daraus entstehende Auswüchse zu vermeiden sowie das hohe Demokratisierungspotential, das die Wissensgesellschaft in sich birgt, zu nutzen. Auch hier wird staatliche Aktivität und staatliches Know-how gefragt sein. Der Staat wird u. a. darauf zu achten haben, dass Machtmissbrauch mit Wissen verhindert wird, und dass der grundsätzliche Zugang zum Wissen einer möglichst großen Zahl von Menschen offen steht.

12.11 Literatur

Drucker, P. F., Die postkapitalistische Gesellschaft, Düsseldorf 1993.

Eck, C. D., Wissen – ein neues Paradigma des Managements. Wissensmanagement und Lernfähigkeit der Organisation als Schlüsselkompetenz des Managements, in: Die Unternehmung, Schweizerische Zeitschrift für betriebswirtschaftliche Forschung und Praxis 3, 156 ff, 1997.

Fuhrer, J. C. / Little, J. S. (Hrsg.), Technology and Growth, Conference Series 40, Federal Reserve Bank of Boston 1996.

Güldenberg, St., Wissensmanagement und Wissenscontrolling in lernenden Organisationen, Wiesbaden 1997.

Kyrer, A., Das Titanic-Syndrom, Über das Schnüren von Sparpaketen in Österreich, in Deutschland und in der Schweiz oder Wasch' mir den Pelz, aber mach' mich nicht naß! Wien 1995.

Lucier, C. E. / Torsillieri J. D., Why Knowledge Programs Fail: A.C.O.'s Guide to Managed Learning, in: Booz Allen & Hamilton Strategy and Business 9; 14 – 28, 1997.

Nonaka, I. / Takeuchi, H., Die Organisation des Wissens: wie japanische Unternehmen eine brachliegende Ressource nutzbar machen, Frankfurt 1997.

Probst, G. / Raub, St. / Romhardt, K., Wissen managen: wie Unternehmen ihre wertvollen Ressourcen optimal nutzen, Frankfurt am Main 1997.

Quinn, J. B., Intelligent Enterprise: A Knowledge and Service Based Paradigm for Industry, New York 1992.

Senge, P. M., Fifth Discipline (The Art and Practice of the Learning Organization), New York 1990.

Senge, P. M., The Fifth Discipline, Fieldbook. Strategies and Tools for Building a Learning Organization, New York 1990.

Sunter, S., Wissen erfolgreich managen, in: Wirtschaft und Weiterbildung 5; 56 ff., abgedruckt in Booz Allen & Hamilton – booz in the news, Sept. – Nov. 1997.

Sunter, S., Das Wissen des Unternehmens strukturiert archivieren, in: Blick durch die Wirtschaft vom 14.10., abgedruckt in: Booz Allen & Hamilton – booz in the news, Sept. – Nov. 1997.

Toffler, A., Machtbeben: Wissen, Wohlstand und Macht im 21. Jahrhundert, Düsseldorf 1990.

13 Richard Schmidjell: Mehr Governance in der Regionalpolitik – Regional Balanced Scorecard und Masterplan

Dkfm. Dr. Richard Schmidjell
Wirtschaftskammer Salzburg

13.1 Vorbemerkung[187]

Sowohl in der Wirtschaftspolitik als auch in der Wirtschaftstheorie werden die Begriffe „regionale Wirtschaftspolitik" oder „Regionalpolitik" oft synonym verwendet. Weniger der Begriff „Regionalpolitik" als ihre Ziele werden jedoch seit längerem kontrovers diskutiert. Dies, obwohl es in den planungsrelevanten Disziplinen als ausgesprochene Binsenweisheit gilt, dass die regionale Handlungs- und Gestaltungsebene immer wichtiger wird und als Schlüsselelement der räumlichen Entwicklungsprozesse anzusehen ist[1)]. Auch die Wirtschaft organisiert sich – gerade im Zeitalter der Globalisierung und der weltweiten Verflechtungen – zunehmend in regionalen Interaktionsstrukturen. Regionen sind dabei die entscheidende Basiseinheit für wirtschaftliche Entwicklungsprozesse. Regionalpolitik oder regionale Wirtschaftspolitik werden dabei – auch für diese Arbeit – als der ökonomische Bereich der Raumordnungspolitik verstanden, der generell jede Art des Veränderns, Umgestaltens oder Neugestaltens von Lagerelationen und Standortbeziehungen in einer Region betrifft.

In der Theorie werden unterschiedliche Konzepte von „Regionen" definiert, die jeweils unterschiedliche Aspekte der Standort-Interaktionsbeziehungen hervorheben und zu methodisch und analytisch unterschiedlichen Zugangsweisen zur Regionsdefinition führen. Für den Bereich der Regionalpolitik und Raumordnung ist besonders der Zu-

---

[187] Dieser Autor kombiniert Zitate und Literaturhinweise zu **Endnoten** am Schluss des Beitrags im Abschnitt 13.13 (Seite 266 ff) – anstelle von Fußnoten.

sammenhang zwischen den analytisch differenzierbaren Typen „Verflechtungsregion“, „Wahrnehmungs- und Identitätsregion“ und dem Typ der „politisch administrativen Aktivitätsregion“ von Bedeutung[2]. Sicherlich ist richtig, dass eine wirklich erfolgreiche Regionalplanung nur dann gegeben ist, wenn diese drei funktional wirksamen Strukturen räumlich koinzidierend bzw. in Übereinstimmung gebracht werden können.

Für Überlegungen zu „mehr Governance in der Regionalpolitik“ bietet es sich jedoch an, im Folgenden nur vom Typus der „politisch-administrativen Aktivitätsregion“ auszugehen, die sich – jedenfalls was die österreichischen Bundesländer betrifft – weitgehend mit der „Wahrnehmungs- und Identitätsregion“ und auch – als Ergebnis eines zum Teil Jahrhunderte dauernden tradierten sozio-ökonomischen Verhaltens – mit Ausnahme des Wiener Zentralraumes mit der Verflechtungsregion weitgehend deckt. Nur eine politisch administrative Aktivitätsregion, wie dies die österreichischen Bundesländer darstellen, ist auch ein politisches Subjekt, in dem es „Regierende“ im Sinne von gewählten politische Repräsentanten gibt und bei der die Governance der jeweiligen regionalen Institution zu hinterfragen ist. Unter Governance wird dabei die Organisations- und Steuerungsintelligenz einer Institution verstanden, die sich insbesondere mit Wirkung, Wechselwirkung und Nebenwirkung in komplexen Systemen beschäftigt und untersucht, wie groß die Handlungsspielräume dieser Systeme sind und durch welche konkreten Maßnahmen diese Systeme in ihrer Leistungsfähigkeit („Performance“) verbessert werden können[3]. Governance ist ein schwer zu definierender, aber zentraler Begriff, der am besten als die Gesamtheit aller Elemente zur (dezentralen) Steuerung und Gestaltung komplexer Systeme beschrieben wird. Drei Klassen lassen sich zusammenfassen: (I) Orientierungen, also Ziele, Strategien, Anreize, (II) Strukturen: Organisations-, Planungs-, Informations- und Kommunikationsstrukturen, schließlich (III) Ressourcenallokationen, insb. Finanzierung, Personal, Infrastruktur. Natürlich gibt es Wechselwirkungen und Abhängigkeiten zwischen den einzelnen Bereichen. Gerade darin besteht aber der Sinn des Governance-Konzepts, diese Abhängigkeiten zu verstehen und mit ihnen umzugehen[4].

Aus ökonomischer Sicht sind demnach „Regionen“ als Standortkomplexe mit gemeinsamer Verwaltung und gewählten Regierenden zu verstehen, die sich bemühen, die territorial wirksame soziale Praxis so zu gestalten, dass daraus insgesamt ein Beitrag zur Effizienzsteigerung der Wirtschaft und zur Wettbewerbsfähigkeit resultiert. Entscheidende Grundlage dafür ist die Optimierung kommunikativer und sozialer Interaktionen.

Um die gegebenen Rationalisierungs- und Modernisierungsmöglichkeiten zu nutzen und die erforderliche regionale Effizienzsteigerung bewirken zu können, kann sich regionale Governance nicht nur auf die Regions- bzw. Landesverwaltung im engeren Sinn beziehen; vielmehr müssen alle Komponenten der regional, sozial und regionalwirtschaftlichen Interaktionssysteme in den Entwicklungsprozess eingebunden werden: Wirtschaft, Bildungssystem, politisches System, Sozialpartnerschaften, Medien, Interessengruppen und „Non Govermental Organisations" (NGOs)[5]. Die zentrale Führungsfunktion kommt dabei aber den Regierenden an der Spitze der Landesverwaltungen zu: Im Zentrum der Überlegungen zur Governance steht deren alltägliche Art des „Regionalpolitik-Machens", d. h. des Veränderns, Umgestaltens oder Neugestaltens von Lage, Relationen und Standortbeziehungen ebenso wie die Formulierung von die Region betreffenden gesellschaftspolitischen Visionen oder Leitbildern, soweit sie vorhanden sind oder als solche bezeichnet werden können.

Alfred Kyrer[6] ist zuzustimmen, dass viele Leitbilder, die der Öffentlichkeit von den Regierenden mit viel Getöse vorgestellt werden, sich bei näherem Zusehen als „Light-Bilder" entpuppen, weil darin die in einer Region agierenden Interessengruppen ohne größere Anstrengungen alle ihre „Wünsche an das Christkind" untergebracht und für die nächsten Jahre festgeschrieben haben, wobei völlig offen bleibt, wie das ganze realisiert wird. Übrig bleibt oft eine Summe wirtschaftspolitischer Maßnahmen in den einzelnen Regionen, die – wegen des vage formulierten strategischen Oberziels – zu einer Ansammlung unzusammenhängender Einzelmaßnahmen verkümmert. Da zusätzlich vielfach offen bleibt, ob und unter welchen Bedingungen bzw. unter welchen Einschränkungen („constraints") diese Wünsche auch verwirklicht bzw. finanziert werden, entwickeln sich solche Programme oft rasch zu „Leidbildern"! Die Forderung nach mehr Governance in der Regionalpolitik drängt sich deshalb insbesondere bei den regionalen Leitbildern oft auf!

13.2 Regionalpolitik in der Zeit der Globalisierung

Grundsätzlich gilt, dass die Regionalpolitik zwei zentrale Funktionen zu erfüllen hat, nämlich eine raumordnungspolitische – abgeleitet aus den Grundsätzen von Raumordnung und Entwicklungsplanung – sowie eine wirtschaftspolitische – abgeleitet aus den Zielen der nationalen und supranationalen Wirtschaftspolitik, die im Wesentlichen an Ausgleichszielen (möglichst gleicher Entwicklungsstandard aller Regionen) orientiert ist und in jüngster Zeit wesentlich durch die Regional- und Förderpolitik der Europäischen Union geprägt wurde. Da die gleichzeitig einseitige Verfolgung von raumordnungspolitischen, insbesondere umweltpolitischen Zielen zu Konflikten mit dem Ziel der Wirtschaftspolitik führen kann, kommt der Regionalpolitik eine hervorragende Bedeutung als integrierender Faktor zur Lösung dieser Zielkonflikte auf der Ebene der Regionen zu. Versteht man unter Governance deshalb die Organisations- und Steuerungsintelligenz einer Institution, so ist vor allem regionale Governance gefragt, um sich mit Wirkungen, Wechselwirkungen und Nebenwirkungen in komplexen Systemen verschiedener Kategorien (regional, national, supranational) auseinander zu setzen und Handlungsspielräume zur Verbesserung der regionalen Leistungsfähigkeit zu nutzen.

Für die regionale Wirtschaftspolitik sind – was oft zu wenig beachtet wird – die Unternehmen die zentralen Leistungseinheiten, denn sie entscheiden, ob in einer Region vorteilhafte Rahmenbedingungen für den wirtschaftlichen Erfolg genutzt oder nachteilige Strukturen und Einflüsse überwunden werden. Die ökonomischen, gesellschaftlichen und politischen Rahmenbedingungen für Unternehmen haben dabei einen entscheidenden Einfluss. Unternehmer agieren und ihre Mitarbeiter wohnen nicht in einem „sterilen“ Umfeld, sondern benötigen durch Maßnahmen der Raumordnung attraktiv gestaltete bzw. bewahrte Lebens- und Wirtschaftsräume.

Die immer stärker werdenden Bindungen ökonomischer Interaktionsstrukturen an regionale Standortkomplexe stehen dabei keineswegs im Widerspruch zu den allseits wirksamen Globalisierungstendenzen. In der Literatur hat sich in der Zwischenzeit die Auffassung durchgesetzt, dass Globalisierung und Regionalisierung als komplementäre Prozesse zu verstehen sind, was mit dem Begriff „Glocalization" bezeichnet wurde[7)].

Die regionale Strukturiertheit einer Wirtschaft ist demnach einerseits Voraussetzung für die Globalisierungsdynamik, andererseits intensiviert die Globalisierung den Prozess der Regionalisierung. *Peter Weichhart*[8)] formuliert daraus weitere wichtige Forderungen an regionale Governance: Regionen sind in Wahrheit keine feststehenden „räumlichen Gegebenheiten", sondern stellen als Konsequenz regionalpolitischer Maßnahmen zeitlich variante Strukturen von Standort- und Interaktionsbeziehungen in Handlungssystemen dar. Sie werden durch die soziale Praxis konstituiert und ändern sich in einem amorphen Prozess, der alle regional relevanten Funktionen umfasst. Entscheidende Grundlage für mehr Governance ist eine Optimierung kommunikativer und sozialer Interaktionen. Vor diesem Hintergrund ist die Funktion der Regionalisierung als Pendant der Globalisierung und als Prozess der „territorialen Integration von Aktivitäten" zu verstehen.

13.3 Ausgleich und Wachstum

Die zentrale Funktion der Regionalpolitik, vor allem aus supranationaler und nationaler Sicht, ist es, ein Ausgleichsziel zu erreichen, d. h. es den Einwohnern aller Regionen zu ermöglichen, gleichwertige Einkommen zu erreichen. Dazu muss die Region eine entsprechende wirtschaftliche Stabilität auf möglichst hohem Niveau erreichen. Eine Unterstützung einer Region aus nationaler oder supranationaler Sicht ist dann möglich, wenn sich die Region nach entsprechenden nationalen oder supranationalen Analysen durch einen Entwicklungsrückstand auszeichnet.

Es ist deshalb im Interesse der in der Region Regierenden gegenüber den übergeordneten Gebietskörperschaften, auch nur in einzelnen Teilräumen oder Wirtschaftsbereichen einen derartigen Entwicklungsrückstand „festzustellen". Inwieweit regionale Governance notwendig und erfolgreich war, um etwa in der Europäischen Union die Zuordnung verschiedener Teilräume als Ziel 1- und Ziel 2-Gebiete[9)] der EU-Struktur- und Regionalpolitik und damit die Anerkennung als förderungswürdige ländliche Gebiete mit rückläufiger Entwicklung zu erreichen, bedürfte einer eigenen sozialwissenschaftlichen Untersuchung, da nach ausschließlich objektiven Kriterien diese Zuordnung im Detail weder auf nationaler noch auf übernationaler Ebene nachzuvollziehen ist.

Die in überdurchschnittlich entwickelten Regionen Regierenden stellen in der Regel nicht das Ausgleichs-, sondern das Wachstumsziel in den Vordergrund. Es gilt gegenüber dem Nationalstaat das Argument, dass es sich bei der jeweiligen Aktivitätsregion um den maßgeblichen Träger des nationalen Wachstums handelt, der deshalb zu unterstützen ist.

Dass das gleichzeitige Verfolgen von Wachstums- und Ausgleichspolitik ein logischer Widerspruch ist, ist ebenso eine Besonderheit der Regionalpolitik wie die Tatsache, dass sich vor allem in ihr zeigt, dass marktwirtschaftliche Mechanismen allein noch nicht für den notwendigen Ausgleich sorgen. Vor allem die Regionalpolitik macht deutlich, dass die Berücksichtigung des Raumes und der Transportkosten die unvollkommene Konkurrenz wesentlich stärker in den Vordergrund rückt, als dies bei den üblichen „raumlosen" Betrachtungslehren der Volkswirtschaftslehre der Fall ist. Der Markt vermag z. B. in der Region nicht die einen attraktiven Lebensraum bestimmende Ordnung von Bauland und Grünland zu regeln. Er sichert nicht die Funktionsfähigkeit von Stadt- und Ortszentren; er kann nur zum Teil das Problem der Ballungskosten, der Bereitstellung der Infrastruktur und komplementärer Einrichtungen bestimmen, d. h. er wirkt nur teilweise ausgleichend zwischen den Regionen. Erst wenn das von der nationalen und supranationalen Regionalpolitik verfolgte utopische Ausgleichsziel der gleichen Startbedingungen für alle Regionen realisiert ist, ermöglicht der Markt einen funktionierenden, regionalen Wettbewerb der Regionen, der dann zur Erreichung ökonomischer Wachstumsziele beiträgt.

13.4 Die Region im Wettbewerb

Die Tatsache, dass innerhalb der Region marktkonforme Instrumente zur Steuerung zuwenig sind, steht der Tatsache gegenüber, dass im „Wettbewerb der Regionen" die regionalpolitischen Akteure immer mehr zu unternehmerischem Denken gezwungen sind. Sie haben dabei marktwirtschaftliche Mechanismen zu berücksichtigen und bei der Gestaltung des Preis-/Leistungsverhältnisses ihres regionalen Angebotes die Mobilität der Investoren zu beachten, egal ob es sich um Investitionen von Unternehmen in Sach- oder Humankapital handelt.

Die Tatsache, dass das Kapital ständig auf der Suche nach attraktiven Renditen bei geringem Risiko ist, gilt auch zunehmend für Standortentscheidungen, wobei sich daran sowohl Unternehmer und Betriebe wie auch qualifizierte Arbeitskräfte orientieren[10)]. Die modernen Informations- und Kommunikationstechnologien haben es im grenzenlosen Informationsraum der globalen Ökonomie möglich gemacht, dass sich Unternehmen bzw. das Kapital äußerst reaktionsschnell und weltweit danach richten, wo sie möglichst attraktive, betriebsangepasste Produktionsbedingungen vorfinden. Der Zweck dieser Suche besteht darin, an diesem Ort und auf der Grundlage der dort vorfindbaren immobilen Faktoren eine höchstmögliche Rendite, Produktivität oder den maximalen Ertrag zu erwirtschaften. Hat sich ein Unternehmen einmal an einen Standort gebunden, dann sinkt zwar schon aufgrund der gegebenen Investitionskosten der Mobilitätsgrad stark ab; es wäre aber ein fataler Irrtum zu glauben, Betriebe werden dadurch mittel- und langfristig immobil und oft unwiderruflich an den einmal gewählten Standort gefesselt. Die relative Standortbindung führt allerdings natürlich dazu, dass die Standortwahl von den ökonomischen Entscheidungsträgern in den Unternehmen sehr genau überlegt und geprüft wird. Zu den immobilen oder standortgebundenen Produktionsfaktoren zählen die sesshaften Arbeitskräfte und ihre Qualifikation, investiertes Sachkapital, Boden, Infrastruktur, rechtliche, gesellschaftliche und ethische Normen, Gesetze, Regulierungen und alles das, was zuvor den weichen Standortfaktoren „zugerechnet" wurde.

Die Kosten der Raumüberwindung sind im Zeitverlauf immer niedriger geworden; der Mobilitätsgrad der meisten Produktionsfaktoren ist gestiegen. Dies bedeutet zwangsläufig, dass der Wettbewerb der Standorte bzw. Regionen immer intensiver wird. Unternehmen können unter den gegenwärtigen Rahmenbedingungen der Globalisierung und der fast weltweit verfügbaren Informationen Standortunterschiede gezielt und systematisch ausnutzen. Sie verlagern Aktivitäten genau an jenen Ort, der ihnen den größten Nutzen schafft. Dabei sind allerdings nicht nur kurzfristige Marktüberlegungen ausschlaggebend, sondern – vor allem bei höherwertigen Gütern und Leistungen – lang- und mittelfristigen Perspektiven der Gewinnmaximierung. Diese werden von den in der Region vorhandenen Planungsgrundlagen, Perspektiven und Leitbildern bestimmt, die zeigen, welche Maßnahmen von den regionalen Akteuren gesetzt werden, um die Basis für ein nachhaltiges regionales Wachstum sicherzustellen. Die Qualität einer regionalen Standortpolitik wird deshalb in Zukunft im Wettbewerb der Regionen wesentlich transparenter werden, die Fehler werden offensichtlicher. Eine schlechte Politik wird durch Abwanderung bestraft, eine gute durch Zuwanderung belohnt.

Der Tatsache, auch die Qualität des eigenen Standortraumes als wesentlichen Produktionsfaktor zu hinterfragen, werden sich in Zukunft auch niedergelassene bzw. heimische Unternehmen, soweit sie nicht vornehmlich im Bereich der regionalen Versorgung an den Standort vor Ort gebunden sind, nicht entziehen können. Zwar haben heimische Unternehmen den Standortvorteil, regionale Interaktionsstrukturen besser zu kennen und diese zu nutzen, doch ein Standortvorteil bleibt dies nur so lange, bis nicht vergleichbare Regionen ein effizienteres Netzwerk anbieten. Die Annahme, dass niedergelassene bzw. heimische Unternehmen jedenfalls immobil und nicht für den „Wettbewerb der Regionen" anfällig sind, ist gefährlich. Zwar ist – wegen getätigter Investitionen in Sach- und Humankapital – die Standortmobilität geringer, doch bleiben die ökonomischen Sachzwänge standortgebundener Produktionsfaktoren bestehen. Sie können zu einer Abwanderung oder zu einer Unternehmensschließung führen, wenn es nicht durch entsprechende Maßnahmen der „Bestandspflege" durch die in der Region Regierenden gelingt, die Wettbewerbsfähigkeit des regionalen Standortangebotes nachhaltig zu sichern.

Um im zukünftig härteren Wettbewerb der Regionen bestehen zu können, sind die institutionellen, rechtlichen und sozio-ökonomischen Rahmenbedingungen den neuen Gegebenheiten anzupassen; neue Instrumente zur Verbesserung der Organisations- und Steuerungsintelligenz sind notwendig. Wer hier zu spät kommt, wird – schneller als oft erwartet – durch die wachsende Mobilität des Kapitals, das in den Produktionsbetrieben und den überregional tätigen Dienstleistern einschließlich des Tourismus investiert ist, bestraft. Jede Art der Attraktivitätssteigerung immobiler Faktoren und ihrer im Rahmen konkreter Leitbilder angestrebte Entwicklung kann – insbesondere bei einer entsprechenden Kombination – Vorteile im Wettbewerb der Regionen verschaffen. Andererseits wird auch registriert, wenn die Regierenden in der Region konzeptlos agieren, keine umsetzbaren Leitbilder vorhanden sind und die regionale Bürokratie verkalkter Regionalverwaltungen überhand nimmt.

Insbesondere, wenn man die oft nur historisch erklärbare Gliederung der Regionalverwaltungen der österreichischen Bundesländer berücksichtigt, zeigt sich, dass neue Instrumente zur Verbesserung der Organisations- und Steuerungsintelligenz notwendig sind. Als mögliche neue Instrumente werden eine Regional Balanced Scorecard im Zusammenhang mit dem Instrument Regionaler Masterpläne im Folgenden vorgeschlagen und dargestellt. Neue Instrumente heißt aber nicht neue Organisationen in der Regionalverwaltung, die neben der bestehenden aufgebaut werden. Hier sind in allen österreichischen Bundesländern im letzten Jahrzehnt z. B. eine Vielzahl von neuen Organisationen im Bereich des Standortmarketing und des Wirtschaftsservice entstanden, nur in wenigen Fällen wurde allerdings überprüft, ob mit dem Aufbau neuer Organisationen nicht auf bestehende, nur mehr historisch tradierte Verwaltungsstrukturen und Amtsabteilungen verzichtet werden kann.

13.5 Optimierung der „weichen" Faktoren

Im Wettbewerb der Regionen spielen die „immobilen" Produktions- bzw. Standortfaktoren eine immer entscheidendere Rolle; sie zu optimieren, ist zentrale Aufgabe der Regierenden und ihrer Verwaltungsorganisation. Wenn es nicht gelingt, die immobilen (weichen) Standortfaktoren möglichst attraktiv zu gestalten, muss eine Region in diesem Wettbewerb versagen.

Bei den weichen Standortfaktoren unterscheidet man zwischen unternehmensbezogenen und personenbezogenen. Die erstgenannten haben eine unmittelbare Bedeutung für die Unternehmens- und Betriebstätigkeit; sie können gleichsam als Teilelement des sozialen und wirtschaftlichen Klimas einer Region interpretiert werden und umfassen:

- generelle Wirtschaftsfreundlichkeit;
- Unternehmermentalität;
- Qualität und Kompetenz von Interessenvertretungen der Wirtschaft;
- sozialpartnerschaftliche Diskurskultur, soziales Klima;
- Verhalten der öffentlichen Verwaltung, Genehmigungs- und Verfahrenstempo;
- kommunikative Durchlässigkeit („Institutional Thickness“);
- Qualität der Arbeitsmarktverwaltung;
- Image als Wirtschaftsstandort;
- generelle Kostenstruktur;
- innovationsfreundliches Klima;
- Forschungs- und Entwicklungs-Einrichtungen sowie unternehmensorientierte Forschungsinstitutionen;
- Dichte und Qualität der Wirtschaftsdienste;
- generelle Bodenverfügbarkeit, Verfügbarkeit und Qualität von Büro- und Gewerbeflächen;
- Bodenpreise.

Die personenbezogenen „weichen“ Faktoren haben mit Lebensqualität, aber auch mit deren Wahrnehmung durch außerregionale ökonomische Akteure zu tun. Es handelt sich um die subjektive Einschätzung der Lebens- und Arbeitsbedingungen am Standort, die indirekt auch in Form von Arbeitnehmerpräferenzen in die Standortentscheidung der Betriebe einfließen. Dies gilt in hohem Ausmaß für Betriebe, die hochqualifiziertes Personal beschäftigen. Dazu zählen vor allem:

- Bildungs- und Qualifizierungsmöglichkeiten;

- Versorgungsinfrastruktur, insbesondere Qualität, Dichte und Vielfalt des Einzelhandels;
- höherrangige kulturelle Einrichtungen;
- Sport- und Freizeitinfrastruktur, Naherholungsmöglichkeiten;
- medizinische Versorgung;
- Verkehrsanbindung und Qualität der Verkehrsstruktur;
- Stadtbild sowie Attraktivität der Innenstadt (Urbanität, städtisches Flair);
- Szene, gesellschaftliches Leben und seine Offenheit gegenüber Zuziehenden;
- generelles Image der Region;
- Verfügbarkeit und Attraktivität von Wohnmöglichkeiten;
- Wohnkosten und Lebenshaltung;
- intakte, ansprechende und vielfältige natürliche Umwelt.

Zu einem wichtigen Befund der neueren regionalwissenschaftlichen Forschung zählt die Erkenntnis, dass für die Entwicklung dynamischer Wirtschaftsregionen vielfältige, lose gekoppelte, wissensbasierte Interaktionsbeziehungen zwischen den Unternehmen und ihrem Umfeld, aber auch zwischen den jeweils führenden Personen in Wirtschaft, Verwaltung, Kultur und Wissenschaft eine entscheidende Rolle spielen. Diese Zusammenhänge, die offensichtlich mit der räumlichen Kopräsenz der Akteure und einem aus der Interaktionskultur resultierenden Klima des Vertrauens zu tun haben, werden im ökonomischen Bereich als Cluster-Bildung gekennzeichnet.

Die Förderung dieser Interaktionskultur durch die regionale Wirtschaftspolitik ist in jüngster Zeit mit Recht ein zentrales Anliegen geworden. Nicht immer haben allerdings Maßnahmen, die von den Regierenden unter dem Namen des Cluster-Managements vorgestellt werden, mit diesem etwas zu tun und tragen nur leider oft dem Umstand Rechnung, dass der Begriff „Cluster-Management" in jüngster Zeit ein Modewort in der regionalpolitischen Auseinandersetzung geworden ist.

Regionale Interaktionskulturen bzw. „Seilschaften" sind nicht neu und Tatsache ist, dass seit jeher in regionalen Ballungen Betriebe bestimmter Branchengruppen, die miteinander durch Zulieferbeziehungen oder Versorgungs- und Entsorgungsbeziehungen eng verflochten sind, eine besondere Interaktionskultur entwickelt haben. Insbesondere sind solche Cluster bei der Automobil- oder bei der EDV-Industrie bekannt.

Im letzten Jahrzehnt wurden derartige Beziehungen in Österreich, etwa in den Bundesländern Steiermark und Oberösterreich, nicht nur im Bereich der bloßen funktionalen Beziehung im Sinne der Vorwärts- oder Rückwärtskopplung unterstützt und gefördert, sondern vor allem auch im Bereich kommunikativer Beziehungen in den Bereichen Forschung, Entwicklung, Marketing, Einkaufsgemeinschaften oder gar strategische oder taktische Maßnahmen. Nicht zuletzt ist es dadurch in diesen Bundesländern gelungen, einzelne, mit viel Fördermitteln erreichte Betriebsansiedlungen in ein kreatives Netzwerk einzubinden und durch die regionale Vernetzung der neuen Akteuren mit bestehenden Betrieben und Institutionen wesentlich zum regionalen Wachstum beizutragen. Nicht immer gelingt dies: So konnten etwa bei der Ansiedlung eines weltweit bedeutenden Multimedia-Betriebes in Salzburg diese Cluster-Effekte – trotz des gegebenen kulturellen Umfeldes (zwei „kulturorientierte" Universitäten, Festspiele etc.) und der Fülle der Möglichkeiten der Zusammenarbeit mit der für die Multimedia-Wirtschaft so wichtigen „Content-Produktion" – nicht erreicht werden.

Die regionale Vernetzung von Akteuren und Institutionen, die miteinander arbeiten und in informeller Beziehung oder in Kontakt stehen, kann durch die Regionalpolitik offensichtlich nicht erzwungen, aber doch maßgeblich gefördert werden. Dabei spielen Bildungseinrichtungen, Forschungslabors, regionale „Denkwerkstätten" und Technologiezentren, aber auch Vereine, NGOs und kulturelle und soziale Institutionen eine wichtige Rolle. Eine oft unterschätzte Bedeutung, insbesondere in einer Region, scheint dabei dem privaten Sozialkontakt zwischen den beteiligten Menschen zuzukommen. Wichtig ist, dass hier offensichtlich die regionale Nähe der Akteure, der regionale soziale Interaktionszusammenhang eine Rolle spielt, obwohl eigentlich die verschiedenen Akteure untereinander hinsichtlich verschiedener Märkte, z. B. Arbeitsmarkt, Fördermittel u. a., in Konkurrenz stehen.

Ein „Erfolgsrezept" zum Aufbau derartiger Cluster ist bis heute empirisch wirklich überzeugend noch nicht gefunden. Neben rein ökonomischen Faktoren und den zuvor genannten „weichen" Standortfaktoren spielt das Kultur- und Sozialsystem und insbesondere das Zusammenwirken aller Akteure zur Verwirklichung einer gemeinsamen Vision, einem Leitbild, das diesen Namen verdient, eine wesentliche Rolle.

13.6 Welche Kompetenzen braucht die Region?

Vor einer Überlegung, ob die Regierenden in der Region neben historisch gewachsenen Amtsabteilungen, neuen Betriebsansiedlungsagenturen, Wirtschaftsfördergesetzen, Leitbildern, Dienststellen für Cluster-Management u. a. noch neue Instrumente der Regionalpolitik benötigen, die allenfalls auch die bestehenden ersetzen, ist vorerst allerdings die Frage zu klären, wie umfassend die Kompetenzen der Regierenden sein sollen.

Entscheidend für die Effizienz der Regionalpolitik als solches ist grundsätzlich die Frage der richtigen Kompetenzverteilung zwischen der kommunalen, der regionalen, der staatlichen und der supranationalen Ebene. Regionale Organisationen müssen so ausgestattet sein, dass sie ihre Aufgaben optimal bewältigen, wobei der Umfang notwendiger Aufgaben aus regionaler oder (national-)staatlicher Sicht in der Regel unterschiedlich gesehen wird. In Österreich ist es leider, wie der jüngste Diskussionsstand zur Reform des Bundesstaates zeigt, wenig realistisch, von einer wünschenswerten, aber wesentlich geänderten Kompetenzverteilung auszugehen. Der noch im Jahr 2000 von der Bundesregierung angekündigte „Totalumbau des Bundesstaates" ist offensichtlich abgesagt, obwohl das dadurch erreichte Bürokratie-Einsparungspotential, welches das Österreichische Institut für Wirtschaftsforschung mit 3,5 Mrd. Euro bezifferte, gigantisch wäre[11]. In Österreich ist der Föderalismus in staatsrechtlicher Hinsicht die Organisationsform des Bundesstaates, wie dies auch auf andere Staaten zutrifft. Dies wäre grundsätzlich von Vorteil, stellte doch der WIFI-Chef Prof. Helmut Kramer fest, dass „föderalistische Strukturen dazu neigen, kostengünstiger zu sein“[11]. Aus ökonomischer Perspektive bieten sich dabei die Länder als Träger raum- und standortbezogener Politiken am besten an, da sie geeignet sind, auf die Spezifika der Region einzugehen und sie zu nutzen. Währenddessen die Länder in Österreich ihre verfassungsmäßig gegebenen geringen legislativen Möglichkeiten durch eigene Landesparlamente im Bereich der Raumordnung, des Baurechtes, der Fremdenverkehrswirtschaft und der Landwirtschaft umfassend – oft zu intensiv – nutzen, ist ihre Kompetenz in anderen Bereichen, wie vor allem hinsichtlich der Aufbringung der Finanzmittel, verkümmert. Die Länder verfügen in Österreich de facto über keine eigenen Einnahmen, da der Anteil der landeseigenen Steuereinnahmen am gemeinsamen Finanzmittelaufkommen mit nur 2,5% zu vernachlässigt ist. Bei der Aufbringung der Finanzmittel sind die Länder deshalb vom Finanzausgleich bzw. entsprechenden Ertragsanteilszuweisungen des Bundes abhängig, was ihre Leistungsfähigkeit begrenzt. Dieses System besitzt Nachteile für die Region, die aus eigenen Finanzmitteln nur eingeschränkt notwendige Aktionen finanzieren bzw. steuerliche Anreize schaffen können, andererseits aber Vorteile für die Regierenden in der Region, die im Folgenden noch dargestellt werden sollten.

In der ökonomischen Theorie des Föderalismus wird die Aufgaben-, Ausgaben- und Einnahmenverteilung zwischen den einzelnen Gebietskörperschaften auf ihre ökonomische Effizienz hin untersucht und beurteilt. Das Subsidiaritätsprinzip legt dabei nahe, wirtschaftliche Kompetenzen oder jedenfalls ihren Vollzug auf möglichst niedriger Ebene anzusiedeln, da regionale Problemlagen und ihre Differenziertheit dort viel besser erkannt werden können und auch die politische Verantwortung für die regionale Entwicklung in einem höheren Ausmaß gegeben ist.

Das Subsidiaritätsprinzip beinhaltet auf regionaler Ebene vornehmlich den Aspekt, dass sich die nationalstaatlichen Instanzen nicht in die Umsetzung der Förderprogramme und die Ablaufpolitik der Regionen einmischen sollten. Dies ist in den deutschen Bundesländern, aber auch in den Regionen in Italien, viel weitgehender verwirklicht als in Österreich, wo – nicht zuletzt werden der schlechten Finanzmittelausstattung der Länder – kein maßgebliches Landesprojekt ohne eine entsprechende Bundesbeteiligung realisiert werden kann, wenn nicht überhaupt die Zuständigkeit für ein bestimmtes Infrastrukturvorhaben im Bereich des Bundes liegt.

Aus nationaler und supranationaler Sicht ist Regionalpolitik in hohem Ausmaß die Förderung zurückgebliebener und strukturschwacher Regionen, wobei die Bemühungen dabei von der „Theorie der endogenen Potentiale“ ausgehen. Regionales Wachstum soll selbst erzeugt werden und auf die Besonderheiten der ökonomischen, sozialen und ökologischen Probleme Rücksicht nehmen, d. h. allerdings, dass auch hier wieder die Regionen als Träger am besten geeignet sind, auf die Spezifika der jeweiligen Region einzugehen. Tatsächlich ist deshalb in diesem Bereich ein ganzheitliches Regionalmanagement bei der Vorbereitung und Durchführung von regionalpolitischen Maßnahmen notwendig, wobei dies nach Maßgabe der national bzw. supranational bereit gestellten Mittel erfolgt. Dies kann aus nationaler Sicht bedeuten, dass nur die „Durchführungskompetenz“ in den Regionen angesiedelt werden sollte und die Entscheidung über die Planvorgaben auf nationaler Ebene bleibt. Dies kann aber auch bedeuten, wie dies derzeit bei den Förderungen im Rahmen der EU-Strukturfonds der Fall ist, dass von supranationaler bzw. nationaler Ebene nur der grobe Rahmen der Maßnahmen- und Zielkataloge vorgegeben wird und die Landesstellen sowohl Planungs- wie auch Durchführungskompetenz haben. Aus der Sicht der Länder wird es dabei maßgeblich sein, diesen Spielraum zu ihren Gunsten zu erweitern.

All diese Überlegungen zur Kompetenzverteilung zeigen, dass für die Effizienz der Regionalpolitik die Stellung der Region gegenüber dem Nationalstaat bzw. der supranationalen Einheit wie der EU maßgeblich ist. Wichtig ist es dabei, ein Bundesland durch die Regierenden auch gegenüber den übergeordneten Gebietskörperschaften entsprechend richtig zu „positionieren“ und zu sichern, dass die Anliegen der Region auch auf nationaler Ebene Beachtung finden. Je schwächer die Kompetenzen der Region, desto wichtiger ist es für die Regierenden, ihren Einfluss auf nationaler Ebene auszubauen.

Für die Effizienz der Regionalpolitik sind sowohl die Einnahmebeziehungen innerhalb der Nationalstaaten als auch die Einnahmebeziehungen zwischen den Nationalstaaten und der EU bedeutsam. Die EU hat für ihre Regionalpolitik das Prinzip der Komplementärfinanzierung entwickelt. Bei der Finanzierung innerhalb der Nationalstaaten besitzen in Österreich – wie schon angeführt – die Bundesländer de facto keine Einnahmen und sind von den Regelungen des Finanzausgleiches abhängig. Diese Situation ist sowohl budget- wie auch regionalpolitisch negativ zu beurteilen, weil für die Regierenden in der Region kein Anreiz besteht, ökonomische Kosten-Nutzen-Überlegungen aus finanzwirtschaftlicher Sicht bei beabsichtigten regionalpolitischen Projekten anzustellen. Dass die Regionalregierungen praktisch keine Steuerverantwortung gegenüber ihren Wählern tragen, ist allerdings eine Tatsache, die von den Politikern nicht ungern gesehen wird, da die politische Verantwortung für eine höhere Steuerbelastung von den Ländern auf den Bund abgeschoben wird, während gleichzeitig die Länder in Form höherer Ertragsanteile von höheren Steuern profitieren.

Die Bedeutung des Wettbewerbs der Regionen als Ausdruck geänderter Steuerungsbedingungen makro-ökonomischer Wirtschaftspolitik wurde schon zuvor dargestellt und ist auch für die österreichischen Bundesländer – trotz des verfassungsmäßig gegebenen engen Spielraumes – eine Tatsache. Auch wenn die Kompetenzen der Regionalregierungen im europäischen Rahmen durchaus unterschiedlich sind, gibt es Kernbereiche von Funktionen, die von einem ganzheitlichen regionalen Management zu besetzen sind, unabhängig von der jeweiligen nationalen Kompetenzlage. Auch ohne regionale Kompetenz kann eine Regionalregierung „Treiber" zur Umsetzung von Maßnahmen sein, wenn eine Unterstützung des Nationalstaates benötigt wird, wie dies zahlreiche Beispiele zeigen.

Jedenfalls soll ein Regionalmanagement die folgenden vier zentralen Funktionsbereiche wahrnehmen, die in der Folge auch Grundlage für die Überlegung zu neuen Instrumenten für mehr Governance im Regionalmanagement sein sollen.

Funktionsbereich Raum, d. h. der Bereich der Raumordnung, des Baurechtes, des Naturschutzes sowie der Tätigkeit der Länder im Bereich des Ausbaues des Infrastruktur, im Bereich des Umweltschutzes und des Standortmarketings.

Der Funktionsbereich Wirtschaft mit den Teilbereichen Wirtschaftsförderung und Wirtschaftsservice, der regionalen Arbeitsmarktpolitik und Arbeitsmarktförderung sowie der Förderung wirtschaftlicher, regionsbasierter Interaktionen.

Funktionsbereich Bildung, Qualifikation und Ausbildung, wobei besonders auf die Anforderungen des regionalen Arbeitsmarktes zu achten ist.

Funktionsbereich Technologie und Innovation sowie Forschung und Entwicklung.

13.7 Die „Regional Balanced Scorecard" als neues Instrument

Regionale Governance beschäftigt sich insbesondere mit den Wirkungen, Wechselwirkungen und Nebenwirkungen in komplexen Systemen und untersucht, wie groß die Handlungsspielräume in diesen Systemen sind und durch welche konkreten Maßnahmen diese Systeme und ihre Performance verbessert werden kann. Notwendig ist dazu jedenfalls die ganzheitliche Kenntnis des Systems, für welches Visionen und Strategien zu formulieren und Maßnahmen zu setzen sind.

Das im vergangenen Jahrzehnt entwickelte Instrument der Balanced Scorecard[12)] hat sich als ganzheitliches Managementsystem für Unternehmen bewährt. Zu prüfen ist deshalb, inwieweit es für die Regionalpolitik auf Länderebene ebenso sinnvoll angewendet werden kann. Kein anderes Managementsystem wie die Balanced Scorecard ermöglicht im betrieblichen Bereich ein ganzheitliches Erfassen des Beziehungsgeflechtes rund um ein Unternehmen, integriert Rechnungswesenmodelle und finanzielle Kennzahlen ebenso für finanzvergangene Leistungen wie als treibende Kraft zukünftiger Leistungen. Entscheidend ist, dass das Unternehmen nicht nur aus einer Perspektive, nämlich der finanzwirtschaftlichen, betrachtet wird, sondern aus mehreren gleichbedeutenden Perspektiven, nämlich z. B. zusätzlich aus der Kundenperspektive, der unternehmensinternen Prozessperspektive und aus der Innovations- und Wissenschaftsperspektive. Auch andere Perspektiven können eingeführt werden; wichtig ist es, die jeweiligen Beziehungen nicht nur darzustellen, sondern auch mess- bzw. bewertbar zu machen. Schwerpunkt des Instrumentes ist es, eine Hilfe zu bieten, Vision und Strategie des Managements zu definieren und auf das ganze Unternehmen zu übertragen. Dabei ist sichergestellt, dass dies aus allen perspektivischen Gesichtspunkten erfolgt und alle Zusammenhänge und Beziehungsgeflechte der notwendigen Maßnahmen dargelegt und bewertet werden. Für das Unternehmen geht es dabei auch darum, langfristige Strategien des Unternehmens mit kurzfristigen Operationen zu verbinden und dies den Kunden und Mitarbeitern bewusst zu machen. Weiters soll eine „Focus-Funktion" erfüllt werden, d. h. dass die Aufmerksamkeit des Managements auf die wesentlichen Perspektiven gelenkt wird. Die Darstellung des Beziehungsgeflechtes soll weiter helfen, die Zielfindungs- und Zielerreichungsprozesse wesentlich zu vereinfachen sowie weiter die Kommunikationsfunktion besser wahrzunehmen, d. h. besser zu „übersetzen", wie die Vision und Strategie des Unternehmens aussieht, damit dies vor allem den Mitarbeitern und Kunden bewusst wird.

Wenn es auch eine einseitige Betrachtungsweise darstellt, die Region mit einem Unternehmen zu vergleichen, so ist sicherlich zu erwägen, ein Managementsystem für die Regionalpolitik einzusetzen, das tatsächlich die Möglichkeit bietet, Visionen und Strategien ebenso wie aktuelle Maßnahmen aus verschiedenen Perspektiven zu betrachten. Für eine Region wäre eine Betrachtung aus vorerst vier Perspektiven, nämlich der Perspektive der Landesverwaltung sowie jener der Bevölkerung, der Unternehmen der Region und letztlich aus der Sicht der Perspektive des Umfeldes, nämlich der Nachbarregionen, des Gesamtstaates und der EU zu überlegen. Diese vier Perspektiven sollen im Folgenden näher untersucht werden, wobei sich - wie bei den Unternehmen - zeigt, wie vielfältig und unterschiedlich das Beziehungsgeflecht auch innerhalb der einzelnen Perspektiven sein kann.

Die Perspektive regionaler Prozessabläufe in der Landesverwaltung ist – bedingt auch durch die bereits erwähnte historische Entwicklung einzelner Verwaltungsbereiche – „gespalten", obwohl die Landesverwaltung ganzheitlich zu sehen ist, da sich die Bereiche gegenseitig beeinflussen. Je wichtiger der ganzheitliche Aspekt der Regionalpolitik für das Agieren der Länder, so wichtig ist es, die an sich unterschiedlichen, im Bereich der Landesverwaltung wahrgenommenen Aufgaben gemeinsam zu sehen. Diese notwendige gemeinsame Sicht bedeutet für jedes von der Regionalpolitik angestrebte Ziel auch zu berücksichtigen, welche Auswirkungen es aus anderer Perspektive haben kann. Gerade diese Vernetzung von Vision und Strategie bzw. der festgelegten Leitbilder fehlt in der Regel.

Zwar wird etwa im Wirtschaftsleitbild festgelegt, dass entsprechend dem von der Landesregierung beschlossenen Leitbild auch auf der Ebene der Raumordnung bzw. von der dafür zuständigen Amtsabteilung Maßnahmen umzusetzen sind, doch erfolgt die Vernetzung selten, nicht zuletzt oft auch deshalb nicht, da ein anderes Mitglied der Landesregierung für diesen Bereich ressortzuständig ist.

Ähnlich verhält es sich bei den aufgrund der jeweiligen Landes-Raumordnungsgesetze erlassenen Landesentwicklungsproblemen, die zwar wirtschaftliche Zielvorstellungen, wie sie aus der Sicht der Raumordnung wünschenswert sind, festlegen und die in Verordnungen normieren. Damit ist formal eine minimale Notwendigkeit an Vernetzung erfüllt. Tatsächlich ist – stellt man etwa das regionale Wirtschaftsleitbild, den Landesentwicklungsplan nach dem Raumordnungsgesetz, das Landesmobilitätskonzept, ein Landestourismuskonzept, Schulbauplan, mittelfristiges Wohnbauförderungsprogramm oder ein regionales Wissenschafts- und Forschungsleitbild gegenüber – nur in sehr geringem Ausmaß eine Vernetzung feststellbar. Ähnliches gilt für den Bereich anderer Fach- bzw. Teilplanungen oder der Umsetzung von Leitprojekten, etwa im Bereich der Cluster-Entwicklung und der Wirtschaftsförderung. Oft fehlt z. B. im Bereich des Raumordnungsrechtes auch ein Ansatzpunkt, wo und in welchem Umfang das jeweilige Ziel im anderen Bereich zu berücksichtigen ist.

Ähnlich wie das Nebeneinander von Wirtschaftskonzept und Raumordnungsplänen stellt sich die Situation der Aktivitäten der Länder z. B. im Bereich Raumordnung und Wohnbauförderung, aber auch im Bereich Forschungs- und Wirtschaftsförderung dar. Auch hier gibt es formal entsprechende Rücksichtnahmen auf die Planung anderer Fachbereiche, doch wird vom jeweiligen Fachbereich jeweils die eigene Aufgabe als zentrales Anliegen gesehen, dem sich die anderen Überlegungen unterzuordnen haben bzw. von ihnen wird verlangt, dass sie die Zielvorgaben der „eigenen" Planungen berücksichtigen.

Das Instrument der Balanced Scorecard bietet für die Regierenden in der Region die Möglichkeit, die bisher verschiedenen Fachplanungen in einem Gesamtkonzept zu verknüpfen und das gegebene Beziehungsgeflecht darzustellen bzw. es bei weiteren Überlegungen einzubeziehen. Dabei geht es allerdings nicht ausschließlich um die Verknüpfung für einen längerfristigen Zeitraum, sondern vor allem um die Darstellung der Konsequenzen aus der Sicht der verschiedenen Perspektiven. Diese Perspektiven werden sowohl amtsintern (verschiedene Ämter) darzustellen sein wie auch in ihrer Außenwirkung. Die Regional Balanced Scorecard bietet ein Instrument, diese notwendige Gesamtansicht bereits bei Planungsbeginn bzw. Planungsvorbereitung entsprechend umzusetzen. Auch für Unternehmen sieht die Balanced Scorecard derartige Betrachtungen vor.

Die Verwaltungspraxis lehrt, dass Programme, Pläne und Maßnahmen im Bereich der Raumordnung in hohem Ausmaß „sachverständigenbestimmt" sind. Vielfach, vor allem im Bereich der Raumordnung, bestimmen politische Zwänge und Notwendigkeiten einzelne Maßnahmen, insbesondere bei der Flächenwidmung von Grünland in Bauland. Tatsächlich wird oft für eine einzelne, bereits feststehende Maßnahme in der Folge durch entsprechende amtsinterne Sachverständigen-Stellungnahmen oder externe Sachverständigen-Gutachten versucht darzulegen, dass die jeweils politisch als notwendig empfundene Aktion bzw. Maßnahme sachlich begründet ist.

Keine Berücksichtigung in der sachverständig bestimmten Planung finden derzeit in der Regel die anderen Perspektiven. Das Instrument der Balanced Scorecard zwingt jedoch jede Maßnahme, die z. B. aus der Perspektive der anrainenden Bevölkerung sinnvoll ist, etwa auch aus der Perspektive der Wirtschaft, noch vor Planungsbeginn zu sehen. Die Perspektive der Bevölkerung ist für die jeweils Regierenden von entscheidender Bedeutung, bestimmt sie doch am Ende der jeweiligen Amtsperiode, ob das Regionalmanagement in seiner bisherigen Form weiter tätig sein soll oder nicht. In weiten Bereichen der planungswissenschaftlichen Literatur kann man sich nur mit Mühe des

Eindrucks erwehren, dass die politische Dimension der Regionalpolitik und der Planungsprozesse als Tabuthema aufgefasst und deshalb ausgeklammert wird. Die Regional Balanced Scorecard würde hier eine Abhilfe schaffen.

Sicherlich sind bei Regionalwahlen auch andere bundesweite und allenfalls supranationale Überlegungen maßgeblich, doch ist immer auch die Zufriedenheit der Bevölkerung mit der Regionalregierung entscheidend. Diese Perspektive ist deshalb in realistischer Weise auch als Perspektive bei jeder Maßnahme der Regionalpolitik zu berücksichtigen. Dies erfolgt bereits derzeit informell in vielen Bereichen, allerdings ohne dass dies in den Plänen entsprechend berücksichtigt wird. Auch die polit-ökonomische Funktion von Standortprozessen aus der Sicht der Region kann – im Rahmen einer weiterführenden Regional Balanced Scorecard – noch verfeinert werden, indem man die Perspektiven der Bevölkerung detailliert betrachtet.

Die Akteure auf der Ebene des politischen Systems haben sehr unterschiedliche Motivationen, den Planungsprozess voranzutreiben oder zu behindern. Diese sollten offengelegt werden. In den verschiedenen Politikbereichen können z. B. auch innerhalb einer Partei oder politischen Gruppierung zum Teil erhebliche Zielkonflikte bestehen. Differenzen bestehen natürlich auch zwischen der Bevölkerung der verschiedenen Gemeinden oder Landesteilen (Spannungsfeld Zentralraum – ländlicher Raum). Berücksichtigt man, dass die Raumordnungsabteilungen eines Landes gemeinsam mit der jeweiligen Gemeinde quasi „Standorte für zumeist individuell Begünstigte" produzieren, so ist naheliegend, dass die jeweils in Land und Gemeinde Regierenden daran in der polit-ökonomischen Funktion auch „Ertragserwartungen" knüpfen. Diese sind primär daran orientiert, sich politische Macht zu erhalten oder möglichst zu vergrößern. Deshalb kann eine „Standortproduktion" auch erfolgen, wenn sie nicht ausschließlich standortfunktional definiert ist, sondern vor allem der Erhaltung der Wählergunst dient. Ein derartiges, auf die Perspektive der Bevölkerung oder einzelner Wählergruppen Rücksicht nehmendes Verhalten kann etwa dazu führen, dass die Produktion standörtlicher Nutzungspotentiale und Infrastruktureinrichtungen nicht erfolgt, weil die Regierenden befürchten, dass größere Wählergruppen, z. B. betroffene Anrainer, ihnen deshalb ihre Gunst (Wählerstimmen) entziehen können. Die polit-ökonomische Funktion von Standortprozessen hat zu berücksichtigen, dass aus der Sicht der Regierenden die Erhöhung des Standortnutzens bzw. die Minimierung der Standortbenachteiligung für jene privaten Eigner oder Nutzer, die dem eigenen politischen Klientel angehören, ein durchaus legitimes Handlungsmotiv ist, das im Rahmen der Regional Balanced Scorecard auch entsprechend offengelegt werden soll. Währenddessen es aus der Perspektive der Bevölkerung für das Kriterium „Zufriedenheit mit der Regionalregierung" eine definitive Messgröße in Form der Wahlen gibt, sind kurzfristig auch als Frühindikator Meinungsumfragen wichtig.

Zufriedenheit mit der Regionalregierung kann von verschiedenen Bevölkerungsgruppen und Teilregionen unterschiedlich beurteilt werden. Sicherlich vorrangiges Ziel aus der Sicht der Bevölkerung ist es jedenfalls, entsprechende Arbeitsplätze zu besitzen, die eine adäquate Entlohnung aufweisen. Weiters Globalziel im Bereich der Perspektive der Bevölkerung ist Wohnen und ein attraktives Umfeld, wobei dieses Ziel von ausreichenden, gut ausgestatteten Wohnungen bis hin zur regionalen Infrastruktur und zum Freizeitangebot reicht. Auch die Nachhaltigkeit ist aus der Sicht der Bevölkerung wichtig. Nicht nur kurzfristig müssen Erfolge und Ordnung gegeben sein, sondern auf Dauer soll der Lebensraum auch für zukünftige Generationen gesichert sein. Das Globalziel der Nachhaltigkeit aus der Sicht der Bevölkerung ist umfassend, betrifft sowohl sichere Arbeitsplätze in den Betrieben (z. B. keine Monostruktur), aber auch die Sicherung einer attraktiven Landschaft und des Lebensraumes. Zum Globalziel der Nachhaltigkeit ist festzuhalten, dass eine hohe Lebens- und Umweltqualität wichtig ist, da vor allem sie die entscheidende Prägung und Qualität einer Region bestimmt.

Aus der Perspektive der Wirtschaft können je nach Situation der Region mehrere unterschiedliche Globalziele angeführt werden, wobei der wettbewerbsfähige Standort, die passenden Mitarbeiter für die Unternehmen, Interaktionsstrukturen mit anderen Betrieben, Forschungs- und Ausbildungseinrichtungen zur Erhöhung der betrieblichen Ertragskraft nur beispielsweise zu nennen sind. Auf die Wichtigkeit einer Netzwerkbildung, auch um Betriebe an die Region zu binden, sei hier ausdrücklich nochmals hingewiesen. Aus der Perspektive der Wirtschaft abgeleitete Ziele sind – neben der Stimulierung betrieblicher Kooperationen durch die Regionalverwaltung – die Stimulierung von Unternehmensneugründungen. Eine differenzierte Betrachtung der Unternehmen einer Region wird zur Verfeinerung des Balanced-Scorecard-Systems notwendig sein. Dabei ist z. B. davon auszugehen, dass insbesondere die Betriebe der Tourismuswirtschaft besondere Anforderungen an die Attraktivität der Landschaft, aber auch an die für sie notwendige touristische Infrastruktur stellen.

Eine Möglichkeit differenzierter Betrachtung der Unternehmen in einer Region ist die Gliederung der Betriebe in solche, die Güter und Dienstleistungen herstellen bzw. anbieten, die überwiegend außerhalb der Region nachgefragt werden (regionale Exporte, aber auch überregional angebotene Dienstleistungen einschließlich des Dienstleistungsangebotes des Tourismus) und solche, die der Versorgung der regionalen Wohn- und Arbeitsbevölkerung dienen. Die regionale Exportwirtschaft und die ihr gleichgestellten Anbieter überregionaler Dienstleistungen sollen langfristig wettbewerbsfähig und spezialisiert sein. Ihre Entwicklungschancen bei der Formulierung von Visionen, Strategien und Leitbildern besonders zu berücksichtigen, sind legitim, da vor allem sie es sind, die zu einer Wohlstandssteigerung für die Region und damit auch für die die Region versorgenden Unternehmungen beitragen.

Die Balanced Scorecard bietet ein ideales Instrumentarium, um – nach den Vorstellungen der Exportbasistheorie[13)] – jene Betriebe zu fördern, von denen dieser Multiplikatoreffekt ausgeht.

Die Exportbasisidee geht dabei von dem Grundgedanken aus, dass die Dynamik der Regionaleinkommen durch die Zusatznachfrage von Wirtschaftsobjekten, die außerhalb der Region ansässig sind, bestimmt wird. Damit sind die Wirkungen von Impulsen, die sowohl durch Lieferungen ins Ausland, als auch in andere Regionen (im Inland) zustande kommen, ebenso gemeint, wie die Leistungen des Tourismus und die Leistungen im übrigen überregionalen Dienstleistungsbereich. Die Wirtschaftsbereiche, die überwiegend für den „regionalen Export" produzieren, stellen die Exportbasis einer Region dar. Das dort erzielte Einkommen wird vervielfacht, weil damit Güter und Dienste auf dem regionalen Markt nachgefragt werden.

Wie wichtig die Perspektive des regionalen Umfeldes ist, wurde bereits dargestellt. Durch sie kann sichergestellt werden, dass die Region z. B. Finanzmittel zur Verwirklichung ihrer Projekte von nationalen und übernationalen Fördertöpfen erhält. Diese Perspektive umfasst mehrere Teilbereiche, nicht nur was Image und Positionierung der Region gegenüber übergeordneter oder gleichgeordneter Gebietskörperschaften betrifft, sondern vor allem auch – ausgehend von den zuvor dargelegten Überlegungen der Exportbasistheorie – die Perspektive der Unternehmen in anderen Regionen und der von anderen Regionen kommenden Touristen. Welche Anforderungen müssen gegeben sein, dass ein ausländischer Investor in der Region investiert, ein Joint Venture mit einer Forschungseinrichtung in der Region eingeht oder Planungs- oder Ausbildungsleistungen der Region für sich beziehen will?

Die Aufzählung der vier Perspektiven ist nur eine beispielhafte, sie kann durchaus durch weitere Perspektiven ergänzt werden oder es kann sich eine Neugliederung als sinnvoll erweisen. Eine entscheidende Perspektive – der Kundenperspektive im Unternehmen vergleichbar – ist sicherlich jene der Bevölkerung, da die Regionalwahlen immer der Leistungsmaßstab für das Regionalmanagement sind. Tatsache ist dabei, dass für sie nicht nur objektiv erreichte Leistungen maßgeblich sind, sondern der Wählerentscheid – soweit er sich auf regionale Belange bezieht – auf der Einschätzung der Bevölkerung beruht. Sicherlich ist es auch für die Regierenden deshalb wichtig, mit entsprechenden Maßnahmen der Werbung und Kommunikationstechnik die von ihnen vorgeschlagenen Visionen und Strategien der Bevölkerung nahezubringen und eine Akzeptanz und Zufriedenheit mit der Regionalregierung herbeizuführen. Da die Regierung das Leistungsbündel der Landesverwaltung als Monopol anbietet, kann der Bürger nur bei den Wahlterminen eine Zufriedenheit oder Unzufriedenheit dokumentieren. Zwischen den Wahlen bleibt theoretisch nur die Wohnsitzverlegung als Alternative, seiner Unzufriedenheit Ausdruck zu verleihen. Unternehmen sind hier oft – trotz gebundenen Human- und Sachkapitals – flexibler und reagieren mit Betriebsverlegungen und Abbau des betrieblichen Leistungsspektrums (z. B. Verlegung der Entwicklungsabteilung) auf schwache regionale Governance der Regierenden.

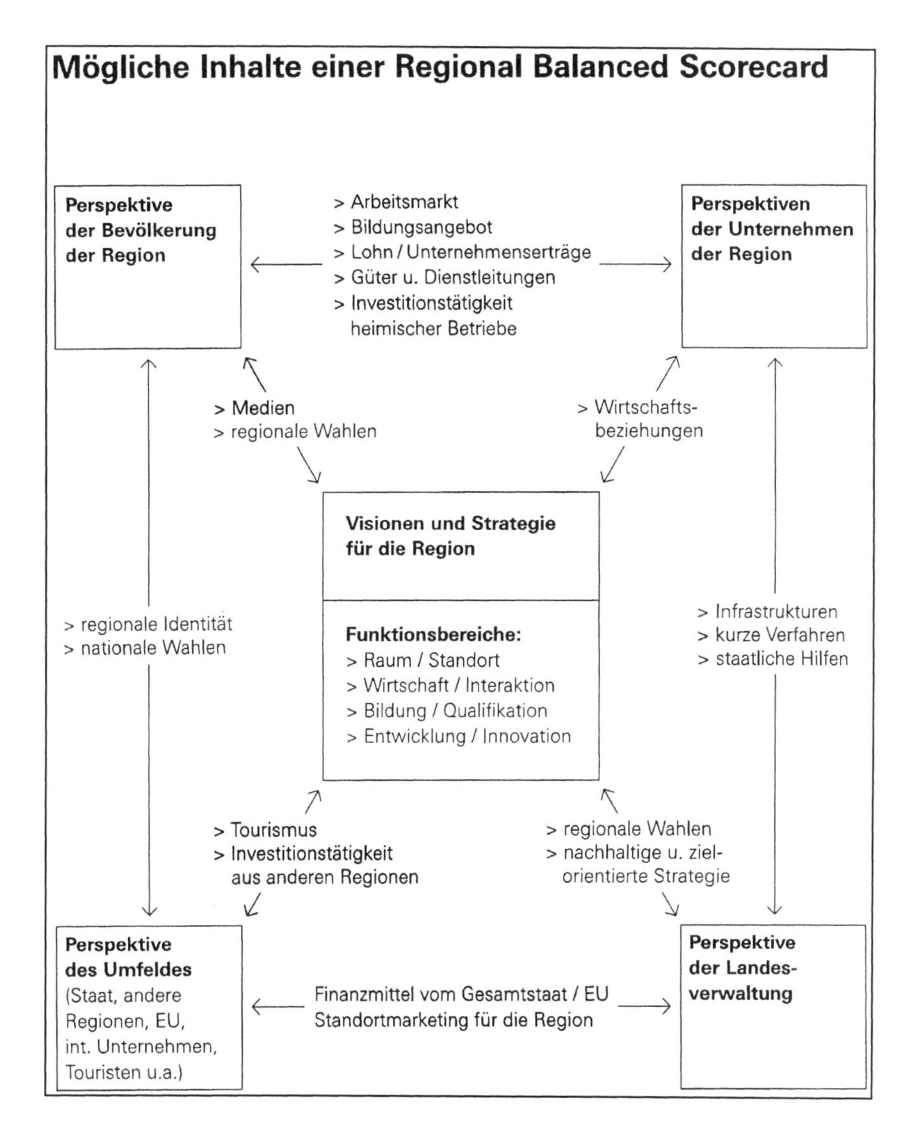

13.8 Regionale Ziele messbar machen

Entscheidend für die Anwendbarkeit des Instruments der Balanced Scorecard ist es, nicht nur das Beziehungsgeflecht aufzuzeigen, sondern auch regionalpolitische Ziele messbar zu machen. Insbesondere in der Regionalpolitik werden viele Ziele definiert und Strategien als wichtig erklärt, es bleibt jedoch alles vage und verschwommen, wenn kein Maßstab besteht, die Erreichung der Ziele, ihre Inhalte und den Grad der Umsetzung zu messen. Messen ist an sich für die Regionalpolitik nichts Neues und man geht im operativen Bereich, etwa im Bereich der Wirtschaftsförderung, aber auch der Raumordnung, recht großzügig damit um. Ein Beispiel sind die von den Regierenden vorgestellten „Effizienzzahlen" für den Einsatz regionaler Wirtschaftsförderungsinstrumente, wie etwa den Zuschüssen zu Investitionen und den dadurch – angeblich durch die regionale Förderung – ausgelösten Investitionssummen, gesicherten Arbeitsplätzen und Ähnliches. Gleiches gilt etwa für die Zahlen der durch regionale Betriebsansiedlungsagenturen „erreichten" neuen Betriebe.

In der Regel werden diese Zahlen als globale Erfolgszahlen regionaler Wirtschaftsförderung in der Öffentlichkeit präsentiert und es hinterfragt niemand, ob denn tatsächlich z. B. eine wesentliche Betriebserweiterung eines heimischen Unternehmers mit einer großen Investitionssumme auf einen relativ bescheidenen Förderzuschuss zurückzuführen ist. Löst tatsächlich die Möglichkeit einer zusätzlichen Forschungsförderung durch das Land in der Höhe eines Zwanzigstels der Forschungsaufwendungen eines Projektes insgesamt betriebliche Forschung aus? Ähnlich verhält es sich mit Betriebsansiedlungen, wo ebenfalls nicht kritisch hinterfragt werden soll, wieweit denn tatsächlich die Ansiedlung eines Unternehmens auf einem neuen Standort auf das Förderinstrumentarium und die Information des Betriebes durch die jeweilige Ansiedlungsagentur zurückzuführen ist oder ob es – was für die Mehrzahl der angesiedelten Betriebe zutrifft – nicht nur darum ging, bei dem unternehmensintern bereits festgelegten Investment an einem logistisch geeigneten Standort möglichst viel an Förderung „mitzunehmen". Sicherlich sind es auch solche „Messzahlen", die – richtig aufbereitet – einen Beitrag dazu leisten, das dynamische Image der Region innerhalb, aber auch im Vergleich mit anderen Regionen, darzustellen.

Ebenso wichtig wie klare Zieldefinitionen von Maßnahmen der Regionalpolitik ist es, Methoden zu finden, durch die tatsächlich die Umsetzung strategischer Ziele gemessen werden kann. Diese Festlegungen müssen – worauf noch einzugehen ist – regionsspezifisch sein.

Wichtig ist es, dass es bei jedem für ein bestimmtes Ziel festgelegten Messgrößenkatalog bereits zur Festlegung zu einer entsprechend kritischen Hinterfragung kommt, ob denn tatsächlich ein Näherkommen an das formulierte Ziel durch die Messgröße vermittelt wird.

Der Einwand, dass nicht alle regionalpolitischen Ziele gemessen werden können bzw. der Aufwand allenfalls zu groß wäre, stimmt dabei nicht oder nur für den Augenblick. Bisher wurden immer noch Methoden gefunden, Prozesse zu vertretbaren Kosten zu messen, wenn sie eine praktische Bedeutung erlangten. Vielfach ist es dabei notwendig, nicht traditionelle Messtechniken zu nutzen, sondern neue, unkonventionelle Wege zu finden. Dies trifft auf die Technik ebenso zu wie auf den Bereich der Sozialwissenschaften, wo heute seriös Dinge gemessen werden, deren Messung noch vor wenigen Jahren eine reine Utopie war. Wir können heute kleinste Dimensionen im Bereich von Millionstel Millimeter (Manometer) ebenso messen wie die Einstellung bestimmter Bevölkerungsschichten zu sozialen und sozio-ökonomischen Problembereichen.

Eine klare Definition regionalpolitischer Ziele birgt für die Regierenden die „Gefahr“ in sich, dass Ziele nach Ablauf der Programm- bzw. Planungsperiode nicht erreicht werden und dies auch politisch hinterfragt werden kann. Die deshalb mehrfach vorbauenden „Verwässerungen“ der Ziele dienen dazu, dass dem verantwortlichen Politiker letztlich kein Vorwurf gemacht werden kann, dass ein Ziel nicht erreicht wird; diese Vorgangsweise ist verständlich, aber bedauerlich. Es nützen die besten Normen für Zieldefinition, Messbarkeit und Evaluierung nichts, wenn von Anfang an alle diese Daten relativiert werden.

Obwohl z. B. die Vorgaben der EU-Strukturpolitik System in die Regionalpolitik in Österreich brachten und zur Objektivierung regionalpolitischen Handelns und seiner Evaluierung wesentlich beitragen, ist hier Kritik gerechtfertigt, was die Zielrelevanz mehrerer Ziel 2-Strukturprogramme für die österreichischen Bundesländer betrifft. So werden beispielsweise in dem im Jahr 2000 erstellten „Einheitlichen Programmplanungsdokument Ziel 2 Salzburg 2000-2006“ zwar die regionalpolitischen Zielvorstellungen und Messgrößen festgeschrieben, gleichzeitig wird aber in einem eigenen Absatz „Allgemeine

Anmerkungen zu den Zielwerten zur Erfassung der Programmwirkung"[14] auch festgestellt, dass mit den vorgesehenen Fördermitteln im Förderzeitraum eine Zielerreichung mit hoher Wahrscheinlichkeit nicht möglich ist, da zu viele andere programmexogene Einflussfaktoren bestehen. Richtig – aber für die Regierenden gefährlich – wäre es, weniger hochtrabende Ziele in den Programmen zu formulieren, die mit den zur Verfügung stehenden Mitteln auch tatsächlich erreicht werden können.

13.9 Regionalpolitische Ziele kommunizieren

Ziele und Strategien leben nicht von der Schönheit der Worte und vom Umfang der Analysen. Unbestreitbar sind griffige Formulierungen nützlich; wichtig ist es aber, dass das Ziel nicht nur die das Ziel formulierende Fachabteilung des jeweiligen Amtes der Landesregierung und bei betriebsbezogenen Zielen die im jeweiligen Bereich tätigen Unternehmer und Mitarbeiter überzeugt, sondern dass die Konsequenzen eines derartigen Leitbildes mit Ziel und Strategie aus allen Perspektiven der Regionalpolitik gesehen und beachtet werden.

Dazu trägt wesentlich eine Regional Balanced Scorecard bei, die hilft, jede Maßnahme nicht nur einseitig, sondern – verpflichtend – aus der Sicht von zumindest vier Perspektiven zu sehen. Durch dieses Managementsystem soll es nicht mehr möglich sein, Leitbilder ausschließlich in verdienstvoller Arbeit von Fachexperten im jeweiligen Fachexpertenkreis erstellen und diskutieren zu lassen, sondern auch die Aspekte der jeweiligen „Nicht-Experten" zu berücksichtigen.

Strategische Ziele in allen Bereichen zu kommunizieren und nicht nur amtsintern darüber zu informieren, verlangt die Kommunikation nicht nur im Bereich der Ämter der Landesregierung und zu den Mitarbeitern des Landes, sondern auch eine Kommunikation der strategischen Ziele in die Region, den Gemeinden bzw. den von den Zielen „betroffenen" Teilregionen. Die neuen Methoden der elektronischen Datenverarbeitung eröffnen dabei neue Dimensionen des Kommunizierens, wobei vor allem mittelfristig in fünf bis zehn Jahren davon auszugehen ist, dass jeder Haushalt einen Internet-Zugang und damit die Möglichkeit zu einer umfassenden Kommunikation auch über regionalpolitische Ziele besitzt. Breite Kommunikation der Bevölkerung kann bzw. soll auch dann eine völlig andere Basis besitzen.

Sicherlich sehen, wenn man die räumliche Dimension betrachtet, regionale Entwicklungspläne, vor allem Flächenwidmungspläne, laut Gesetz für Gemeinden verpflichtend die Möglichkeit der Mitarbeit eines jeden Gemeindebürgers vor. Dies erfolgt auch in entsprechend amtlichen Verlautbarungen der Gemeinden. Die Praxis sieht aber anders aus. War die Raumordnung in den 80er Jahren noch von dem Ideal durchdrungen, bei der Erstellung der Flächenwidmungspläne durch vorgelagerte räumliche Entwicklungskonzepte eine möglichst große Zahl der Bevölkerung in Arbeitsgruppen und zahlreichen Arbeitssitzungen mitarbeiten zu lassen, so ist dieses Ziel des Kommunizierens über strategische Pläne mit Betroffenen derzeit einer Ernüchterung gewichen. Nur die gesetzlich notwendige Mitarbeit der Bevölkerung wird eröffnet. Im Wesentlichen handelt es sich um eine Expertenplanung zwischen den Experten der Gemeinde, den Raumplanungsexperten und jenen der Aufsichtsbehörde. Die früher idealistisch gewünschte Mitarbeit der Bevölkerung ist heute wenig gefragt, was nicht zuletzt die Tatsache zeigt, dass oft die Fristen, für die die Möglichkeit eines Einspruchs gegen Pläne besteht, sehr oft so gewählt werden, dass sie mit Weihnachts-, Oster- oder Sommerferien ident sind. Umso wichtiger ist deshalb ein Managementsystem für die Regionalpolitik, das zwingend die Perspektive der Bevölkerung einschließt.

13.10 Regionale Masterpläne als akkordierte Willenserklärung

Das Nebeneinander der regionalen Bereichsplanungen macht es notwendig, dass auch für eine Region Bereichspläne auf einer höheren Stufe nochmals überprüft und koordiniert und zu einem regionalen Masterplan verschmolzen werden. Ein regionaler Masterplan ist dann quasi die zeitlich gestaffelte, akkordierte Willenserklärung (Vision und Strategie) einer Region[15)]. Er wird im Rahmen des ganzheitlichen Managementsystems der Regional Balanced Scorecard erarbeitet und später umgesetzt. Anhand der Masterpläne erfolgt die Optimierung der wirtschaftlichen Ressourcen; die Knappheit der Ressourcen zwingt die öffentlichen Haushalte zu einer Bedarfsprüfung und einer sorgfältigen Projektauswahl und Projektüberprüfung. Der Masterplan ist ein Werkzeug, das unabhängig von politischen Trends und Modeerscheinungen alle relevanten Projekte erfasst und diese in einen größeren Zusammenhang stellt und bewertet. Masterpläne sind Werkzeuge der vierten Planungsgeneration; diese unterscheiden sich von der bisherigen Planungskultur durch folgende Merkmale[16]:

- Abrücken von der Leerformel rationale Planung und Erkennen der Komplexität der Planungsaufgaben.
- Mehr Transparenz und bessere Kommunikation zwischen Beteiligten und Betroffenen.
- Arbeiten mit dem Modulprinzip, Erarbeiten überschneidungsfreier Bereiche, Beachten der Schnittstellen zwischen den einzelnen Modulen.
- Vernetzung aller Planungsbereiche und Arbeiten mit systemischen Verfahren, um Widersprüche und Beschränkungen bereits in einem frühen Planungsstadium aufzudecken.
- Festlegung von Umsetzungsschritten und Terminen, zu denen das Ziel bzw. Teilziele zu erreichen sind.

Ein wesentlicher Planungsgrundsatz bei der Erstellung eines Masterplanes ist es, dass alle Projekte nach einem einheitlichen Verfahren entwickelt und geprüft werden. Dazu ist die Balanced Scorecard ein wesentliches Hilfsmittel.

Masterpläne sind das Ergebnis einer umfassenden Planung und Koordination der einzelnen Ressorts und sie enthalten auf Machbarkeit geprüfte Projekte und Termine. „Nur Masterpläne liefern der Wirtschaft einer Region jene eindeutigen Planungsgrundlagen, auf die sie ihre Sachinvestition und die Beschäftigung von Arbeitskräften ausrichten können. Gerade diese Bindungswirkung ist es, auf welche die Wirtschaft wartet. Regionale Masterpläne sind eine Bringschuld der Regionalregierung gegenüber der privaten Wirtschaft. Sie sind die Grundlage für nachhaltiges Wachstum"[17].

Es ist sinnvoll, einen regionalen Masterplan aus einer regionalen Balanced Scorecard und den darin festgehaltenen perspektivischen Gesichtspunkten zu entwickeln. Die Balanced Scorecard ist in hohem Ausmaß geeignet, Ausgangslage und empirische Diagnose, Umfeld, Analyse und Vernetzung von Politikbereichen darzustellen. Nicht nur Leitbilder sind in der Folge wichtig, sondern die konkrete Formulierung von strategischen Oberzielen und darauf abgeleitet Bereichspläne. Dieser „Top Down-Bereich" der Konkretisierung der Visionen in regionale Projekte muss gleichzeitig mit einem gegenläufigen Zeitprozess des „Bottom-Up" verbunden sein.

Eine volkswirtschaftliche Optimierung aller in diesem Bereich einzusetzenden Ressourcen ist notwendig, wobei dies jeweils die zeitlichen, sachlichen und finanziellen Prioritäten betrifft. Entscheidend ist dabei, dass gebündelt alle Instrumente der Wirtschafts-, Technologie- und Raumordnungspolitik gemeinsam zum Einsatz kommen, unabhängig davon, ob sie das Land im hoheitlichen Bereich (z. B. Raumordnung) oder im privatwirtschaftlichen Bereich (Förderungen) betreffen. Die Regionen bzw. die Bundesländer in Österreich sind zu klein, dass die Akteure in der Raumordnung und Bodenpolitik, im Bereich der Infrastruktur, Standortwerbung, Technologiepolitik, des Tourismus, des Cluster-Managements, der Forschung und Entwicklung sowie der Bildung und Qualifikation jeweils isoliert für sich Ziele formulieren, eigene Organisationen zur Umsetzung der jeweiligen Ziele einrichten und betreiben. Einen gemeinsamen Zielkatalog mittel- und langfristig zu formulieren ist zu wenig. Konkret mit Zieljahr ist ein vernetzter Stufen- und Terminplan nötig. Wichtig ist dabei die Vernetzung der maßgeblichen Tätigkeitsbereiche in einem einzigen Plandokument, dem regionalen Masterplan. Eine Region kann ebenso wenig wie ein Unternehmen fortwährende Reibungsverluste durch Konflikte, unklare Kompetenzen und mangelnde Zusammenarbeit verkraften. Die neue Organisationsstruktur des Stufen- und Terminplanes muss einfach und überschaubar sein und sich durch schlanke, klare Strukturen auszeichnen. Die Vielfalt der verschiedenen, derzeit in den meisten Bundesländern im Landesinteresse tätigen Organisationen einschließlich der verschiedenen Amtsabteilungen des Landes mit den sich überschneidenden, nur historisch erklärbaren und entstandenen Aufgabenbereichen ist für den Masterplan zu entwirren und funktionsgerecht neu zu gestalten.

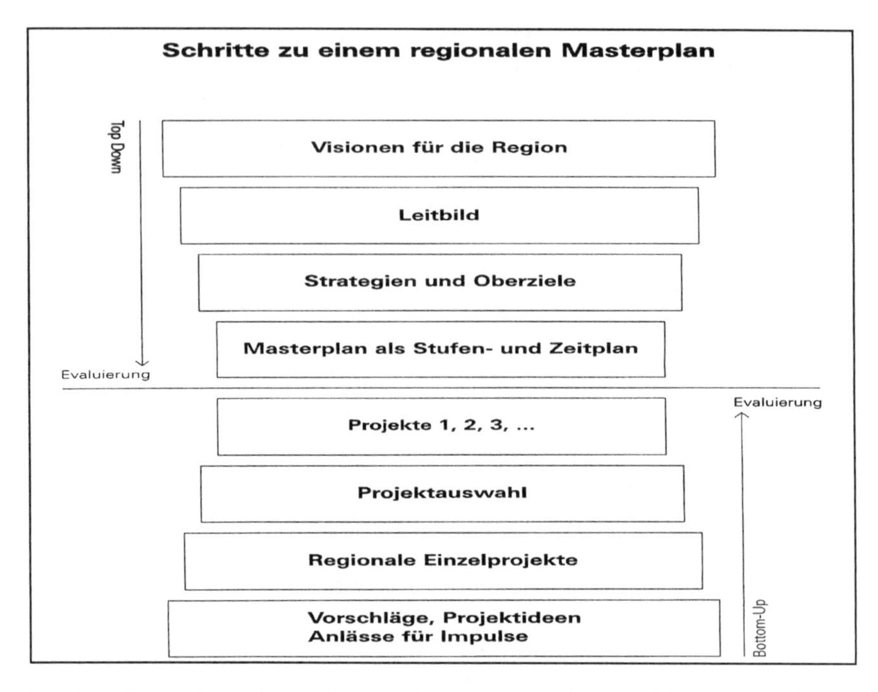

Die Länder sollten im Rahmen eines Masterplanes nicht unkoordiniert Einzelprojekte entwickeln, sondern ihre Mittel dort einsetzen, wo ganzheitlich über die Umwegrentabilität ein optimaler Nutzen für die Region garantiert und wichtige Entwicklungsimpulse gegeben sind. Nicht jedes angebliche regionale Impulsprojekt rechnet sich für die Region, sondern oft nur – dank vielfältiger Unterstützung unter „Beugung" von EU-Richtlinien – für den jeweiligen Betreiber.

Auch der Masterplan soll jene vier Funktionsbereiche abdecken, die für das System der Regional Balanced Scorecard wichtig sind, nämlich

- Funktionsbereich Raum (Raumordnung und Standortmarketing);
- Funktionsbereich Wirtschaft (Wirtschaftsförderung und Service);
- Funktionsbereich Bildung und Qualifikation;
- Funktionsbereich Technologie, Forschung und Entwicklung.

Ein starkes politisches Lenkungsgremium zur Umsetzung des Planes und Evaluierung der Maßnahmen soll neben den ressortzuständigen

Regierungsmitgliedern auch Interessenvertretungen sowie Vertreter des Arbeitsmarktservice, der Universität und des Fachhochschulbereiches beinhalten.

13.11 Strategische Ziele in Verwaltung und Budget verankern

Die Erstellung von Plänen, Zielen und Leitbildern kann in der politischen Praxis – wie zuvor schon behandelt – aus mehrfachen Gründen erfolgen. Vorerst sind jene Pläne im Bereich des hoheitlichen Handelns von Plänen zu unterscheiden, die eine regionale Entwicklung in Teilregionen oder bestimmten Bereichen zum Ziel haben. Hoheitliche Pläne, wie Raumordnungs-, Naturschutz- und Flächenwidmungspläne, kann die Landesregierung kraft ihrer Kompetenz und Zuständigkeit erlassen. Sie bedarf zu ihrer Umsetzung zumindest vorerst keiner Finanzmittel aus dem Budget. Dass dies zum Teil eingeschränkt gilt, zeigen z. B. die so genannten „Aufschließungsgebiete", wo die zukünftige Nutzung von Infrastrukturmaßnahmen, wie etwa Verkehrserschließungen, abhängig gemacht wird, für die wiederum Finanzmittel notwendig sind.

Anders die so genannten „Entwicklungsprogramme", etwa das Wirtschaftsleitbild, ein Wissenschaftsleitbild oder sektorale Leitbilder, für die zur Umsetzung auch entsprechendes ideelles und finanzielles Engagement notwendig ist. Diese Pläne sind – auch in Anbetracht der Bevölkerungsperspektive – nur dann seriös, wenn im Anschluss an die Planerstellung auch in absehbarer Zeit die politische Umsetzung in Budgetzahlen und neuen Strukturen beabsichtigt ist. Es ist leider eine Tatsache auch in der Regionalpolitik, dass vielfach in nächster Zeit nicht vorhandene Finanzmittel in den verschiedenen Bereichen durch eine entsprechende Aktivität bei der Planerstellung ausgeglichen werden. Die Länder haben in Österreich in der Regel die Möglichkeit darauf hinzuweisen, wie notwendig die Haupt- bzw. Kofinanzierung der einzelnen Maßnahmen durch den Bundesstaat wäre. Da diese Ko- bzw. Hauptfinanzierung nicht erfolgt, kann der Plan trotz großen Interesses des Landes nicht realisiert werden.

Regionalpolitische strategische Ziele setzen voraus, dass sie bei allen Abteilungen des Amtes und vor allem bei der mittelfristigen Budgetvorschau des Landes – so es sich um Entwicklungsziele handelt – berücksichtigt werden. Sicherlich haben einzelne Abteilungen des Amtes der Landesregierung aus fachlicher Sicht ihre Ansicht zu vertreten, vor allem wenn es sich um hoheitliche Pläne im Raumordnungs- und Naturschutzbereich handelt, doch sehen alle Landesgesetze letztlich eine Interessensabwägung vor, die politisch durch die Regierenden vorzunehmen ist.

Dabei ist zu berücksichtigen, dass es auch im Amt der Landesregierung – wie in den größeren Unternehmen – einen methodischen Bruch zwischen Strategie und Budget gibt. Die strategische Zielfestlegung wird derzeit von den einzelnen Amtsabteilungen meist im Alleingang mit den jeweiligen Experten, Vertretern ausgewählter NGOs und den Interessenvertretungen festgelegt; das ressortzuständige Regierungsmitglied interessiert sich oft nur dann dafür, wenn ein Dissens droht. Die operativen Arbeitsgebiete enthält das Budget, das für die Regierenden die Finanzmittel in ihrer Zuständigkeit und damit Macht bedeutet. Beide Bereiche sind in der Regel organisatorisch und institutionell voneinander getrennt. Diese Trennung demonstriert den methodischen Bruch äußerlich, aber vor allem existiert er auch intern im Denken. Auch die Landesregierung und ihre Mitglieder sind in der Regel gewohnt, Strategien und Ziele in Leitbildern und Plänen von dem im Budget erfassten Alltag gedanklich voneinander zu trennen. Vor allem in politischen Diskussionen ist es für sie wichtig darauf hinzuweisen, dass alles in Zielen und Strategien bereits früher formuliert wurde und (irgendwann einmal) umgesetzt werden soll. Hinsichtlich der Dotierung allseits befürworteter Maßnahmen im Landesbudget sieht das oft anders aus. Die Trennung hat neben politischen auch zwei andere Gründe:

Strategien haben Veränderungen zum Inhalt; sie gehen von Visionen aus, suchen nach neuen Ufern und bestimmten Wegen dorthin. Strategische Führung will Veränderungen managen, Veränderungen bis zu den Strukturen hin. Budgets haben das Bestehende zum Inhalt. Sie schreiben das Bestehende fort. Budgets verändern zwar die Quantitäten, die Strukturen und die Abläufe, die Grundsätze des Landesbudgets bleiben jedoch bestehen.

Visionen und die daraus abgeleiteten Strategien werden überwiegend verbal formuliert. Sie sind bis jetzt überwiegend nicht messbar, wenn überhaupt nur mit schwammigen Zahlenangaben formuliert. Dies liegt nicht an der Unfähigkeit, mit exakten Zahlen in den jeweiligen Teilbereichen zu rechnen, sondern das liegt daran, dass die Zukunft in vielfacher Hinsicht unabwägbar ist. Die Planer müssen mit Szenarien leben, mit Wahrscheinlichkeiten und mit Unschärfen. Die Budgets hingegen leben von harten Fakten. Hier sind weniger Worte, sondern Zahlen gefragt. Hier sind genaue Investitions- und Fördersummen notwendig, die genau ausgegeben und nachgewiesen werden müssen.

Die Gegensätzlichkeit von leitbild- und budgetbezogenem Denken hat bisher die Versuche eines stärkeren integrativen Herangehens mehr oder weniger unbeschadet überstanden. Sicher, Regierende wie Planer sind sich des Problems bewusst, es ist ja nicht neu. Trotzdem ist es für eine Regionale Governance notwendig, bewusst auch rückblickend Konflikte zwischen Leitbild- und Budgetpolitik zu analysieren, um sie in Zukunft zu überwinden. Zur Analyse ist das Modell der Regional Balanced Scorecard sicherlich behilflich, zur Überwindung letztlich der Masterplan mit klar definierten Zielen und Terminen, die entsprechend messbar sind und eine Balance zwischen der zukünftig angestrebten Entwicklung und den laufenden Budgetausgaben darstellen.

Interessant wäre es, mehr als bisher Landesbudgets zu analysieren, welche Schritte in der Gegenwart zu welchen Resultaten in der Zukunft führen. Gelingt es den Ländern nicht, die Strategien im Budget zu verankern, bleiben sie, vor allem was die Entwicklungsziele betrifft, Deklarationen, Statements und Hochglanzbroschüren. Auch hier können die Instrumente der Balanced Scorecard und des Masterplans helfen, eine Ausgewogenheit zwischen Zukunft und gegenwärtigem Alltag zu vermitteln. Ein schwieriger Prozess; dies bedeutet, die aktuellen politischen Prozesse dahingehend zu analysieren, welche Schritte in der Gegenwart zu welchen Resultaten in der Zukunft führen.

In der betriebswirtschaftlichen Literatur, insbesondere in „Controllerkreisen", kennt man diese Problematik unter dem Stichwort „Spät- und Frühindikatoren", in Anlehnung an die militärische Praxis spricht man etwa auch in der Arbeitsmarktpolitik von „Frühwarnsystemen“. Die bisher von der Regionalpolitik bei Zielen genutzten Kennzahlen sind Spätindikatoren und rechtfertigen dabei vollinhaltlich die Bedenken der für die Landesfinanzen verantwortlichen Abteilungen hinsichtlich ihrer realen Umsetzbarkeit. „Das Ziel 2“ EU-Programm 2000 – 2006 für Salzburg[18)] basierte beispielsweise, was die Analyse der Bildungsstruktur der sektoralen Entwicklung der Wirtschaft und die Auspendlerquoten betrifft, auf Zahlen aus 1991, bei betrieblichen Performancekennzahlen auf Werten von 1992 und 1994; dies, um die Entwicklung im Zeitraum 2000 – 2006 vorauszusagen!

Wichtig ist es deshalb, in Zukunft nicht nur Spätindikatoren, sondern vor allem Frühindikatoren zu entwickeln, um in einer frühen Phase der strategischen Umsetzung entsprechende Korrekturen anwenden zu können. Erst mit diesem Ansatz ist es möglich, den Widerspruch zwischen strategischer Zukunftsorientierung und gegenwartsbezogener Budgetierung zu überwinden. Die Aufgabe besteht darin, geeignete Frühindikatoren zu entwickeln, Kennzahlen, die jene Vorgänge messen, welche die Erreichung zukünftiger Ziele in einem Stufenplan heute sicherstellen.

13.12 Anpassungsfähigkeit an eine veränderte Umwelt

Maßgeblich für eine Region ist es, wettbewerbsfähig in größerem staatlichen und supranationalen Rahmen zu sein. „Wettbewerbsfähigkeit“ wird dabei umfassend verwendet. So definiert die Europäische Kommission[19)] „a regional economy is competitive, if its population can enjoy high standards of living and high rates of employment while maintaining a sustainable external position“. Der Begriff der Wettbewerbsfähigkeit einer regionalen Wirtschaft bezeichnet hier sehr allgemein die Fähigkeit, bestimmte volkswirtschaftliche Ziele zu erreichen. Wettbewerbsfähigkeit ganz allgemein bezeichnet die Leistungsfähigkeit einer Volkswirtschaft, was wiederum bedeutet, dass ein Begriff für deren Bestimmungsfaktor notwendig ist. In diesem Sinn bezeichnet der Ausdruck „Standortqualität“ das Ausmaß, in dem in einem bestimmten Wirtschaftsraum die nachhaltige Schaffung und Bewahrung hoher Einkommen durch Bereitstellung von komplementären Leistungen für die Unternehmen unterstützt wird[20)].

Auch für die Regionalpolitik ist wichtig, dass die primäre Leistungseinheit die Unternehmen selbst sind. Von ihnen hängt ab, ob vorteilhafte Rahmenbedingungen für den wirtschaftlichen Erfolg genutzt und nachteilige Einflussfaktoren überwunden werden. Darüber hinaus agieren die Unternehmer aber nicht in einem sterilen, in Bezug auf die Nutzung und Entwicklung von Wettbewerbsvorteilen neutralen Raum. Unterschiede in ökonomischen, gesellschaftlichen und politischen Rahmenbedingungen haben darauf wesentlich Einfluss, wie zuvor schon dargelegt wurde. Sie können je nach Ausprägung dämpfend, verzerrend, ausgleichend oder verstärkend wirken. Die Aufgabe der Regionalpolitik besteht darin, vorteilhafte Rahmenbedingungen für das Zusammenspiel der unterschiedlichen Elemente zu schaffen. Wichtig ist dabei der Ausgleich der Interessen von gegenwärtigen und zukünftigen Generationen und eine dynamische Interpretation der Wettbewerbsfähigkeit und Standortqualität. Der Begriff der „Nachhaltigkeit" soll diesen Gesichtspunkt einbringen, nachdem die Wahrung exogener, sozialer, ökologischer und ökonomischer Nebenbedingungen die Auswahl der möglichen Instrumente der Regionalpolitik einschränkt. Ein die Substanz mindernder Verbrauch von beschränkten Ressourcen, z. B. im Umweltbereich, beeinträchtigt auf Dauer die Wettbewerbsfähigkeit der Unternehmen ebenso wie die Missachtung politischer oder gesellschaftlicher Grenzen in der Akzeptanz etwa einer ungleichen Einkommensverteilung.

Der Begriff der „Nachhaltigkeit" fordert aber auch ökonomische Grenzen, deren Missachtung kurzfristig zwar möglich, langfristig aber zu teuer wäre. Die Möglichkeiten eines Landes sind begrenzt, etwa ein überzogenes Konsumniveau auf Dauer mit Hilfe von Leistungsbilanzdefiziten aufrecht zu erhalten; ähnlich verletzt auch die Unterlassung von notwendigen Investitionen – z. B. in Forschung und Entwicklung, Ausbildung und Infrastruktur – in einer Region dieses Kriterium der Nachhaltigkeit.

Strategien und Ziele der Regionalpolitik, die Grundlage für die Tätigkeit von Menschen und vor allem der dort tätigen Betriebe sind, müssen eine Stabilität gewährleisten. Normen von Raumordnungszielen und Infrastrukturausbau sollen entsprechend koordiniert in regionalen Masterplänen über einen längeren Zeitraum in Stufen ebenso festgelegt sein wie Angebote im Bildungsbereich. Dies bietet den Betrieben die notwendige Sicherheit zum Handeln. Andererseits ist es aber auch so, dass sich eine Region mit ihren wirtschaftspolitischen Strategien den aktuellen wirtschaftlichen Veränderungen auf supranationaler und nationaler Basis ebenso anpassen muss, wie Veränderungen im Bereich der Aufbringung von Finanzmitteln. Eine wirtschaftspolitische Strategie heute entwickelt, kann schon morgen „Schnee von gestern" sein. Um zu verhindern, dass Strategien veraltern, bevor sie umgesetzt werden, müssen Mittel gefunden werden, mit deren Hilfe sie sich an geänderte wirtschaftliche Umstände und ein geändertes Umfeld anpassen. Eine *Regional Balanced Scorecard* als Managementhilfe kann deshalb nicht auf ein ganzheitliches Bezugssystem von Kennzahlen und Schlagworten reduziert werden. Wichtig ist, durch entsprechende Rückmeldungen in einem Feedback die Möglichkeit zu eröffnen, neue Strategien zu entwickeln, um das ursprüngliche oder ein modifiziertes Ziel anzustreben und neue Termine und Stufen zu definieren. Die Organisation eines derartigen strategischen Lernprozesses ist vielleicht die schwierigste aber zugleich innovativste Seite des Managementsystems der Regional Balanced Scorecard. Sie erfordert eine Flexibilität im Umdenken, was die Regionalentwicklung betrifft.

Kernfrage für die Anpassung ist schon bei der Programmerstellung die Bestimmung von Früh- und Spätindikatoren, aber auch die Festlegung eines Teams, um Veränderungen vorzuschlagen und Ursache und Wirkung und Beziehungen zu definieren. Je lebendiger der strategische Lernprozess umgesetzt wird, umso besser und effizienter können die Mission und die Vision und die daraus abgeleiteten Strategien in der entsprechenden operativen Praxis als Beispiel gelungener regionaler Governance verwirklicht werden.

13.13 Literatur

Die Nummerierung bezieht sich auf die Verweisziffern (Endnoten) im Text.

1) Vgl. dazu *Weichhart, P.* (2000): „Designerregionen – Antworten auf die Herausforderungen des globalen Standortwettbewerbes?" in „Informationen zur Raumentwicklung", Heft 9/10-2000, S. 549 (Herausgeber: Bundesamt für Bauwesen und Raumordnung, Berlin).

2) Vgl. dazu *Blotevogel, H. H.* (1996): Auf dem Weg zu einer „Theorie der Regionalität" in G. Brunn (Hrsg.) Region und Regionsbildung in Europa, Schriftenreihe des Institutes für Europäische Regionalforschung, Bd 1, S. 44 – 68 (Baden-Baden).

3) *Kyrer, A.* (Hrsg., 2000): „Integratives Management für Universitäten und Fachhochschulen oder Governance und Synergie im Bildungsbereich in Österreich, Deutschland und der Schweiz" in Edition T.I.G.R.A. Band 1, Wien – Definition der „Governance" durch den Herausgeber, S. 4.

4) Zitiert aus Amt der Salzburger Landesregierung (2001): „Wissenschafts- und Forschungsleitbild für Salzburg", Schriftenreihe des Landespressebüros / Sonderpublikation Nr. 175, S. 12.

5) *Krätke, S.* (1997): „Globalisierung und Stadtentwicklung in Europa". In Geografische Zeitschrift, 85, S. 149.

6) *Kyrer, A.:* a. a. O. S. 72/73.

7) Vgl. *Swyngedouw, E.* (1997): „Neither Global nor Local" in Cox K.R. (Ed.): Spaces of Globalization: Reasserting the Power of Local, London, S. 137 – 166.

8) Vgl. dazu *Weichhart, P.:* a. a. O., S. 550 – 553.

9) Die Verordnung (EG) Nr. 1260/1999 des Rates vom 21.6.1999 zur 3. EU-Strukturfondsperiode 2000-2006 legt jene Ziel 2-Gebiete fest, für die als ländliche Gebiete eine rückläufige Entwicklung festgestellt wurde, sodass eine besondere Förderung angebracht ist. Objektivierbare Kriterien zur Abgrenzung wurden zwar entwickelt, bei der Umsetzung der Gebietsfestlegung waren diese letztlich nur ein Orientierungsrahmen. Da bei der innerstaatlichen Umsetzung den Nationalstaaten eine große Bedeutung zukam, wäre es reizvoll zu analysieren, wie es welchen Regionen gelang, ihre Position als „förderwürdig" zu erhalten bzw. zu verbessern.

10) *Straubhaar, T.* (1996): „Standortbedingungen im globalen Wettbewerb" in *Biskup R.* (Hrsg.), Globalisierung im Wettbewerb, Bern, S. 220.

11) Vgl. „Der Standard" vom 09.09.2000: Bericht zur WIFO-Studie „Heimische Verwaltung am teuersten".

12) Die Balanced Scorecard wurde als ganzheitliches Managementsystem von *Norton, D. P.* und *Kaplan, R. S.* entwickelt; siehe dazu *Kaplan, R. S.; Norton, D. P.* (1996): The Balanced Scorecard. Translating Strategy into Action, Massachusetts. Deutsche Übersetzung: *Horváth, P.; Kuhn-Würfel B., Vogelhuber C.* (1997): Die Balanced Scorecard. Strategien erfolgreich umsetzen, Stuttgart.

13) Exportbasis Theorie, *G. Palme,* Reg. Wirtschaftliche Entwicklungsleitbild Oberösterreich, Österreichisches Institut für Wirtschaftsforschung WIFO (1999).

14) Siehe dazu „Einheitliches Programmplanungsdokument Ziel 2 Salzburg 2000-2006" gemäß VO (EG) Nr. 1260/99 des Amtes der Salzburger Landesregierung (genehmigt am 16.03.2001) S. 148 ff.

15) Vgl. dazu *Kyrer, A.* (2001): „Neue Politische Ökonome 2005", München, S. 55 ff.

16) Zitat aus *Kyrer, A.* (2002): Ein Masterplan für die Salzburger Universitäten und Fachhochschulen mit dem Zeithorizont 2005, in: Integratives Management für Universitäten und Fachhochschulen, Wien, S. 69 ff.

17) Zitat aus *Kyrer, A.:* a. a. O., S. 71.

18) „Einheitliches Programmplanungsdokument Ziel 2 Salzburg 2000 – 2006", a. a. O., S. 16 f und 30 ff.

19) *Europäische Kommission:* The competitivness of European Industry, Report 1998 (Luxemburg), S. 9.

20) Vgl. *Peneder, M.* (1999): Wettbewerbsfähigkeit und Standortqualität, in Wirtschaftspolitische Blätter Nr. 3/1999, Wien.

14 Karl Trucker: Bausteine für eine neue IT-Governance mit dem Zeithorizont 2010

Karl Trucker
Leiter Technik & Systemadministration bei der
Salzburg Research Forschungsgesellschaft

14.1 Vorbemerkung

Zunächst beschäftigen wir uns mit dem Begriff Governance, danach wird IT-Governance definiert und die Ausgangslage in Österreich beschrieben. Danach wird aufgezeigt, welche Handlungsfelder und Handlungsnotwendigkeiten für IT-Governance sich in Österreich in den nächsten Jahren (Zeithorizont 2010) abzeichnen.

14.2 Governance – allgemein

Der Begriff *Governance* zählt zu jenen Begriffen, die seit Mitte der 90er Jahre des vergangenen Jahrhunderts Eingang gefunden haben in die öffentliche Diskussion, sei es nun im Fernsehen, den Printmedien oder internationalen Konferenzen. Gäbe es ein Ranking der meist verwendeten wissenschaftlichen Begriffe, so würde Governance sicher einen der vorderen Plätze einnehmen. Im August 2004 zählte die Suchmaschine Google acht Millionen Treffer bei der Eingabe des Begriffs und überflügelte damit den ebenfalls häufig verwendeten Begriff *Globalisierung*. Versuche, den Begriff Governance – je nach Bereich – durch deutsche Begriffe zu ersetzen, sind bisher kläglich gescheitet. Wir müssen also weiterhin mit dem englischen Begriff vorlieb nehmen. Ja im Gegenteil: laufend kommen neue Spielarten der Governance dazu und werden von den Medien sofort rezipiert. Einige Beispiele: Global Governance, Internet Governance, Regional Governance, Project Governance, Cultural Governance, Media Governance und – IT-Governance. Generell taucht der Begriff Governance immer dann auf, wenn es in öffentlichen Diskussionen um die Veränderung, die Transformation überholter Strukturen in Wirtschaft, Staat und Gesellschaft geht.

Governance ist nach *Kyrer*[188] ein neues Paradigma der sozialwissenschaftlichen Forschung, das auf der *Systemanalyse* aufbaut und handlungsorientiert konzipiert ist. Die Grundidee von Governance ist die Hypothese, dass integrierte und koordinierte Systeme eine höhere Performance aufweisen und nachhaltiger sind als Systeme, in denen nur punktuell bestimmte Gesichtspunkte (z. B. nur technische oder nur wirtschaftliche oder nur rechtliche Gesichtspunkte) berücksichtigt werden. Der Governance-Ansatz vermeidet einseitige *Insel-Lösungen* und peilt *systemisch-ganzheitliche Solutions* an.

Grießenberger[189] hat angeregt, von *Governance* nur dann zu sprechen, wenn die sieben Kriterien (7 K)[190] – ganz oder teilweise – erfüllt sind.

14.3 IT-Governance

Unter *IT-Governance* versteht man generell „Grundsätze, Verfahren und Maßnahmen, die sicherstellen, dass mit Hilfe der IT die Geschäftsziele erreicht, Ressourcen verantwortungsvoll eingesetzt und Risken angemessen überwacht werden."[191] Dies läuft hinaus auf die Organisation, Steuerung und Kontrolle der Informationstechnologie (IT) eines Unternehmens bzw. allgemein einer Organisation. IT-Governance ist also eine spezifische, praktische Anwendung der allgemeinen Governance-Theorie.

14.4 IT-Governance in Österreich

Die Ausgangslage in Österreich lässt sich wie folgt skizzieren: Mehr als 50 % der Unternehmen haben zufolge einer Studie der Energie AG

---

188 *Alfred Kyrer,* Governance als neues Forschungsparadigma, Beitrag in diesem Band S. 13 ff.

189 *Clemens Grießenberger,* Governance aus systemischer Perspektive, Beitrag in diesem Band S. 101 ff.

190 Siehe S. 110 f.

191 *Meyer, M. et al.*, IT-Governance: Begriff, Status quo und Bedeutung, in: Wirtschaftsinformatik, 45, 2003.

Oberösterreich[192] keine IT-Governance, 80 % der Grossunternehmen verfügen über kein nachvollziebares IT-Steuerungsgremium und bei einem Grossteil der Unternehmen sind die IT-Ziele nicht erkennbar auf die Unternehmensziele ausgerichtet. Auch der Nutzen von IT-Projekten wird meist nicht gemessen und bei mehr als 50 % der Unternehmen sind IT- Prozesse nicht dokumentiert und es erfolgt kein Controlling. Zum gegenwärtigen Zeitpunkt ist IT-Governance noch zu stark budgetorientiert und wird vielfach nur an kurzfristigen Erfolgen gemessen.

14.5 Perspektiven mit dem Zeithorizont 2010

Legt man *Grießenbergers* Kriterien[193] zugrunde, so zeichnen sich folgende zehn Handlungsfelder im Bereich der IT-Governance ab :

- In allen Organisationen hat sich die Bedeutung des IT-Service in den letzten Jahren grundlegend gewandelt. Die IT-Departments in den Unternehmen haben sich vom *internen Dienstleistern,* die nur zuarbeiten (z. B. unterstützender Bereich) und vielfach nur als Kostenverursacher wahrgenommen wird, zur Rolle von *kooperierenden strategischen Partnern* entwickelt, mit dem sich Wachstum für das Unternehmen generieren lässt.

- Im Rahmen dieser Entwicklung hat IT-Governance erheblich an Bedeutung gewonnen, da IT-Prozesse eine zunehmend wichtigere Rolle spielen und somit der reibungslose Ablauf und die kontinuierliche Verbesserung der Dienstleistungsqualität ein wesentlicher Erfolgsfaktor darstellt. Im Fokus ist die Optimierung von Investitionen in IT und ein angemessenes IT-bezogenes Risiko- und Chancenmanagement. Dies gilt in besonderem Maße bei IT-Großprojekten, die mit erheblichen Risiken verbunden sind und bei denen vielfach mögliche Synergien ungenutzt bleiben.

---

[192] *Hübsch, Gerald,* IT-Governance im Service Management, Energie AG Oberösterreich, Linz 2006, S. 18.

[193] Siehe in diesem Band S. 110 f.

- Darüber hinaus muss aber vor allem der Wertbeitrag der IT stärker im Zusammenhang mit der Unternehmensstrategie diskutiert und ausgerichtet werden. In diesem Kontext kommt sowohl der Steigerung der Effizienz, der Vermeidung von Risken und der Verkürzung des time to Market, d. h. wie rasch es also gelingt, neue Produkte und Dienstleistungen auf dem Markt zu platzieren.

- Verstärkte *Koordination und Verankerung* von IT-Zielen mit den *strategischen Zielen der Unternehmensführung*. Dies erfordert zugleich ein Umdenken und stellt eine große Herausforderung für die Unternehmensleitung dar, da hier nicht immer partnerschaftlich gedacht wird. Derzeit fehlt es oft an Leadership und die Bedeutung der IT in einer Organisation wird noch nicht erkannt. Oft muss sich die IT-Abteilung ihre Mitwirkung im Planungsprozess erst mühsam erkämpfen.

- Die *Nachhaltigkeit der Steuerungsprozesse* ist unabdingbar. Häufig werden große IT-Projekte mit beträchtlichem Aufwand ad hoc begonnen, scheitern jedoch in der Folge an der Überführung in einen regelmäßigen Steuerungszyklus. Die Komplexität von IT-Projekten wird vielfach unterschätzt.

- Immer deutlicher zeigt sich die Notwendigkeit einer verstärkten *Kontrolle bei der Umsetzung von Projekten* anhand eines Sets von Kennzahlen. In diesem Kontext dürften auch die *Experience Factories*[194], die im Rahmen von Projekten des Fraunhofer Instituts von *Dieter Rombach* entwickelt wurden, erhebliche Bedeutung zukommen. Dahinter steckt auch der zunehmende Budgetdruck, der eine Ressourcenknappheit nach sich zieht, und die Bemühung, die schlagwortartig verwendeten Begriffe Wissensmanagement, Künstliche Intelligenz, explizites Wissen – spät aber doch – mit konkreten Inhalten zu füllen. Das Motto der

---

194 *Althoff, Klaus-Dieter,* Experience Management: The Fraunhofer IESE Experience Factory, in: *P. Perner* (Hrsg.), Proceedings der *Industrial Conference Data Mining,* 24. – 25. Juli, Leipzig 2001.

nächsten Jahre dürfte lauten: *von den reinen Think tanks zu den Experience Factories.*

- In den nächsten Jahren[195] wird es nicht nur darum gehen, mehr Transparenz über sämtliche IT-Kosten sowie deren Verursachung und Verantwortung zu schaffen, sondern auch die Transparenz auf der Leistungs- und Ergebnisseite deutlich zu erhöhen, wobei allerdings rein betriebswirtschaftliche Kennzahlen (z. B. ROI etc) nicht ausreichen dürften. Dies gilt im besonderen Maße bei *Großprojekten.*

- Typische weitere Fallen bei der Implementierung von IT-Governance ist die fehlende Fokussierung auf die Prozessarchitektur und die Neugestaltung einzelner Prozesse auf dem Hintergrund eines Gesamtkonzeptes („Masterplan").

- IT-Governance-Entscheidungen sollten daher jeweils mit dem betreffenden *Masterplan* abgestimmt bzw. in diesen einfließen, um Verbindlichkeit zu erlangen.

- Dies gilt übrigens für *Unternehmen* gleichermaßen wie für ganze *Regionen* oder *Nationen.* Seit etwa vier Jahren fordert die IKT-Branche einen verbindlichen Masterplan für Österreich[196]. Außer viel Papier und zersplitterten ministeriellen Kompetenzen ist jedoch wenig geschehen.

- Besonders wichtig für eine effektive IT-Governance ist eine interne Kommunikation zwischen Unternehmensleitung und allen Beteiligten und Betroffenen über geplante Veränderungen in den jeweiligen Organisationen bzw. Unternehmen. Nur so kann mittel- bis langfristig jene Vertrauensbasis zwischen den Stakeholdern aufgebaut werden, die notwendig ist, um mehr Akzeptanz

---

195 *Hans-Martin Schneider / Jörg Bassen,* IT-Governance: Wege aus der Großprojektfalle, in: Frankfurter Allgemeine Zeitung, Nr. 18 vom 22. Jänner 2007, S. 20.

196 *Kurt Einzinger,* Forderung an Regierung: Task-Force IKT-Masterplan, in: Computerwelt, Ausgabe 31 – 32 vom 28. Juli 2007, S. 1 ff.

für effektive, effiziente und nachhaltige IT-Solutions zu erreichen.

14.6 Literatur

Althoff, Klaus-Dieter, Experience Management: The Fraunhofer IESE Experience Factory, in: P. Perner (Hrsg.), Proceedings der *Industrial Conference Data Mining,* 24. – 25. Juli, Leipzig 2001.

Bartha, Gergö, Masterpläne als Werkzeuge der Governance am Beispiel der Informationstechnologie in Ungarn, Salzburg 2002.

Brandstätter, Samuel, Effizienz in Governance Prozessen durch Integriertes Risiko- und Compliance-Management, Referat gehalten im Rahmen des Connect-Seminars „Security, Risiko- und Identity-Management" am 1. März 2007.

Brunnengräber, Achim / Dietz, Kristina / Hirschl, Bernd / Walk, Heike, Interdisziplinarität in der Governance-Forschung, Technische Universität Berlin, Berlin 2004.

Einzinger, Kurt, Forderung an Regierung: Task-Force IKT-Masterplan, in: Computerwelt, Ausgabe 31 – 32 vom 28. Juli 2007, S. 1 ff.

Hübsch, Gerald, IT-Governance im Service Management, Energie AG Oberösterreich, Linz 2006.

Meyer, M. et al., IT-Governance: Begriff, Status quo und Bedeutung, in: Wirtschaftsinformatik, 45, 2003.

Schneider, Hans-Martin / Bassen, Jörg, IT-Governance: Wege aus der Großprojektfalle, in: Frankfurter Allgemeine Zeitung, Nr. 18 vom 22. Jänner 2007, S. 20.

Tjoa, A Min / Karagiannis, Dimitris / Fill, Hans-Georg, IT Governance – Definition, Standards & Zertifizierung, Wien 2005.

Widl, Josef, Quality Governance, Transforming IT into Business Value, Wien 2005.

15 Wolfgang Voit: Technology Governance und Knowledge Management als Produktivitätsreserven moderner Organisationen

Mag. Dr. Wolfgang Voit
Technology & Management Consulting

15.1 Einführung

Moderne Informations- und Kommunikationstechnologien erzeugen neue Regeln für die Zusammenarbeit in und zwischen Institutionen jeder Art. Das mechanistische Paradigma in den Wissenschaften förderte bisher das stark auf kybernetisches Denken ausgerichtete Weltbild. Zunehmend stoßen wir jedoch an die Grenzen dieses Denkens und sind gezwungen neue Ansätze zu suchen, welche die Komplexität der Welt besser beschreiben. Bei der Zusammenarbeit zwischen Organisationen und Institutionen spielen die Begriffe Governance und Knowledge Management eine besondere Rolle. Daher möchte ich zuerst die zentralen Begriffe definieren und in weiterer Folge aufzeigen, wie sich Governance und Knowledge Management gegenseitig ergänzen und ein allgemeines Modell für die Umsetzung von Technology Governance vorstellen.

Nach *Kyrer* handelt es sich bei Governance um neue, partnerschaftlich, d. h. horizontal ausgelegte koordinierende Tätigkeiten von Staat, wirtschaftlichen Unternehmen und anderen Institutionen. Diese koordinierenden Tätigkeiten werden dabei in Zukunft an Bedeutung gewinnen. Ihre Erfüllung gewährleistet den Aufbau und die Aufrechterhaltung wichtiger „Verständigungsbrücken" zwischen den einzelnen Subsystemen und verringert so systembeeinträchtigende Kommunikations- und Kooperationsbarrieren.

Governance behält das Ganze im Auge und untersucht, ob bei allen Einzelmaßnahmen der strategische Systemzusammenhang gewahrt bleibt. Durch systemische Vernetzung können Widersprüche zwischen den Teilelementen eines Systems aufgedeckt werden. Man kann Governance somit als Organisations- und Steuerungsintelligenz einer Institution bezeichnen.

Durch diese Definition lässt sich Governance natürlich für unterschiedliche Gesellschaftsbereiche in unterschiedlichster Weise interpretieren. So spricht man von Corporate Governance, wenn man in einem Wirtschaftunternehmen die Qualität der Management- und Koordinationsstrategien und die notwendigen Regeln dazu betrachtet. Bei der Neuen Corporate Governance geht man davon aus, dass je besser diese ist, desto nachhaltiger die Wirtschaftsfähigkeit des betroffenen Unternehmens in den Märkten und bei der Kapitalbeschaffung ist. Als Steuerungsinstrument hat sich hierfür die Balanced Scorecard etabliert. Für den öffentlichen Sektor wird der Begriff der Public Governance verwendet, wobei es hier um die Management- und Koordiantionsstrategien des politisch-adminitrativen Systems geht. Good Governance hingegen umfasst all jene, die es bei der Gewährleistung von Rahmenbedingungen für die Wirtschaft einzubeziehen gilt: Staat, Privatunternehmen und Gesellschaft.

Um die Qualität der koordinierenden Tätigkeiten zu verbessern, müssen Koordinierungseinrichtungen und die dafür zugehörigen Regelwerke geschaffen werden. Sehr oft scheitern diese Koordinierungsversuche durch mangelndes Wissen über koordinationsrelevante Entwicklungszusammenhänge, mangelnde Motivation der davon Betroffenen oder an Umsetzungsproblemen. Dabei hängen diese koordinierenden Tätigkeiten ganz wesentlich vom Einsatz geeigneter Informations- und Kommunikationstechnologien ab. Nur der gezielte und strategische Einsatz der modernen Technologie, verbunden mit dem notwendigen Know-how, führt dazu, dass die Versuche erfolgreich verlaufen können.

Dies führt uns direkt zum Begriff der Technology Governance. Man könnte vermuten, dass sich Technology Governance primär mit dem Einsatz moderner Technologien beschäftigt um die partnerschaftlichen koordinierenden Tätigkeiten in einer Organisation effektiv und effizient zu unterstützen. Dies entspricht aber nicht der allgemeinen Definition von Governance, weshalb ich Technology Governance als Struktur von Beziehungen und Prozessen verstehe, die eine Organisation mit dem Ziel zu steuern und auch zu kontrollieren einsetzt, um einen zusätzlichen Wert innerhalb der Organisation zu generieren, der von der Effektivität, Effizienz und den Risiken der zugrundeliegenden Prozesse abhängig ist.

Im Detail bedeutet dies, dass für Technology Governance eine Menge von Regeln und Strukturen benötigt wird, die den Einsatz der Technologie innerhalb der Organisation koordinieren, damit die Interessen der einzelnen Stakeholder optimal zusammengeführt, und überhaupt der gesamte Ablauf der Informations- und Kommunikationstechnologie gesteuert und qualitativ geprüft werden kann.

Für den öffentlichen Bereich wird auch oft der Begriff e-Governance verwendet. Oft wird dieser Begriff mit e-Government verwechselt. Unter e-Government versteht man die Interaktion von Behörden und Bürgern durch elektronische Medien während e-Governance vereinfacht gesagt die übergeordneten Regeln dazu bereitstellt.

15.2 Technology Governance

Technology Governance ist für alle Formen von Organisationen bedeutend. Eine effektive Kommunikation und ein unfassender Informationsaustausch zwischen allen Stakeholdern in einer Organisation ist unumgänglich. Gerade der Einsatz moderner Technologien gewährleistet in vielen Fällen diese effiziente und effektive Kommunikation zwischen den einzelnen Gruppen. Dazu ist es aber notwendig, sich über die zugrundeliegende Technologie Strategie im Klaren zu sein. Diese kann im Detail sehr unterschiedlich sein und muss im Einklang mit der allgemeinen Organisationsstrategie stehen.

Die neuen technologischen Möglichkeiten tragen natürlich auch gewisse Risken in sich. Äußere Einflüsse beispielsweise durch Outsourcing können größere Bedeutung erlangen, die Arbeitsmethoden und etliche Prozesse müssen oft an die neuen Regeln angepasst werden. Der Schlüssel zu einem effektiven Risikomanagement ist ein umfassendes Wissensmanagement. Oft können die Risken nicht richtig bewertet werden, da man nichts über die Existenz des Risikos oder über dessen potentiellen Auswirkungen weiß.

Am wichtigsten ist es für eine Organisation, sich Klarheit über die eigenen Ziele zu verschaffen. Es ist wohl einleuchtend, dass eine Technologie Strategie dazu dient, einen Mehrwert für die Organisation zu erzeugen. Dazu steht heute bereits eine Vielzahl an technischen Möglichkeiten zur Verfügung:

- Virtuelle Besprechungen
- Unterstützung durch e-Mail
- Einsatz eines Intranets
- Nutzen des Internets
- Datenspeicherung und Archivierung
- ...

Bei der Erarbeitung der Technologie Strategie müssen alle beteiligten Stakeholder berücksichtigt werden. Basierend auf dieser Strategie kann dann das Regelwerk der Technology Governance definiert werden. Dabei sind folgende Punkte unbedingt zu beachten:

- Messbarkeit der Leistungsfähigkeit aller technologischen Systeme
- Monitoring des Systems gegenüber Standards und Normen
- Service Level Agreements mit externen Anbietern von Diensten
- Juritische Notwendigkeiten
- Sicherheitskonzepte

Durch den Einsatz der modernen Technologien wird auch ein anderer Umgang mit Wissen als Teil der Organisationsressourcen notwendig. Das Wissen zu koordinieren, es geeignet zur Verfügung zu stellen und das Verteilen des notwendigen Wissens entscheidet maßgeblich über die Generierung des gewünschten Mehrwerts innerhalb der Organisation. Daher muss ein umfassendes Wissensmanagement oder Knowledge Management als ein nicht zu vernachlässigender Erfolgsfaktor für Technology Governance betrachtet werden.

15.3 Knowledge Management

Unter Knowledge Management verstehe ich im Folgenden eine Reihe von systematischen und koordinierten Tätigkeiten, die es ermöglichen sollen, dass eine Organisation aus dem ihr zur Verfügung stehenden Wissen den größtmöglichsten Nutzen zieht.

Einer der zentralen Punkte mit denen sich das Knowledge Management auseinandersetzt ist also Wissen. Was aber ist Wissen? Aus meiner Sicht ist Wissen die Summe aller Informationen, die einem Individuum oder einer Organisation zur Verfügung stehen, und die von diesem innerhalb eines eigenen Bewertungssystems bewertet werden. Wissen geht somit weit über Information, also Fakten hinaus. Fasst man nun alle bekannten Informationen und das zur Verfügung stehende Wissen zu einem Begriff zusammen, so würde ich das als „Kenntnis" bezeichnen.

Ich glaube, dass der Begriff Kenntnis viel besser dazu geeignet wäre, das zu beschreiben, was beim Knowledge Management koordiniert wird. Um aber im Folgenden nicht die Begriffe durcheinander zu bringen, werde ich auch von Wissen schreiben, wenn eigentlich nur Kenntnis gemeint ist. Alles was ich über Wissen aussage, gilt auch für deren Übermenge Kenntnis.

Wissen als solches entsteht in unseren Köpfen. Nur indem wir Kenntnisse erlangen und diese bewerten produzieren wir Wissen. Wissen ist aber kein materielles Gut und als solches besitzt es auch andere Eigenschaften wie von uns produzierte Produkte. Wie diese Produkte aber auch besitzt Wissen einen Wert, einen meist sogar immensen Wert, der allerdings kaum in Werteinheiten messbar ist. Wissen als solches hat zudem die Eigenschaft, dass es sich ständig vermehrt. Durch die bloße Intelligenz des Menschen ist es möglich, aus unterschiedlichen Informationen und Wissen neue Informationen zu gewinnen und diese Informationen in Wissen umzuwandeln. All dieses Wissen entsteht also in unseren Köpfen und es wird immer schwieriger das gesamte Wissen abzurufen, das Wissen so aufzubereiten, dass es für andere zugänglich wird, das Wissen problemlos und ohne Informationsverlust weiterzugeben.

Um Wissen, das in unseren Köpfen gespeichert ist, und dadurch ein natürliches Ablaufdatum besitzt, nicht zu verlieren, wird versucht, Wissen in so genannten Wissensbasen zu speichern. Diese Wissensbasen lassen sich in 4 Gebiete unterteilen:

- Individuelles Wissen
- Organisatorisches Wissen
- Dokumentiertes Wissen
- Maschinenwissen

Das größte Problem aber besteht dabei, dass implizites Wissen in explizites Wissen umgewandelt werden muss. Dabei herrscht oft die Ansicht, dass der Mensch mittels Technologieeinsatzes sofort auf Fragen vom Knowledge Management Systemen Antworten enthält, die den Denkvorgang bereits beinhalten. Das ist aber eine Vision. Solche Systeme gibt es de facto nicht.

15.4 Umsetzung von Knowledge Management in einer Organisation

Wissen ist ein zentrales Gut für jede Organisation und daher ist es essentiell wichtig, dass Wissen in einer Organisation nicht nur vorhanden, sondern auch entsprechend gemanagt wird. Erst wenn das Wissen gemanagt wird, bekommt es für die Organisation den entsprechenden Wert. Ungemanagtes Wissen wird langfristig zu brachliegendem Wissen und damit zu einem nutzlosen Gut. Generell ist aber darauf zu achten, dass das meiste, vor allem das aktuellste Wissen sich als individuelles Wissen, in den Köpfen der Menschen befindet, welche der Organisation angehören. Daher ist es besonders wichtig Wissensnetzwerke zu bilden und die Anreize zum Wissensaustausch anzubieten. Sobald die zugrundeliegende Organisationskultur Wissen nicht als rein individuellen Besitz sieht, sondern Wissen zum Teil der Organisation werden lässt, ist ein fruchtbarer Boden für Knowledge Management vorhanden. Dafür muss das Management mit entsprechenden Anreizsystemen sorgen.

Der erste Schritt zu einem effektiven Knowledge Management ist Wissen zu identifizieren. Nicht alle Informationen sind notwendigerweise Bestandteil der Wissensbasis einer Organisation. Aber es ist notwendig Transparenz im Organisationsprozess zu haben, um rechtzeitig zu erkennen, wo sich ein Wissensbedarf ergibt. Dadurch erhält man die Möglichkeit, Ziele für das Knowledge Management festzulegen. So kann sich zum Beispiel die Verbesserung des Know-How-Transfers von Mitarbeitern unterschiedlicher Abteilungen direkt auf die Steigerung von Qualität und Kundenzufriedenheit auswirken. Wichtig ist dabei, dass sich die Ziele des Knowledge Managements direkt aus den Geschäftszielen ableiten lassen.

In weiterer Folge ist es notwendig das vorhandene Wissen zu dokumentieren. Dies geschieht in unterschiedlicher Form: Das Explizieren von Wissen einzelner Experten kann in öffentlichen Foren zu speziellen Themenbereichen geschehen. Das Bilden von Communities oder Expertennetzwerken unterstützt dieses Ziel. Innerhalb der Prozesse muss ich darauf zu achten, dass über das Dokumentieren reiner Ergebnisse hinaus, die gemachten Erfahrungen mit festgehalten werden. Besonders wichtig ist es aber, das Wissen in eine sinnvolle Struktur zu kippen, damit später das Wissen auch wieder leicht gefunden und schnell verstanden werden kann. Dabei ist auch an die Verknüpfung des Wissens mit anderem Wissen zu berücksichtigen. Empfehlenswert sind hier vorgegebene Formulare, die der festgelegten Struktur entsprechen.

Am meisten von der Technologie abhängig ist das Verwalten der Dokumente in einem leistungsfähigen Dokumenten-Management-System. Hier ist darauf zu achten, dass die zuvor definierte Struktur des Wissens genauso berücksichtigt wird, wie die schnelle Recherche nach Wissen und anderen Informationen. Ebenso wie Dokumente müssen Kenntnisse, Fähigkeiten und Abläufe in einem System verwaltet werden. Darauf aufsetzend ist ein Prozess zu definieren, wie die richtigen Wissensinhalte zum richtigen Mitarbeiter gelangen. Ebenso empfehlenswert ist ein Verzeichnis zur besseren Verknüpfung von Wissenssuchern und Wissensträgern. Gerade im dynamischen Projektgeschäft ist es erfolgsentscheidend, das in der jeweiligen Organisation verfügbare Wissen zielorientiert zur Verfügung stellen zu können. Wird es aufgrund der Größe einer Organisation sinnlos, das Wissen von vielen Mitarbeitern in eine Wissensbasis zu kippen, ist die bessere Alternative, das Wissen gleich dort zu lassen, wo es aktualisiert und gepflegt wird. Auf diesem Weg bildet sich dann ein Netz von Knoten aus sich selbst aktuell haltendem Wissen.

Wissen unterliegt einem Lebenszyklus und muss daher regelmäßig auf seine Aktualität, Richtigkeit und Verfügbarkeit überprüft werden. Hier ist es besonders wichtig im Rahmen von Prozessrichtlinien die Aktualisierung, Prüfung, Freigabe und das Entfernen von Wissen zu organisieren. Workflow Management Systeme können diese Prozesse technologisch unterstützen.

Auch wenn nun das Wissen vorhanden, aktuell und verfügbar ist, ist der wichtigste Punkt innerhalb des Knowledge Managements dafür zu sorgen, dass das Wissen weiterhin verbreitet wird. Das nennt man dann gelebtes Knowledge Management. Gerade für Teams, die regional verteilt oder überhaupt virtuell arbeiten, ist es wichtig, dass zum Beispiel in Form von Wissensworkshops oder Expertenrunden das Wissen nicht nur statisch in irgendwelchen Wissensbasen vorliegt, sondern dynamisch ausgetauscht und damit wiederum vermehrt werden kann.

15.5 Erfolg und Misserfolg von Knowledge Management

Folgende Punkte sind für erfolgreiche Knowledge Management Einführungen wichtig:

- Die Einführung von Knowledge Management muss für den Erfolg und das Geschäft notwendig sein und im Rahmen der Gesamtstrategie der Organisation berücksichtigt werden. Knowledge Management ist immer ein Bestandteil des Managementsystems.

- Die Unterstützung des Top-Managements ist essentiell. Bewährtes muss in Frage gestellt werden können. Eine konsequente und ehrliche Auseinandersetzung mit Zweifeln und Barrieren ist notwendig.

- Verschiedene Geschäftsmodelle benötigen unterschiedliche Strukturen und unterschiedliche Knowledge Management Konzepte. Jedes Geschäft benötigt seine eigene Strategie.

- Je größer eine Organisation desto wichtiger wird der Einsatz der richtigen Technologien, um das Knowledge Management effizient zu unterstützen. Eine „Eierlegende Wollmilchsau“ gibt es nicht.

- Entscheidend für den Erfolg von Knowledge Management ist eine offene Kommunikation und ein rasches Feedback. Dies wird auch durch Beziehungsnetzwerke gewährleistet.

- Knowledge Management ist nie lokal messbar, sondern basiert darauf die gesamte Organisation zu optimieren. Die Mitarbeiter müssen dabei einen persönlichen Nutzen sehen. Erfolgsgeschichten müssen kommuniziert werden.

Allein diese Punkte garantieren noch kein erfolgreiches Knowledge Management. Viele Kleinigkeiten können den Erfolg in einen Misserfolg umwandeln. Schon ein unmotivierter Mitarbeiter schadet dem Erfolg. Die Akzeptanz muss daher frühzeitig durch die Einbindung aller Beteiligten sichergestellt werden. Eine Einführung von Knowledge Management in einer Organisation sollte genauso akribisch vorbereitet werden, wie die Markteinführung eines neuen Produkts.

Es wird ziemlich schnell klar, dass Knowledge Management kaum ohne den Einsatz von Informationstechnologie möglich ist. Allerdings handelt es sich dabei wohl mehr um ein organisatorisches Problem. Die Entscheidung des verantwortlichen Managements Knowledge Management in der Organisation einzuführen und dann auch weiterhin zu leben ist unabhängig von jeglicher Technologie. Auch die Organisationskultur, die benötigt wird, damit Knowledge Management funktionieren kann, ist unabhängig von Technologie.

Man benötigt außerdem keine speziellen Applikationen, um Wissen dokumentieren zu können. Auch das Abspeichern von Wissen in Wissensbasen ist von speziellen Systemen unabhängig, solange man einen Platz hat, wo Dokumente gezielt und für andere zugänglich abgespeichert werden können. Die Suchfunktionen innerhalb des Betriebssystems sind in vielen Fällen ausreichend. Will man aber ein leistungsfähiges Knowledge Management System haben, wo nach unterschiedlichen Stichwörtern strukturiert gesucht werden soll, dann kommt man ohne ein Dokumenten Management System kaum mehr aus. Ebenso scheitern herkömmliche Suchfunktionen wenn es sich um Dokumente handelt, in denen Information nicht nur in Textform vorliegt.

Effektives Knowledge Management basiert also auf dem Einsatz effizienter Tools, die einerseits das Wissen optimiert aufnehmen und wieder zur Verfügung stellen, damit ein entsprechender Wettbewerbsvorteil erzielt werden kann. Von großer Bedeutung ist dabei das

Festlegen von Knowledge Management Zielen, die sich aus den Organisationszielen ergeben müssen. Diese Ziele werden stark von der zuvor behandelten Technologie Strategie beeinflusst. Es ist mit Sicherheit notwendig, Knowledge Management innerhalb der Technologie Strategie zu berücksichtigen, da dieses starke Auswirkungen auf die Prozesse und Verfahren in einer Organisation hat.

15.6 Ein allgemeines Entscheidungsmodell für Technology Governance

Das im Folgenden beschriebene Modell erhebt nicht den Anspruch für alle Organisationen geeignet zu sein. Durch die Berücksichtigung aller Stakeholder wird dem Modell jedoch die Möglichkeit eröffnet, eine Basis für allgemeine Technology Governance Modelle zu sein.

Das vorgeschlagene Technology Governance Modell sorgt dafür, dass auf vorhandenes Wissen möglichst schnell und umfassend zugegriffen und dieses Wissen weiterverarbeitet werden kann. Es schützt die individuellen Interessen aller Beteiligten genauso, wie es die Gesamtheit im Auge behält. Entscheidungen werden stufenweise getroffen.

15.6.1 Ebene 1 – Die Stakeholder

Die Stakeholder Ebene des Modells repräsentiert die Gesamtheit allen Wissen, Informationen und Erfahrungen der Organisation. Als Stakeholder fungiert dabei jedes Mitglied der Organisation, das ein Interesse am Ergebnis bezogen auf Technologie relevante Ergebnisse und Angelegenheiten besitzt. Die Stakeholder können in mehrere Interessensgruppen unterteilt werden:

- Vertrieb
- Entwicklung
- Management
- Administration
- Service und Operation

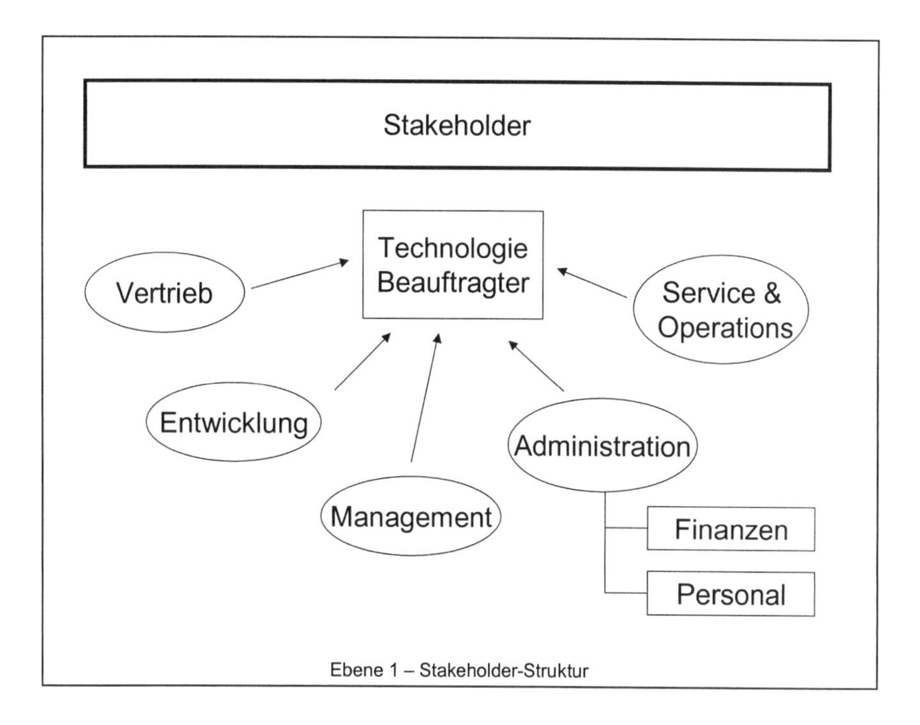

Ebene 1 – Stakeholder-Struktur

Jede Stakeholder-Gruppe bildet ein Forum von Repräsentanten, die von der jeweiligen Gesamtheit der Stakeholder entsandt werden. Die Dauer und der Modus der Bestellung müssen festgelegt sein. Diese Gruppen arbeiten eng mit dem Technologie Beauftragten der Organisation zusammen. Die Gruppen kommen regelmäßig und nach Bedarf zusammen. Einzelne Stakeholder-Gruppen können Interessensgruppen bilden, die eigene eingeschränkte Interessensbereiche behandeln. Die Stakeholder-Gruppen schlagen notwendige und gewünschte Maßnahmen vor, die in der nächsten Ebene behandelt werden.

15.6.2 Ebene 2 – Der Technologie Rat

Die ausgearbeiteten Maßnahmen der Stakeholder-Gruppen werden vom Technologie Beauftragten der zweiten Ebene vorgelegt. Hier erfolgt vorerst eine formale Prüfung, danach werden die Vorschläge von den Technologie Beratern geprüft. Der Technologie Rat besteht aus dem Technologie Beauftragten, der nur eine kommentierende Funktion inne hat sowie den Verantwortlichen für die Technologie Infrastruktur, die Technologie Strategie und einem Vertreter aus dem Controlling. So wird sichergestellt, dass die Vorschläge sowohl technologisch zur Gesamtstrategie passen als auch wirtschaftlich vertretbar sind. Daher müssen alle Entscheidungen einhellig getroffen werden. Der Technologie Rat empfiehlt Maßnahmen an die nächsten Ebene weiter, oder gibt nicht akzeptable Vorschläge an die Stakeholder zurück.

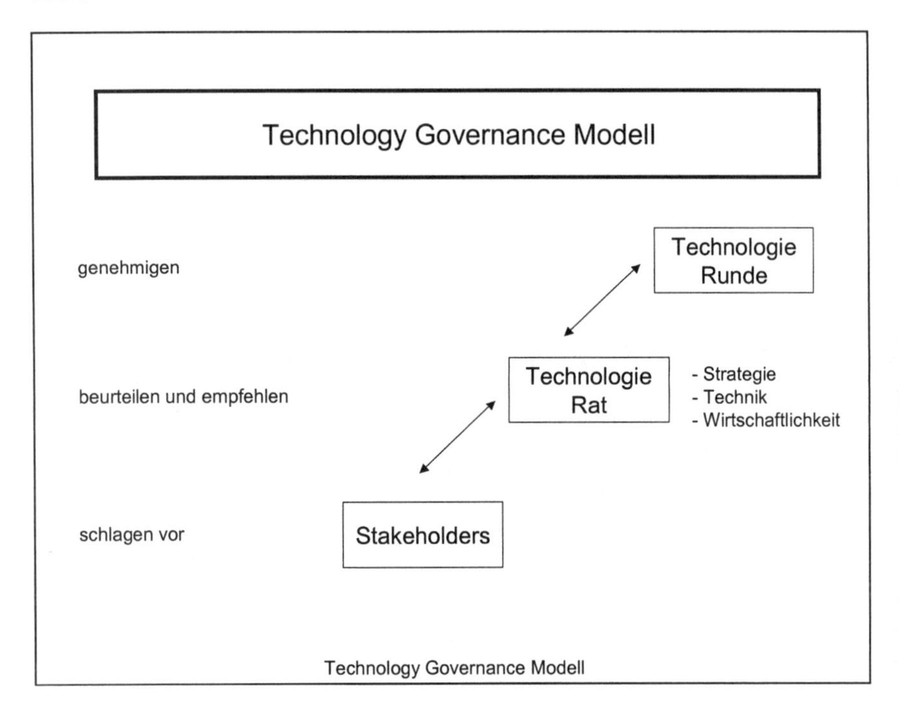

Technology Governance Modell

15.6.3 Ebene 3 – Die Technologie-Runde

Die Technologie-Runde bestehend aus den verantwortlichen Technologie Managern sowie dem Technologie Beauftragten entscheidet über die Genehmigung der empfohlenen Maßnahmen. Werden die Maßnahmen oder Vorschläge akzeptiert, dann übernimmt der verantwortliche Technologie Manager die weitere Umsetzung dieser Maßnahme. Die Runde entscheidet nach vorgegeben Mehrheitsregeln, wobei der betroffene Technologie Manager ein Veto-Recht besitzen soll. Die Entscheidungen der Technologie-Runde sind den beiden anderen Ebenen bekannt zu geben.

Die Technologie-Runde teilt ihre Entscheidungen auch der Organisationsleitung mit. Weitgehende Transparenz im Entscheidungsprozess fördert die Akzeptanz der Entscheidungen und ermöglicht eine frühzeitige Einbeziehung der Stakeholder.

Die Unterstützung des Entscheidungsprozesses im vorgestellten Technology Governance Modell durch Methoden des Knowledge Managements bringt der Organisation einige wichtige Vorteile. Der wichtigste dabei ist, dass die Entscheidungsträger in der Technologie-Runde nicht auf ihre persönliche Erinnerung und ihr persönliches Wissen angewiesen sind, wenn beispielsweise ähnliche Vorhaben zur Entscheidung anstehen. Oft passiert es, dass zwei Bereiche sich mit gleichen Themen aus verschiedenen Blickwinkeln auseinandersetzen. Die Umsetzung der Lösungen muss jedoch nicht immer zweimal geschehen. In gleicher Weise erlaubt ein Knowledge Management System Wissen über bereits beendete Vorhaben abzurufen. Damit können wichtige Vergleiche in Bezug auf Aufwand, Laufzeit und Kosten angestellt werden. Der Entscheidungsprozess über die zu prüfenden Vorhaben gewinnt an Transparenz und damit an Akzeptanz.

15.7 Resümee

Knowledge Management ist eine Methode, die zur Steigerung des Wertes einer Organisation beitragen kann, wenn sie sinnvoll und zielorientiert eingesetzt wird. Es ist primär eine organisatorische Aufgabe und muss entsprechend durch organisatorische Rahmenbedingungen vorbereitet werden. Der Einsatz der modernen Technologien dient dazu, Knowledge Management effizient zu nutzen und damit einen Produktivitätsgewinn zu erzielen.

Wissensaufbau innerhalb eines ökonomischen Umfelds passiert immer über einen subjektiven Konstruktionsprozess. Es ist dabei der Mensch selber, der Kategorien innerhalb seines eigenen Wertesystems besitzt, um Wissen qualitativ zu bewerten und auch zu generieren. Man muss von der oft diskutierten Meinung abweichen, dass Dokumentensysteme, Informations- und Kommunikationssysteme und

Netzanwendungen geeignet sind, Wissen zu generieren. Diese Prozesse sind für das Knowledge Management zweifellos wichtige Prozesse, aber bei der Generierung von Wissen steht unbedingt der Mensch im Mittelpunkt.

Knowledge Management ist schließlich ein sehr wichtiger Teil der Technologie Strategie von Organisationen. Damit kann Knowledge Management auch ein wichtiger Teil der Technology Governance werden, wenn dies in der Technologie-Strategie vorgesehen ist.

Durch klare Spielregeln, wie Technologie in einer Organisation eingesetzt und weiterentwickelt wird, können additive Werte generiert werden. Diese Spielregeln sind von der Organisationsstrategie abhängig. Das Aufstellen dieser Regeln, das Festlegen des Umfelds und der Grenzen der Technologien sind grundlegender Bestandteil der Technology Governance. Damit werden Governance und Knowledge Management zu Schlüsselbegriffen einer modernen Organisation. Sie verringern damit die Kluft zwischen strategischer Planung und operativer Umsetzung und geben allen Organisationen die Chance, ihre Produktivität entscheidend zu verbessern.

15.8 Literatur

Brand U., Global Governance: Alternative zur neoliberalen Globalisierung, Münster 2000.

Davenport T. H. / Prusak L., Working Knowledge: How Organisations Manage What They Know, Harvard Business School Press, Boston, MA 1998.

Fues, Th. / Hamm, B. (Hrsg.), Die Weltkonferenzen der 90er Jahre: Baustellen für Global Governance, Bonn 2001.

Grossman L. K., A Public Interest Vision for the Telecommunications Age, The Webb Lecture, Washington 1997.

Hengehold L., Final Technology Governance Model, Report of the VCCS Technology Governance Task Force, Virginia Community College System 1996.

Klinger H., Ein Erfolgsrezept für professionelles Projektmanagement, wissensmanagement online 1/1999.

Königsmann Th., Wissensmanagement-Portale: Eine Klärung der Begriffe und Konzepte aus Sicht des ISST, Fraunhofer ISST Dortmund 2000.

Kraus H., Wissensmanagement - Vom Schlagwort zur Schlüsselqualifikation, Unveröffentlichtes Manuskript, Salzburg 2001.

Kyrer A. (Hrsg.), Integratives Management für Universitäten und Fachhochschulen oder: Governance und Synergie im Bildungsbereich in Österreich, Deutschland und in der Schweiz, Band 1 der Edition TIGRA, Wien 2002.

Kyrer A., Die Balanced Scorecard aus volkswirtschaftlicher Perspektive. Reformstrategien für die öffentliche Verwaltung, in: ÖHW. Das öffentliche Haushaltswesen in Österreich, Jahrgang 42 (2001), Heft 4, S. 176 ff.

Kyrer A., Neue Politische Ökonomie 2005, München und Wien 2001.

Löffler E., Good Governance als Weiterentwicklung von NPM - neue Ansätze zur Lösung gesellschaftlicher Probleme in der Europäischen Union, Wien 2002.

Malik F., Die Neue Corporate Governance, 3. Auflage, Frankfurt a. Main 2002.

Mündemann B. M., Wissen teilen und gemeinsam weiterentwickeln, wissensmanagement online 1/1999.

Nye J. / Kamarck E., Visions of Governance for the 21st Century. Website of the J. F. K. School of Government, Harvard University, 1998.

OECD, General Secretariat, Policy coherence matters, Promoting Developement in a Global Economy, Paris 1999.

Peterson R., Configurations and Coordination for Global Information Technology Governance: Complex Designs in a Transnational European Context; Proceedings of the 34th Hawaii International Conference on System Science 2001.

Ribbers P. / Peterson R. / Parker M., Designing Information Technology Governance Processes: Disgnosing Contemporary Practices and Competing Theories, Proceedings of the 35th Hawaii International Conference on System Science 2002.

Kaplan R. S. / Norton D. P., Balanced Scorecard – Strategien erfolgreich umsetzen, Stuttgart 1997.

Hofmann R. / Hofmann I., Corporate Governance – Überwachungseffizienz und Führungskompetenz in Kapitalgesellschaften. München und Wien 1997.

Saull R., IT Governance in Use, IT Governance Forum Tokyo 2001.

Schultz F., Volkswagen Wissensmanagement ww.deck: Wissensbasierte Geschäftsprozesse im e-Zeitalter, Know Tech Dresden 2001.

Schütt P., Ein erfolgreicher und schneller Einstieg, wissensmanagement online 1/1999.

Trillitzsch U., Knowledge Networking bei der Siemens AG, wissensmanagement online 1/1999.

Willke H., Systemisches Wissensmanagement, 2. Auflage, Stuttgart 2001.

Zussman D., Governance in the Public Service: How is Technology Changing the Rules? Keynote Address, Commonwealth Centre for Electronic Governance, Ottawa 2002.